Vorwort

Keine Angst vorm Sprechen!

Wer eine Fremdsprache lernt, muß sprechen ..., sprechen ..., sprechen ...
Dies ist leichter gesagt als getan. Deshalb haben wir für Dich dieses Übungsheft entwickelt. Es enthält fast ausschließlich Übungen, die Dich in die Lage versetzen, mit einem Partner* Gespräche auf französisch zu führen, und zwar ohne Hilfe und ohne Kontrolle des Lehrers.

Keine Angst vor Fehlern!

Beim Erlernen einer Fremdsprache unterlaufen Dir Fehler. Das ist natürlich und an sich nicht tragisch, vor allem dann nicht, wenn die Fehler korrigiert werden.
Nun, dieses Übungsheft gibt Dir und Deinem Partner Gelegenheit, Euch ständig gegenseitig zu kontrollieren; denn die Lösungen werden bei allen Übungen mitgeliefert. Du kannst aber auch alleine üben und Dich dabei selbst kontrollieren.
Durch Fettdruck oder Unterstreichungen wirst Du auf besondere Schwierigkeiten aufmerksam gemacht.
Neben den Übungen findest Du viele Tips und Lernhilfen, die Dir das Erlernen der Fremdsprache erleichtern sollen. Übrigens: Die Übungen sind auf den *Cours Intensif 1 (Klettbuch 53001)* abgestimmt; links neben der Überschrift und auf den Drehscheiben (siehe weiter unten) findest Du immer einen Hinweis darauf, nach welchem Lektionsteil die Übung am besten zu machen ist. Die meisten Übungen können aber auch von Benutzern anderer Lehrwerke bearbeitet werden.

Keine Angst vor Pappe, Schere und Klebstoff!

Variatio delectat. Abwechslung tut gut. Um für Abwechslung im Übungsangebot zu sorgen, haben wir zwei Übungstypen entwickelt, für die Du zunächst zu Schere und Klebstoff greifen mußt.
Aber die Mühe lohnt sich, wie Du sehen wirst.
Alle Übungsbögen sind übrigens heraustrennbar, um Dir das Üben mit Deinem Partner zu erleichtern.

Keine Angst vor Langeweile!

Du findest in diesem Heft eine Menge unterschiedlicher Übungstypen.
Alle Übungen sind nach dem Prinzip der Eigenkontrolle angelegt. Folgende Übungstypen lernst Du kennen:

Tandembögen: Sie werden in der Mitte gefaltet. Du stellst Fragen an Deinen Partner und kontrollierst dessen Antworten mit Hilfe der Lösungsvorgaben.

Kombi-Tandembögen: Beide Partner stellen sich gegenseitig Fragen und kontrollieren sich auch gegenseitig.

Rappel-Bögen: Es handelt sich um Frage-Antwort-Karten, mit denen anhand von Bildern Vorwissen überprüft wird.

Partnerbögen: Es gibt jeweils einen Ⓐ-Bogen und einen Ⓑ-Bogen. Auf dem A-Bogen stehen Informationen, die auf dem B-Bogen ausgespart sind und umgekehrt. Es geht darum, die fehlenden Informationen vom Partner zu erfragen.

Redemitteltrainer: Mit ihm kannst Du alleine oder mit Partner Redewendungen einüben und kontrollieren, die Du in wichtigen Situationen brauchst.

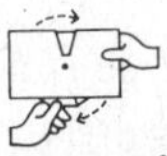
Drehscheiben: Mit ihrer Hilfe führst Du Dialoge mit Deinem Partner, wobei ihr Euch wechselseitig befragt und kontrolliert.

Dazu Übungen zum Wortschatz, zur Rechtschreibung und jede Menge Lerntips.

Finaud, der „Pfiffige", wird Dich in diesem Übungsheft ständig begleiten, Dir Tips geben und Lernhilfen verraten.

Viel Spaß ... und nun nichts wie ran!

* Wenn wir „Partner" schreiben, meinen wir natürlich beide Geschlechter.
Wir benutzen nur die männliche Form, damit die Texte lesbarer sind, nicht aber, um irgend jemanden herabzuwürdigen.

L 1 A Qui est-ce?

Nach Personen fragen	
1. Lies mit Deinem Partner das Beispiel durch. 2. Ⓐ-Seite: Stelle Deinem Partner die Fragen und korrigiere seine Antworten. Die Lösung steht in Klammern. 3. Ⓑ-Seite: Antworte auf die Fragen Deines Partners und orientiere Dich dabei an den Bildern und Vorgaben. 4. Wechselt die Rollen nach einem Durchgang oder nach 5 Übungsbeispielen. 5. Faltet den Bogen entlang der senkrechten Mittellinie.	
Ⓐ **Beispiel:** Qui est-ce? (C'est Olivier.)	Ⓑ (Qui est-ce?) C'est Olivier. 

Ⓐ	Ⓑ
C'est le frère de Martine? (Non, c'est le frère de Florence.)	(... frère de Martine?)
Et la fille, là, qui est-ce? (C'est Florence.)	
Florence Morel? (Non, Florence Leroux.)	(... Morel?)
Et le garçon, là, qui est-ce? (C'est Jean-Luc.)	
C'est le frère de Martine? (Non, c'est **l'**ami/**un** ami de Martine.)	(... frère de Martine?)
Et la fille, là, qui est-ce? (C'est Martine.)	
Martine Leroux? (Non, Martine Morel.)	(... Leroux?)
Et qui est Max? (C'est le chien de Florence.)	
Et qui **sont** les garçons? (Ce **sont** Olivier et Jean-Luc.)	(... les garçons?) 

Bonjour, ça va?

Begrüßung und Vorstellung
Bei diesem Bogen arbeitest Du wieder mit Deinem Partner zusammen. Diesmal müßt Ihr im Wechsel sprachlich reagieren und Euch gegenseitig kontrollieren (Lösungen jeweils in Klammern). Übertragt jeweils die unterlegten Teile ins Französische. Faltet den Bogen wieder entlang der senkrechten Mittellinie.

Ⓐ	Ⓑ
M. Leroux begrüßt Florence und fragt, wie es ihr geht.	(Bonjour, Florence. Ça va?)
(Bonjour, papa. Oui, ça va bien. Et toi?)	Florence begrüßt ihren Vater und bestätigt, daß es ihr gut geht. Fragt ihn ebenfalls, wie es ihm geht.
M. Leroux sagt, daß es ihm gut geht.	(Moi, ça va bien, merci.)
(Salut, Sandrine. Voilà Martine. C'est une amie du centre de canoë.)	Florence begrüßt Sandrine und stellt Martine vor. Es ist eine Freundin aus dem Kanusportzentrum. (du centre ...)
Sandrine begrüßt Martine und fragt, ob sie aus Autun kommt (ist).	(Salut, Martine. Tu **es d'A**utun?)
(Non, je suis **de** Beaune.)	Martine verneint und sagt, daß sie aus Beaune kommt (ist).
Sandrine fragt, wo Olivier ist.	(Où est Olivier?)
(Il est avec Jean-Luc.)	Florence antwortet, daß er mit Jean-Luc zusammen ist.
Sandrine fragt, wer Jean-Luc ist.	(Jean-Luc, qui est-ce? / Qui est Jean-Luc?)
(C'est un ami.)	Martine sagt, daß es ein Freund ist.
Sandrine fragt, ob er auch aus Beaune ist.	(Il est aussi de Beaune?)
(Non, il est d'Autun. **C'est** aussi **un** ami **d'O**livier.)	Martine verneint und gibt an, daß er aus Autun kommt (ist) und daß er auch ein Freund von Olivier ist.

Tip: Du kannst mit dem Bogen auch **allein** und **schriftlich** üben. Du deckst den Text mit einem Blatt ab, ziehst dieses nach unten, bis der deutsche Text sichtbar wird. Versuche, diesen ins Französische zu übertragen. Dies kannst Du auch schriftlich machen. Danach ziehst Du das Blatt weiter nach unten, deckst damit die Lösung auf und überprüfst, ob das, was Du gesagt oder geschrieben hast, richtig ist.

Où est Max?

Die Personalpronomen	– les pronoms personnels:	il/elle/ils/elles
Die Ortsangaben	– les prépositions de lieu:	dans/derrière/sur

1. Lies mit Deinem Partner das Beispiel durch.
2. Ⓐ-Seite: Stelle Deinem Partner die Fragen und korrigiere seine Antworten. Die Lösung steht in Klammern.
3. Ⓑ-Seite: Antworte auf die Fragen Deines Partners und orientiere Dich dabei an den Bildern.
4. Wechselt die Rollen nach einem Durchgang.
5. Faltet den Bogen entlang der senkrechten Mittellinie.

Ⓐ	Ⓑ
Beispiel: Où sont les filles? (**Elles** sont **dans** les canoës.)	(Où sont les filles?) **Elles** sont **dans** les canoës.
Où sont Olivier et Jean-Luc? (**Ils** sont dans l'eau.)	(... Olivier et Jean-Luc?) 
Max est avec Martine? (Non, **il** est avec Florence.)	(... avec Martine?)
Max est dans l'eau? (Non, **il** est dans le canoë de Florence.)	(... dans l'eau?)
Où est Martine? (**Elle** est dans le/un canoë./**Elle** est derrière Florence.)	(... Martine?)
Où sont les canoës? (**Ils** sont sur une rivière/le Tarn.)	(... les canoës?)
Où est M. Leroux? (**Il** est dans la cuisine.)	(... M. Leroux?) 
Où est Mme Leroux? (**Elle** est dans la salle de séjour.)	(... Mme Leroux?)
Et Sandrine? (**Elle** est aussi dans la salle de séjour.)	(... Sandrine?)
Max est dans la cuisine? (Non, **il** est dans la salle de séjour.)	(... dans la cuisine?) 
Où sont Martine et Olivier? (**Ils** sont aussi dans la salle de séjour.)	(... Martine et Olivier?)
Où est Max? (**Il** est dans la cuisine.)	(... Max?) 
Sandrine est avec M. Leroux? (Non, **elle** est avec Mme Leroux.)	(... M. Leroux?)

Ça s'écrit comment?*

Die Personalpronomen	– les pronoms personnels:	il/elle/ils/elles
Die Präposition „à" + Artikel	– la préposition «à» + article:	à l'/à la//au/aux *(l'article contracté)*
Die Präpositionen	– les prépositions:	à, chez, devant, dans, en

1. Falte das Blatt entlang der senkrechten Linie und knicke den rechten Teil nach hinten.
2. Beantworte die Fragen schriftlich. Sie beziehen sich auf das jeweilige Bild. Achte dabei besonders auf die Pronomen, die Präpositionen und „à" + Artikel.
3. Tausche Dein Blatt mit Deinem Nachbarn und kontrolliere dessen Test mit Hilfe des abgeknickten Teils des Blattes. Achte bei der Korrektur vor allem auf die unterstrichenen Stellen. Markiere die Fehlerstellen mit rot.

1. Où est Mme Leroux? ______________________

2. Que fait Mme Leroux? ______________________

3. Où travaille M. Leroux? ______________________

4. Où est M. Leroux? ______________________

5. C'est l'office de tourisme? ______________________

6. Olivier est au collège? ______________________

7. Où arrive Florence? ______________________

8. Que fait Florence? ______________________

9. Où habitent les Leroux? ______________________

10. C'est en Bretagne? ______________________

Hier knicken

LÖSUNGEN

1. Elle est à l'office de tourisme.
2. Elle montre des prospectus aux touristes (à un touriste/à un monsieur).
3. Il travaille chez Neyrat.
4. Il est devant un ordinateur.
5. Non, c'est le collège «Le Vallon».
6. Non, il est au lycée.
7. Elle arrive à la maison.
8. Elle regarde les annonces dans le journal.
9. Ils habitent à Autun, dans la cité «La Croix-Verte».
10. Non, c'est en Bourgogne.

* Wie schreibt man das?

Comment exprimer ça?*

1. Welche Sprechblasen (A–N) gehören zu welchen Sätzen? Notiere auf einem Blatt die Zahlen 1–14 und ordne ihnen die Buchstaben der zugehörigen Sprechblasen zu.
2. Kontrolliere Deine Lösung mit Hilfe des Lösungsbogens auf S. 48.
3. Arbeite mit Deinem Partner. Hört Euch gegenseitig die Redemittel ab.
   – Nennt entweder den deutschen Satz (der Partner sagt die französische Entsprechung) oder
   – nennt den französischen Ausdruck (der Partner sagt, was es auf deutsch heißt).

1. Du forderst jemanden auf, aufzustehen.
2. Du begrüßt einen Freund und fragst, wie es ihm geht.
3. Du drückst aus, daß Dir etwas sehr gut gefällt.
4. Du drückst aus, daß Dir etwas recht gleichgültig ist.
5. Du bist mit etwas einverstanden.
6. Du findest etwas langweilig/lästig.
7. Du fragst Mme Lebrun, ob sie in Beaune wohnt.
8. Du möchtest wissen, was Sandrine macht.
9. Du möchtest wissen, wer Sandrine ist.
10. Du begrüßt einen Herrn/eine Dame.
11. Du fragst Nicolas, wo er wohnt.
12. Du möchtest wissen, wieviel Uhr es ist.
13. Du gibst an, daß Du aus ... kommst (bist).
14. Du möchtest wissen, wo jemand ist.

*Wie drückt man das aus?

Le disque tournant*

Verben auf -er	– les verbes en -er
Das direkte/indirekte/adverbiale Objekt	– le complément d'objet direct/indirect/circonstantiel

1. Erstelle zunächst einen Drehscheibenhalter (Anleitung siehe unten). Das geht schnell und ohne Probleme.
2. Schneide dann die Drehscheibe aus, loche sie in der Mitte und schiebe sie in den Drehscheibenhalter. Befestige sie mit der Musterklemme.
3. Drehe die Scheibe, bis „Anfang" sichtbar wird.
4. Halte die Drehscheibe nun zwischen Dich und Deinen Partner. Hast Du auf Deiner Seite den schwarzen Punkt, so drehe die Scheibe in die Richtung, die Finaud angibt. Es erscheint die erste Frage, die Du Deinem Partner stellst. Mit der Lösung, die darunter in Klammern steht, kannst du Deinen Partner kontrollieren und verbessern.
5. Drehe die Scheibe weiter. Jetzt stellt Dir Dein Partner eine Frage, auf die Du antworten mußt.

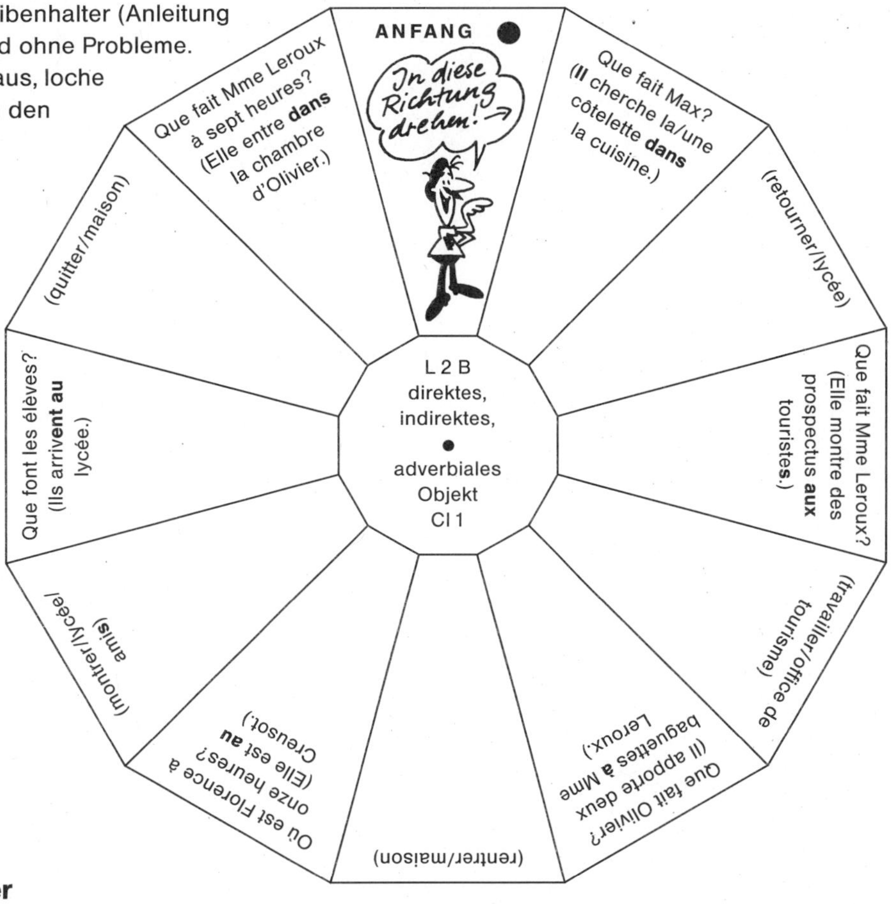

Der Drehscheibenhalter

(Bastelanleitung)

Übertrage dieses Muster auf mittelstarken Fotokarton oder dünne Pappe. Lege die Pappe unter das Muster und steche mit einer Nadel oder einem spitzen Nagel durch die Eckpunkte und den Mittelpunkt der Scheibe. Verbinde die Eckpunkte miteinander und schneide das Muster aus. Vergiß nicht, die Pappe in der Mitte zu lochen. Übertrage das Modell noch einmal auf eine Pappe, schneide es wiederum aus und hefte die beiden Pappen am rechten und linken Rand zusammen. Nun noch eine Musterklemme durch das Loch in der Mitte, und fertig ist der Drehscheibenhalter.

Hier lochen

* die Drehscheibe

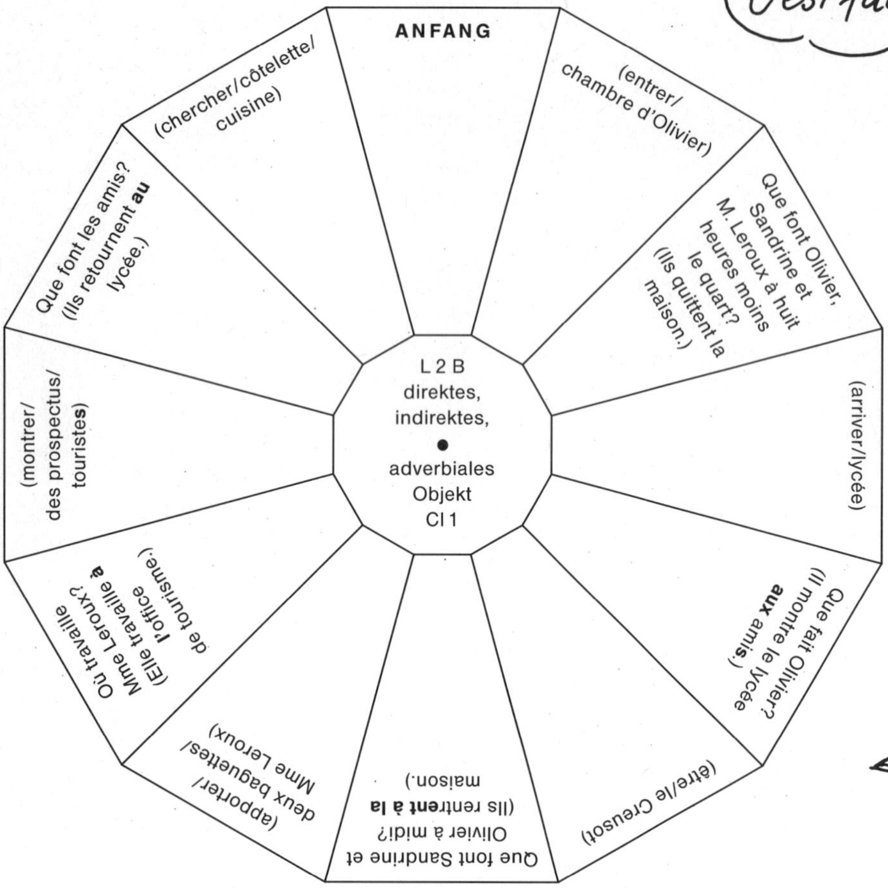

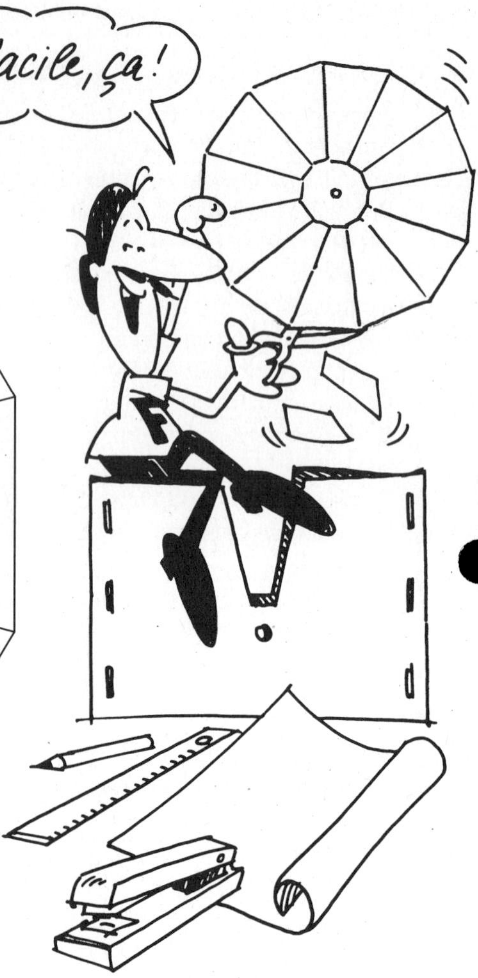

L 2 B — Mots Croisés*

Das Verb „être" – le verbe «être»
Das Kreuzworträtsel kannst Du lösen mit Hilfe der Formen von „être". Der Lückentext kann Dir dabei eine Hilfe sein. Die Lösung findest Du auf S. 48.

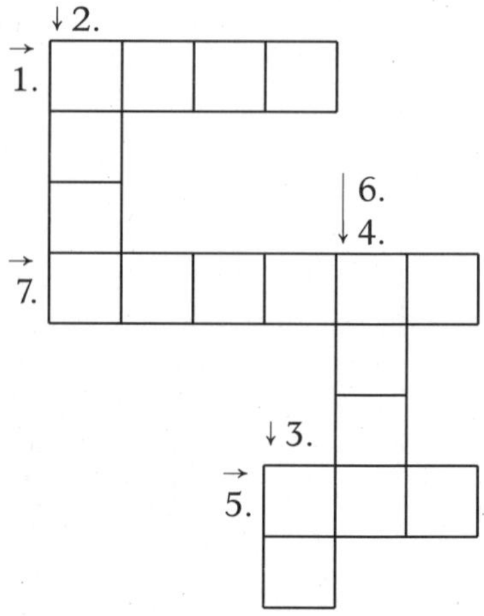

1. Les amis ______________ dans la salle de séjour.
2. Moi, je ______________ Martine.
3. Et toi, tu __________ Sandrine?
4. Vous ______________ Mme Leroux?
5. Et là, c'__________ Jean-Luc?
6. Sandrine et Jean-Luc, vous ______________ d'Autun?
7. Oui, nous ______________ d'Autun.

* Kreuzworträtsel

Rappel (1)*

RAPPEL

Es gibt zwei Möglichkeiten, mit den **Rappel-Bögen** zu arbeiten:

I

1. Ein Partner hat den Bogen Ⓐ, der andere den Bogen Ⓑ vor Augen.
2. Partner A stellt die Fragen zu den Bildern 1 – 3 – 4 – 7 – 10, Partner B zu den Bildern 2 – 5 – 6 – 8 – 9. Die gegenseitige Kontrolle erfolgt über die Lösungen in Klammern.
3. Bevor die Fragen gestellt werden, muß die Bildnummer angegeben werden.

II

1. Die Karten werden auseinandergeschnitten und mit den Bildern nach oben auf dem Tisch gemischt.
2. Ein Schüler zieht eine Karte, zeigt seinem Partner das Bild und stellt die Fragen. Er kontrolliert die Antworten mit Hilfe der Lösungen in Klammern.
3. Sind die Antworten korrekt, erhält der Partner die Karte. Hat er Fehler gemacht, lesen beide Partner Frage und Antwort durch und legen die Karte wieder unter den Stapel.
So wird abwechselnd verfahren.

Ⓐ

1

Où est Max?
(Il est dans le canoë.)
Où sont les garçons?
(Ils sont **dans** l'eau.)
Martine est dans l'eau aussi?
(Non, **elle** est aussi dans un canoë.)

2

3

Où est M. Leroux?
(Il est dans la cuisine.)
Et Sandrine et Mme Leroux?
(**Elles sont** dans la salle de séjour.)
Sandrine, c'est la sœur de Martine?
(Non, c'est la sœur de Florence [et d'Olivier].)

4

Où sont les jeunes?
(**Ils** sont dans la salle de séjour.)
Jean-Luc et Martine sont devant Florence et Olivier?
(Non, **ils** sont **derrière** [Florence et Olivier].)

5

6

7

C'est le lycée Bonaparte?
(Non, c'est le collège «Le Vallon».)
Sandrine va au lycée?
(Non, elle va **au** collège.)

8

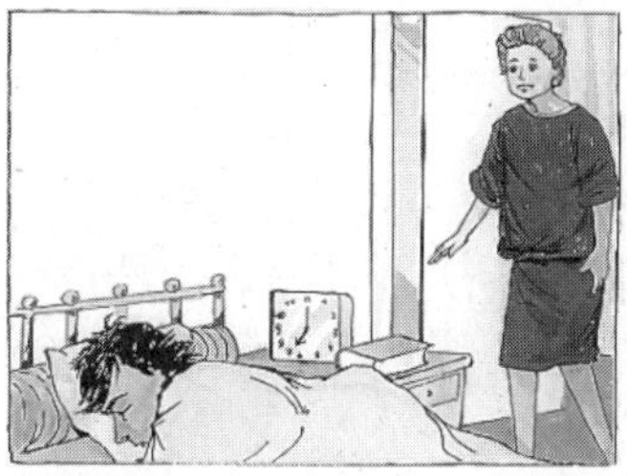

9

10

Quelle heure est-il?
(Il est huit heures **moins le quart**.)
Que font M. Leroux, Sandrine et Olivier?
(**Ils** quitt**ent** l'appartement.)
A quelle heure rentrent Sandrine et Olivier?
(**Ils** rentr**ent** à midi.)
A midi, Olivier apporte des prospectus?
(Non, il apporte deux baguettes et le journal.)

* **le rappel** [rapɛl] Erinnerung, Mahnung; *hier:* Aufforderung, sich an etwas zu erinnern

Tip: Das Ausschneiden der Karten hat den Vorteil, daß Ihr die Karten mit den Karten von anderen Rappel-Bögen (S. 27/28, 43/44) mischen könnt.

B

6 Mme Leroux travaille chez Neyrat? (Non, **elle** travaille à l'office de tourisme.) Que fait Mme Leroux à l'office de tourisme? (Elle donne **des** information**s** **aux** touristes.) Qui est le monsieur? (C'est un touriste.)	1 
7 	2 Qui est dans l'eau? (C'est Florence.) Florence, c'est l'amie d'Olivier? (Non, c'est la sœur d'Olivier.) Max, c'est un ami d'Olivier? (Non, c'est le chien de Florence.) Où est Max? (**Il** est **sur** le canoë d'Olivier.)
8 Quelle heure est-il? (Il est **sept heures**.) Que fait Mme Leroux? (**Elle** entre dans la chambre **d'O**livier.) Olivier reste encore au lit. Il oublie la rentrée? (Non, Sandrine est encore dans la salle de bains.)	3 
9 Quelle heure est-il? (Il est **sept** heure**s** et demi**e**.) Où sont M. et Mme Leroux? (**Ils** sont dans la cuisine.) Qui arrive? (**C'est** Sandrine.)	4 
10 	5 Qui est-ce? (C'est M. Leroux.) Où travaille M. Leroux? (Il travaille chez Neyrat.) Chez Neyrat, on fabrique des assiettes? (Non, on fabrique des parapluies.)

Le disque tournant

Die Verneinung – La négation

1. Schneide die Drehscheibe aus, loche sie in der Mitte und schiebe sie in den Drehscheibenhalter (vgl. S. 7). Befestige sie mit der Musterklemme.
2. Drehe die Scheibe, bis „Anfang" sichtbar wird.
3. Halte die Drehscheibe zwischen Dich und Deinen Partner. Hast Du Finaud auf Deiner Seite, so drehe die Scheibe in der angegebenen Richtung und stelle Deinem Partner die erste Frage. Kontrolliere seine Antwort mit Hilfe der Lösung in Klammern.
4. Setzt so die Übung im Wechsel fort.

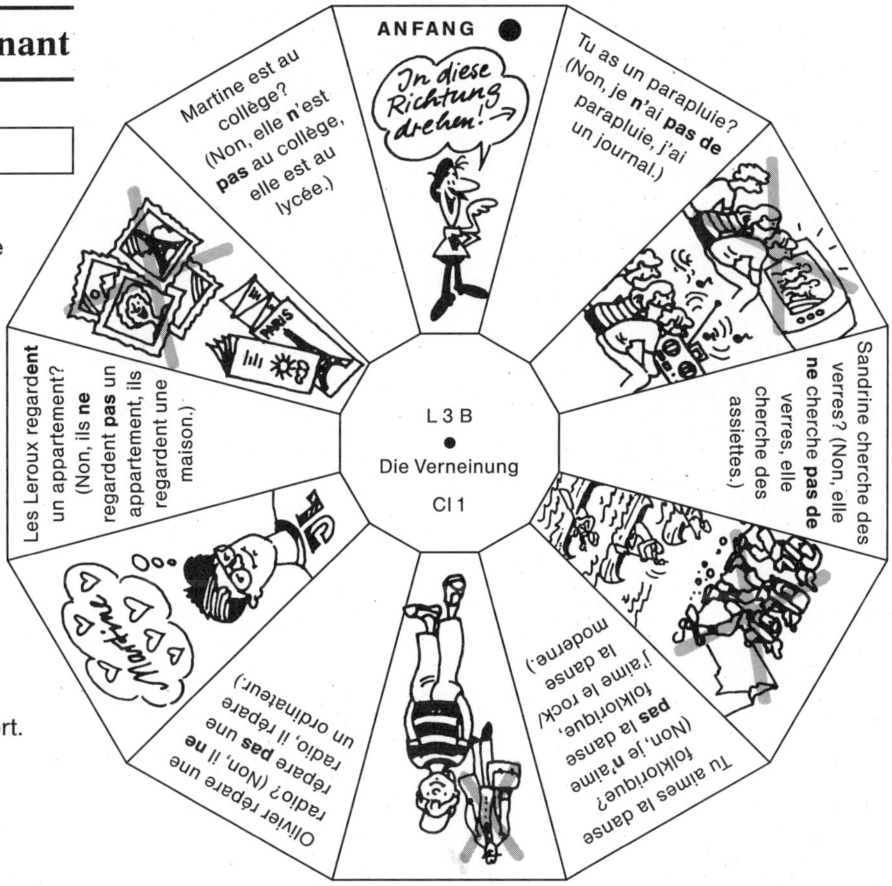

Lerntip 1: Eine Strategie, weniger Fehler zu machen

Wer eine Fremdsprache lernt, macht zunächst Fehler, vor allem im Schriftlichen. Das ist völlig natürlich. Aber aus Fehlern kann man lernen, und viele Fehler lassen sich durch Konzentration und Überlegung vermeiden. Hier einige Tips, die Dir helfen sollen, die „typischen" Anfängerfehler zu vermeiden:

Lies Dir jeden von Dir verfaßten Text noch einmal konzentriert Wort für Wort durch und achte dabei auf folgende besonders fehleranfällige Stellen:

a) die Schreibung von Einzelwörtern:
Lies jedes Wort konzentriert und achte dabei auf jede Einzelheit, vor allem auf Akzente.

b) die Übereinstimmung von Nomen und Begleiter:
Sandrine cherche le**s** assiette**s**.

c) die Übereinstimmung von Subjekt und Verbendung:
Denke vor allem an das **-s** in der 2. Person Singular und an das **-ent** der 3. Person Plural.
Tu aime**s** les danses folkloriques? Elle**s** aim**ent** les danses modernes.

d) die Apostrophierung in der 1. Person Singular bei Verben, die mit Vokal oder stummem h beginnen:
J'aime le canoë. **J'h**abite à Autun.

e) das Genus der Nomen, vor allem dann, wenn es vom Deutschen abweicht:
le travail = **die** Arbeit **la** radio – **das** Radio
Lerne die Nomen deshalb immer mit dem bestimmten Artikel, die vokalisch anlautenden Nomen mit dem unbestimmten Artikel.
Da Du auch mit den Augen lernst, kannst Du als zusätzliche Lernhilfe bei allen Nomen, bei denen das Genus vom Deutschen abweicht, den Artikel in Deinem Vokabelheft oder auf den Karteikarten **rot** schreiben.

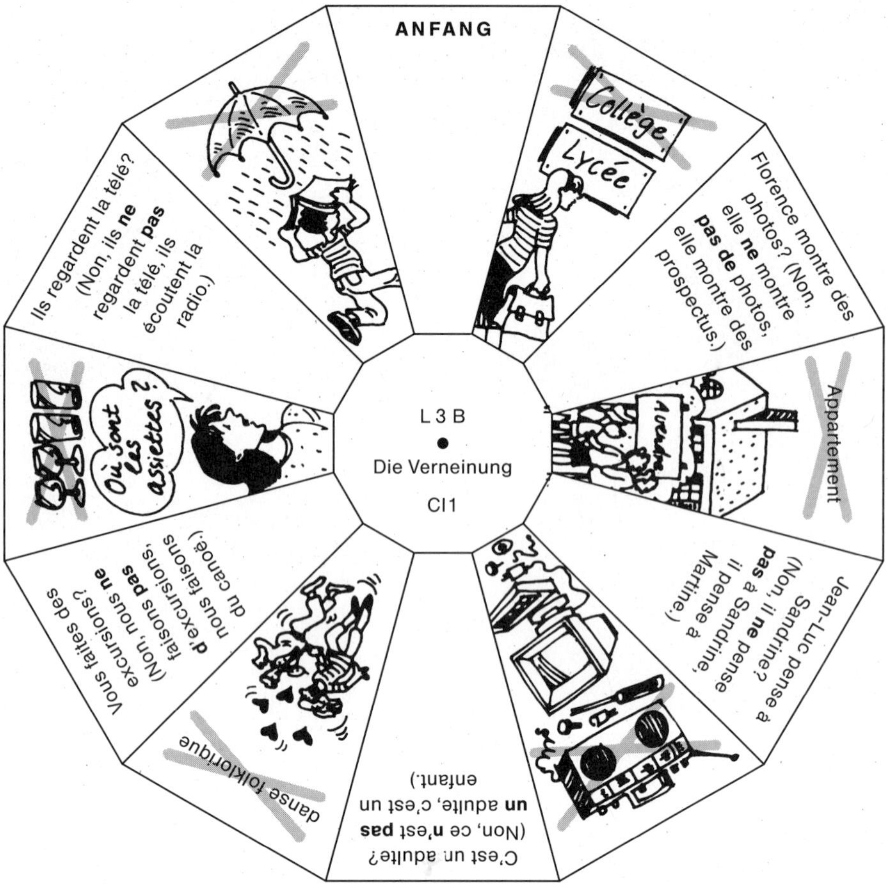

Lerntip 2: Schreibtraining einmal anders – die Akzente

Es ist schon so ein Kreuz mit den Akzenten im Französischen. Hier unterlaufen Dir sicher am häufigsten Fehler. Du mußt die Akzente beim Lernen der Vokabeln konzentriert mitlernen und Dir das Hörbild vorstellen:

é wird immer **hell** ausgesprochen [e] (**é**cole, secr**é**taire, caf**é**)
è/ê werden immer **dunkel** ausgesprochen [ɛ] (coll**è**ge, fr**è**re, f**ê**te, fen**ê**tre)

Am leichtesten kannst Du die Akzente lernen, wenn Du die Vokabeln beim Lernen laut sprichst, immer auch schreibst und mit der Vorlage vergleichst.

Akzent-Training

Vielleicht willst Du die Akzente einmal trainieren. Hier bieten wir Dir ein **Trainingsprogramm** an.

1. Zeichne auf ein gesondertes Blatt eine Tabelle mit drei Spalten nach folgendem Muster:

Nomen

mit accent aigu	é	mit accent grave	è	mit accent circonflexe	ê

Schaue das Vokabular der Lektionen 1–3 auf den Seiten 124–136 durch und schreibe alle Wörter mit Akzenten in diese Tabelle. Hat ein Wort zwei unterschiedliche Akzente, so schreibe das Wort in beide Spalten.

2. Mache nun mit Deinem Partner ein „Akzent-Diktat“, indem Du Deinem Partner zehn Wörter aus der Tabelle diktierst und sie dann mit deren Hilfe korrigierst. Verfahre danach umgekehrt.

3. Schaue Dir die Nomen und vor allem die Akzente noch einmal genau an und versuche dann, den folgenden „Falschtext“ zu korrigieren, in dem wir alle Akzente (auch die auf „a“) weggelassen haben. Unterstreiche die Fehlerstelle und setze die richtigen Akzente.

Aujourd'hui, c'est la rentree. Sandrine est au college. Olivier, le frere de Sandrine, est au lycee. Il est sept heures et demie. Les eleves sont deja la. Olivier n'est pas au lycee aujourd'hui. Il a un probleme. Il est malade. M. et Mme Leroux, le pere et la mere d'Olivier, restent a la maison. Mme Leroux telephone a la secretaire du lycee.
Olivier regarde la television et ecoute la radio. Il pense aussi aux vacances au centre de canoë, aux fetes avec les amis, aux excursions sur les rivieres et dans les forets et au groupe folklorique. Aujourd'hui, le groupe prepare les danses pour la Foire du Meuble. Les Morvandiaux dansent sur la place du marche, devant la cathedrale. Et Olivier n'est pas la.

 Tausche den „korrigierten“ Text mit Deinem Nachbarn und korrigiere mit Hilfe der Lösung auf S. 48.

Un coup de téléphone

Du arbeitest wieder mit Deinem Partner:
1. Übernimm einen Dialogpart (Ⓐ- oder Ⓑ-Seite).
2. Führe mit Deinem Partner einen Dialog und übertrage die unterlegten Angaben ins Französische. Korrigiere Deinen Partner mit Hilfe der Lösungen in Klammern.
3. Falte den Bogen entlang der senkrechten Mittellinie.

Ⓐ **Martine**	Ⓑ **Jean-Luc**
Das Telefon klingelt. Martine (geht ans Telefon und) meldet sich.	(Allô?)
(C'est Jean-Luc. Est-ce que Martine est là?)	Jean-Luc meldet sich mit seinem Vornamen und fragt, ob Martine da ist.
Martine sagt, daß sie es sei. Sie begrüßt Jean-Luc und fragt, wie es ihm geht.	(C'est moi, Martine. Salut, Jean-Luc. Ça va?)
(Ça va bien. Et toi?)	Ihm geht es gut. Und ihr?
Ihr geht es auch gut. Fragt, warum er anruft.	(Ça va bien, merci. Pourquoi est-ce que tu téléphones?)
(Tu aimes les danses folkloriques?)	Fragt, ob sie Folkloretänze gern hat.
Na ja! Sie zieht moderne Tänze vor (aimer mieux), mag aber auch Folkloretänze. Fragt, warum (Jean-Luc danach fragt).	(Bof! J'aime mieux les danses modernes, mais j'aime aussi les danses folkloriques. Pourquoi?)
(Demain, les Morvandiaux chantent et dansent sur la place devant la cathédrale. Florence danse aussi. La télévision est là aussi.)	Gibt an, daß die Morvandiaux morgen auf dem Platz der Kathedrale singen und tanzen und daß Florence auch tanzt. Das Fernsehen ist auch da.
Findet das super. Fragt, um wieviel Uhr.	(C'est super/formidable. A quelle heure?)
(A seize heures trente. Est-ce que tu as le temps?)	Um 16 Uhr 30. Fragt, ob Martine Zeit hat.
Warum nicht. Sagt, daß sie um 16 Uhr auf dem Platz ankommt. Fragt, ob Jean-Luc um 16 Uhr auch da ist.	(Pourquoi pas? J'arrive à seize heures sur la place. Est-ce que tu es là aussi à seize heures?)
(D'accord. Alors, à seize heures devant la cathédrale.)	Ist einverstanden. Also um 16 Uhr vor der Kathedrale.
Bis morgen. Verabschiedet sich von Jean-Luc.	(A demain. Au revoir/Salut, Jean-Luc.)
(A demain. Au revoir/Salut, Martine.)	Bis morgen. Verabschiedet sich von Martine.

Über Freizeitbeschäftigungen (activités) sprechen: jouer au/à la/à l'/aux – jouer du/de l'/de la
faire du/de l'/de la

1. Lies mit Deinem Partner das Beispiel durch.
2. Ⓐ-Seite: Stelle Deinem Partner die Fragen und korrigiere seine Antworten mit Hilfe der Lösungen in Klammern.
3. Ⓑ-Seite: Antworte auf die Fragen Deines Partners und orientiere Dich dabei an den Bildern.
4. Wechselt die Rollen nach einem Durchgang.
5. Faltet den Bogen entlang der senkrechten Mittellinie.

Ⓐ	Ⓑ
Beispiel: Que fait Marc? (Il joue **de la** guitare.)	(Que fait Marc?) Il joue de la guitare. 

Que **font** les Leroux? (Ils jou**ent aux** échecs.)	(... les Leroux?) 
Qu'est-ce que **vous** faites? (**Nous** jouons **aux** cartes.)	(... vous faites?) 
Qu'est-ce que tu fai**s**? (Je joue **de l'**accordéon.)	(... tu fais?) 
Que fait Olivier? (Il fait **du** vélo.)	(... Olivier?) 
Que font Martine et Jean-Luc? (**Ils** jou**ent au** scrabble.)	(... Martine et Jean-Luc?) 
Que fait Florence? (Elle joue **du** piano.)	(... Florence?) 
Que font les garçons? (Ils **font de l'a**thlétisme.)	(... les garçons?) 
Que fait Sandrine? (Elle joue **de la** flûte.)	(... Sandrine?) 
Tu fais **du** vélo? (Non, je joue **au** tennis.)	(... du vélo?) 
Que fait Marc? (Il fait **du** ski.)	(... Marc?) 
Vous jouez aux cartes? (Non, nous jouons **à la** pétanque.)	(... aux cartes?) 
Tu joues **au** tennis? (Non, je joue **au** foot.)	(... au tennis?) 
Qu'est-ce que vous faites? (Nous faisons **de la** natation.)	(... vous faites?) 

A quelle heure ...?

Du übst mit Deinem Partner. Du arbeitest mit dem Ⓐ**-Bogen**, Dein Partner mit dem Ⓑ**-Bogen** (vgl. Rückseite). Dein Partner hat auf seinem Bogen Informationen (in diesem Fall Uhrzeiten), die Dir fehlen, und umgekehrt. Du mußt nun die fehlenden Informationen von Deinem Partner erfragen und auch Fragen zu seiner Person stellen.

1. Fülle zunächst die vierte Spalte (Toi) aus, indem Du Uhrzeiten angibst, an denen Du die vorgegebenen Dinge tust. (Also: Wann verläßt **Du** das Haus? Wann kommst **Du** in der Schule an? usw....)
2. Stelle anschließend Deinem Partner Fragen zu den Tätigkeiten und Uhrzeiten und fülle die unterlegten Felder aus.
3. Wenn alle unterlegten Felder ausgefüllt sind, kannst Du die Uhrzeiten mit dem Bogen Deines Partners kontrollieren.

Beispiel: Ⓐ **A quelle heure** est-ce que Sandrine quitte la maison?
Ⓑ (Elle quitte la maison) à huit heures moins le quart.

Sandrine	Jean-Luc	M. Simon	Toi	Ton voisin*
quitter la maison le matin	quitter la maison le matin	quitter la maison le matin	quitter la maison le matin	quitter la maison le matin
	07:10			
arriver au collège	arriver au lycée	arriver au travail	arriver au lycée	arriver au lycée
07:55				
aller à la cantine	aller à la cantine	aller à la cantine	avoir cours le lundi	avoir cours le mercredi
12:15		13:00		
avoir cours le vendredi après-midi	avoir cours le mardi après-midi	rentrer à la maison	rentrer à la maison le jeudi	rentrer à la maison le vendredi
	15:00			
rentrer à la maison	rentrer à la maison	téléphoner à Mme Leroux	faire ses** devoirs	faire ses** devoirs
	18:30	18:15		
faire ses devoirs	faire ses devoirs	regarder la télévision	regarder la télévision	regarder la télévision
19:00		20:00		

* Dein Nachbar
** Achtung! Bei der Frage den Begleiter ändern!

Ⓑ **L 4 B**

A quelle heure ...?

Du übst mit Deinem Partner. Du arbeitest mit dem Ⓑ**-Bogen**, Dein Partner mit dem Ⓐ**-Bogen** (vgl. Rückseite). Dein Partner hat auf seinem Bogen Informationen (in diesem Fall Uhrzeiten), die Dir fehlen, und umgekehrt. Du mußt nun die fehlenden Informationen von Deinem Partner erfragen und auch Fragen zu seiner Person stellen.

1. Fülle zunächst die vierte Spalte (Toi) aus, indem Du Uhrzeiten angibst, an denen Du die vorgegebenen Dinge tust. (Also: Wann verläßt **Du** das Haus? Wann kommst **Du** in der Schule an? usw....)
2. Stelle anschließend Deinem Partner Fragen zu den Tätigkeiten und Uhrzeiten und fülle die unterlegten Felder aus.
3. Wenn alle unterlegten Felder ausgefüllt sind, kannst Du die Uhrzeiten mit dem Bogen Deines Partners kontrollieren.

Beispiel: Ⓑ **A quelle heure** est-ce que Jean-Luc quitte la maison?
Ⓐ (Il quitte la maison) à sept heures dix.

Sandrine	Jean-Luc	M. Simon	Toi	Ton voisin*
quitter la maison le matin	quitter la maison le matin	quitter la maison le matin	quitter la maison le matin	quitter la maison le matin
07:45		07:15		
arriver au collège	arriver au lycée	arriver au travail	arriver au lycée	arriver au lycée
	07:50	08:30		
aller à la cantine	aller à la cantine	aller à la cantine	avoir cours le lundi	avoir cours le mercredi
	12:20			
avoir cours le vendredi après-midi	avoir cours le mardi après-midi	rentrer à la maison	rentrer à la maison le jeudi	rentrer à la maison le vendredi
14:00		18:00		
renter à la maison	rentrer à la maison	téléphoner à Mme Leroux	faire ses** devoirs	faire ses** devoirs
17:30				
faire ses devoirs	faire ses devoirs	regarder la télévision	regarder la télévision	regarder la télévision
	21:30			

* Dein Nachbar
** Achtung! Bei der Frage den Begleiter ändern!

Lerntip 3: Der Redemitteltrainer

Bauanleitung:

Schneide aus mittelfestem Fotokarton:

1 Rechteck	Ⓐ	23,8 x 14 cm
1 Rechteck	Ⓑ	20,3 x 14 cm
1 Streifen	Ⓒ	1,5 x 14 cm
2 Streifen	Ⓓ	1,5 x 22,3 cm
1 Streifen	Ⓔ	2 x 14 cm

Klebe auf Rechteck Ⓐ den Streifen Ⓒ und die beiden Streifen Ⓓ wie auf der Abbildung. Klebe darüber das Rechteck Ⓑ und den Streifen Ⓔ (Achtung: Nur die Streifen Ⓒ und Ⓓ mit Klebstoff versehen) und gib dem ganzen zusätzlichen Halt durch Heftklammern an den mit einem X gekennzeichneten Stellen. Das war's auch schon. Nun hast Du einen Redemitteltrainer, den Du wiederholt zum Training einsetzen kannst. Wie Du damit übst, erfährst Du weiter unten.

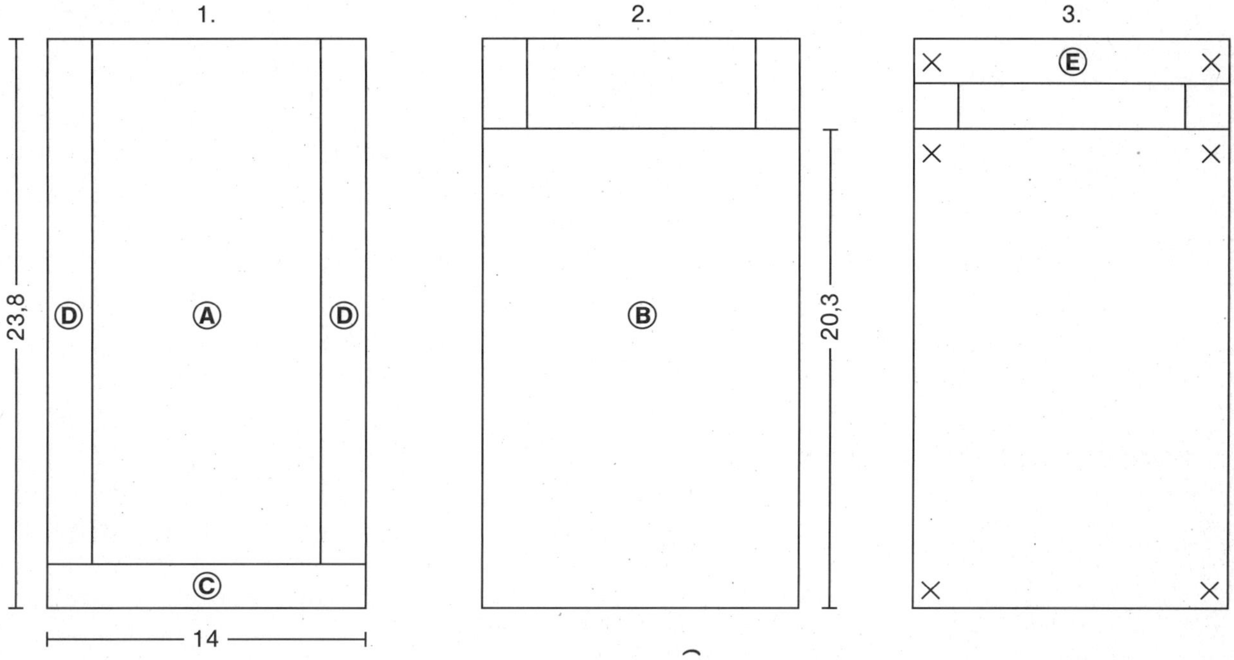

Üben mit dem Redemitteltrainer

Auf der Rückseite findest Du den ersten Übungsbogen. Falte ihn entlang der senkrechten Mittellinie und schiebe ihn so in den Redemitteltrainer, daß die Ⓐ-Seite sichtbar wird. Oben steht die Aufgabe. Im Sichtfenster erscheint der erste Impuls, auf den Du mündlich oder schriftlich reagieren kannst. Wenn Du den Bogen ein Stück herausziehst, erscheint im Sichtfenster die Lösung. Du kannst Dich also selbst kontrollieren. Danach ziehst Du den nächsten Impuls ins Sichtfenster und versuchst, darauf zu reagieren usw. Nach Abschluß der Ⓐ-Seite drehst Du den Bogen herum und übst mit der Ⓑ-Seite.

Natürlich kannst Du Dir auch selbst Übungsbögen anlegen. Versuche es doch einmal mit Deinem Freund/Deiner Freundin zusammen.

Partnerarbeit:

Du kannst in der gleichen Weise mit Deinem Partner üben. Du nennst ihm die deutschen Ausdrücke und überprüfst seine Antwort mit Hilfe der Lösung, die Du ins Sichtfenster ziehst.

Qu'est-ce qu'on dit?

Falte den Bogen entlang der senkrechten Mittellinie und schiebe ihn so in den Redemitteltrainer, daß die Ⓐ-Seite sichtbar ist.
Du kannst auch ohne den Redemitteltrainer mit dem Bogen arbeiten, indem Du den französischen Satz jeweils mit einem Blatt abdeckst.

Ⓐ **Poser des questions** Du möchtest wissen ...	Ⓑ **Poser des questions** Du möchtest wissen ...
... wo die vier Jugendlichen sind.	... mit wem Marc telefoniert.
(Où sont les quatre jeunes?)	(**A** qui est-ce que Marc téléphone?)
... wer Max ist.	... mit wem Florence tanzt.
(Qui est Max?)	(**Avec** qui est-ce que Florence danse?)
... was Frau Leroux macht.	... woher Marc ist (Du sprichst ihn persönlich an).
(Que fait Mme Leroux?)	(Tu es d'où, Marc?)
... für wen die Leroux eine Arbeit suchen.	... was Deine Freunde machen (Du sprichst sie persönlich an).
(**Pour** qui est-ce que les Leroux cherchent un travail?)	(Qu'est-ce que vous **faites**?)
... wer die Mädchen sind.	... ob Sandrine da ist.
(Qui **sont** les filles?)	([Est-ce que] Sandrine est là?)
... warum Jean-Luc ein Problem hat (Du sprichst ihn persönlich an).	... um wieviel Uhr M. Leroux, Sandrine und Oliver das Haus verlassen.
(Pourquoi est-ce que tu as un problème?)	(A quelle heure est-ce que M. Leroux, Sandrine et Olivier quittent la maison?)

L 4 B Le disque tournant

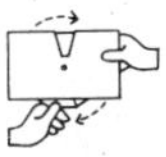

Die Possessivbegleiter – les déterminants possessifs	
mon / ma / mes ton / ta / tes son / sa / ses	notre / nos votre / vos leur / leurs

1. Schneide die Drehscheibe aus, loche sie in der Mitte und schiebe sie in den Drehscheibenhalter (vgl. S. 7). Befestige sie mit der Musterklemme.
2. Drehe die Scheibe, bis „Anfang“ sichtbar wird.
3. Halte die Drehscheibe zwischen Dich und Deinen Partner. Hast Du Finaud auf Deiner Seite, so drehe die Scheibe in der angegebenen Richtung und stelle Deinem Partner die erste Frage. Kontrolliere seine Antwort mit Hilfe der Lösung in Klammern.
4. Setze so die Übung im Wechsel mit Deinem Partner fort.

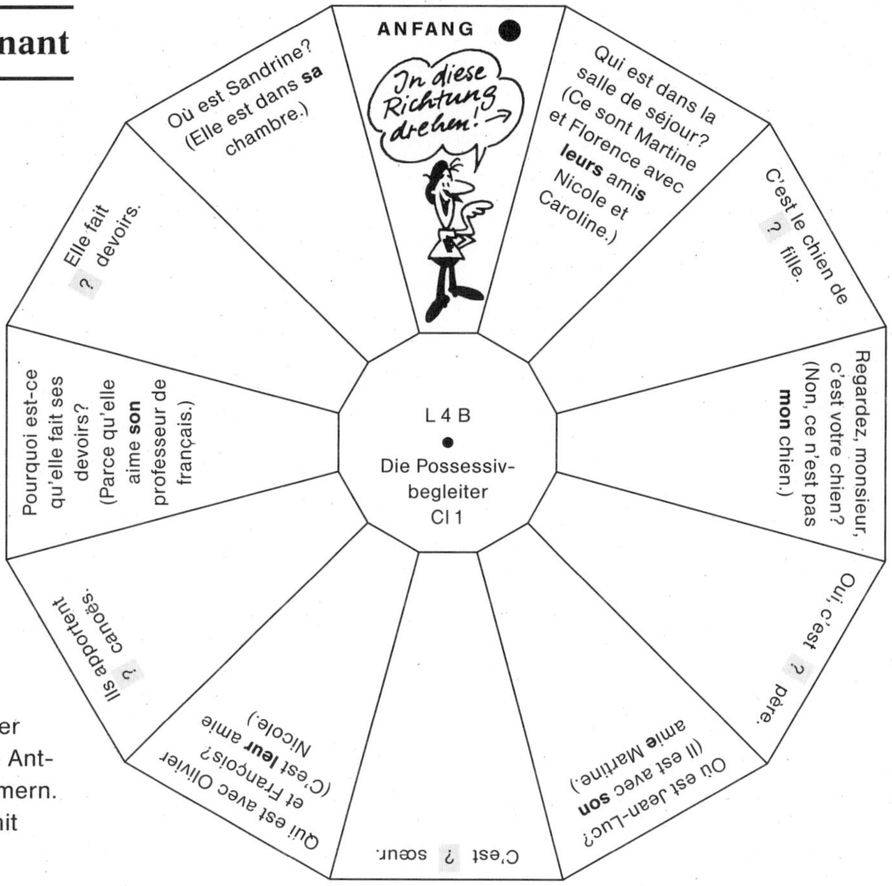

L 4 C Le disque tournant

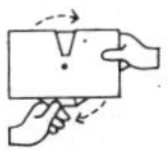

Die indirekte Rede und die indirekte Frage –
Le discours indirect et l'interrogation indirecte

1. Schneide die Drehscheibe aus, loche sie in der Mitte und schiebe sie in den Drehscheibenhalter (vgl. S. 7). Befestige sie mit der Musterklemme.
2. Drehe die Scheibe, bis „Anfang“ sichtbar wird.
3. Halte die Drehscheibe zwischen Dich und Deinen Partner. Hast Du Finaud auf Deiner Seite, so drehe die Scheibe in der angegebenen Richtung und stelle Deinem Partner die erste Frage. Kontrolliere seine Antwort mit Hilfe der Lösung in Klammern.
4. Setze so die Übung im Wechsel mit Deinem Partner fort.

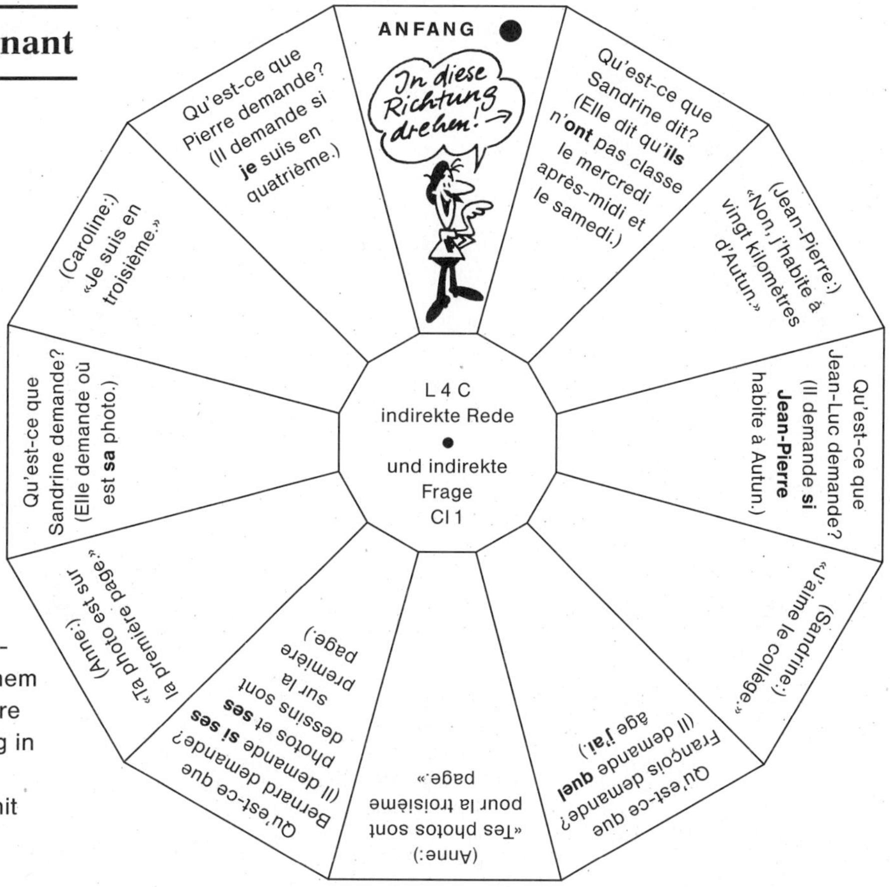

L 4 B
•
Die Possessivbegleiter
Cl 1

ANFANG

Elle est dans ? chambre.

Qu'est-ce qu'elle fait? (Elle fait **ses** devoirs.)

Parce qu'elle aime ? professeur de français.

Voilà Olivier et François. Qu'est-ce qu'ils apportent? (Ils apportent **leurs** canoës.)

C'est ? amie Nicole.

Olivier, qui est Sandrine? (C'est **ma** sœur.)

Il est avec ? amie Martine.

M. Leroux, c'est le père de Florence? (Oui, c'est **son** père.)

Non, ce n'est pas ? chien.

A qui est le chien, alors? (C'est le chien de **ma** fille.)

Ce sont Martine et Florence avec ? ami**s** Nicole et Caroline.

L 4 C
indirekte Rede
•
und indirekte Frage
Cl 1

ANFANG

(Pierre:) «Tu es en quatrième?»

Qu'est-ce que Caroline dit? (Elle dit qu'elle est en troisième.)

(Sandrine:) «Où est ma photo?»

Qu'est-ce qu'Anne dit? (Elle dit que **sa** photo est sur la première page.)

(Bernard:) «Est-ce que mes photos et mes dessins sont sur la première page?»

Qu'est-ce qu'Anne répond? (Elle répond que **ses** photos sont pour la troisième page.)

(François:) «Tu as quel âge?»

Que dit Sandrine? (Elle dit qu'elle aime le collège.)

(Jean-Luc:) «Jean-Pierre, tu habites à Autun?»

Qu'est-ce que Jean-Pierre répond? (Il répond qu'il habite à vingt kilomètres d'Autun.)

(Sandrine:) „Nous n'avons pas classe le mercredi après-midi et le samedi."

L 4 B/C (Perfectionnement) L'école

1. Lies mit Deinem Partner das Beispiel durch.
2. Ⓐ-Seite: Stelle Deinem Partner die Fragen und kontrolliere seine Antworten mit Hilfe der Lösungen in Klammern.
3. Ⓑ-Seite: Antworte auf die Fragen Deines Partners und orientiere Dich dabei an den Vorgaben.
4. Wechselt die Rollen nach einem Durchgang.
5. Faltet das Blatt entlang der senkrechten Mittellinie.

Ⓐ	Ⓑ
Beispiel: Pascal a 17 ans. Il va au collège? (Non, il va au lycée.)	(... 17 ans.... au collège?) Non, il va au lycée.

Quand est-ce que les cours commencent? ([Ils commencent] à huit heures.)	(... les cours commencent?)
Quand est-ce qu'il y a des récréations? ([Il y a des récréations] à dix heures moins cinq et à seize heures.)	(Quand ... des récréations?)
Les élèves ont six heures de cours le matin? (Non, ils ont quatre heures de cours le matin.)	(... six heures de cours le matin?)
Et l'après-midi, les élèves n'ont pas classe? (Si, l'après-midi, ils ont trois heures de classe.)	(... l'après-midi, ... pas classe?)
Quand est-ce que les élèves n'ont pas classe? ([Ils n'ont pas classe] le mercredi après-midi et le samedi.)	(Quand ... ... pas classe?)
Qu'est-ce qu'il y a comme loisirs au collège? ([Comme loisirs,] il y a un club journal, un club cinéma, un club théâtre, un club informatique et on fait du sport.)	(... comme loisirs ... ?)
Qu'est-ce que les élèves font après les cours? (Ils font encore leurs devoirs.)	(... les élèves ... après les cours?)

Perfectionnement	
Patrick a 3 ans. Il va à l'école élémentaire? (Non, il va à l'école maternelle.)	(... 3 ans, ... l'école élémentaire?)
Anne a six ans. Elle va au collège? (Non, elle va à l'école élémentaire.)	(... 6 ans, ... au collège?)
Quand est-ce qu'on va au lycée? (Après le collège/la troisième/quand on a quinze ans.)	(Quand ... ... au lycée?)
Les trois classes du lycée, ce sont ... ? ([Ce sont] la seconde, la première et la terminale.)	(Les trois classes du lycée ... ?)
Un élève n'aime pas l'école. Qu'est-ce qu'il fait après la troisième? (Il fait un apprentissage.)	(... après la troisième?)
Le bac A, qu'est-ce que c'est? (C'est un bac avec des langues.)	(... le bac A?)

Lerntip 4: Vokabeln lernen und behalten

Du hast sicher schon verschiedene Techniken des Vokabellernens erprobt. Hier stellen wir Dir eine Lerntechnik vor, mit deren Hilfe Du nur **die** Vokabeln häufig wiederholst, die Dir partout nicht in den Kopf wollen. Bei diesen Vokabeln versagen meist die herkömmlichen Mittel wie Vokabelheft oder Vokabelverzeichnis im Lehrbuch. Hier nun der

Vokabeltrainer

Du benötigst dazu die **Vokabelkarten** und den eigentlichen **Vokabeltrainer**.

Vokabelkarten

Besorge Dir Karteikarten der Größe DIN-A7 oder fertige Dir Zettel in dieser Größe an (schneide ein weißes DIN-A4-Blatt in der Mitte auseinander und wiederhole diesen Vorgang mit den verbleibenden Papierhälften noch zweimal).
Schreibe auf die **Vorderseite** die **deutsche Bedeutung** von Wörtern oder Ausdrücken, die Dir besonders schwierig erscheinen, auf die **Rückseite** die **französische Übersetzung**. Arbeite sehr konzentriert, damit Dir keine Abschreibfehler unterlaufen, denn das wäre für das weitere Lernen verhängnisvoll.

Vokabeltrainer

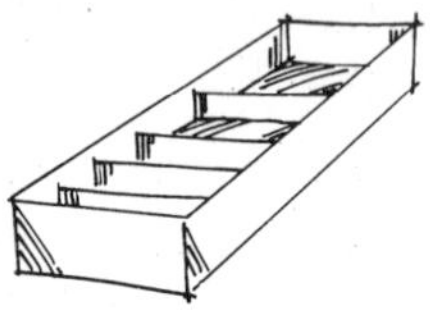

Es handelt sich um eine Art **Karteikasten** mit unterschiedlich großen Fächern. Wenn Du schon einen Karteikasten hast, dann richte Dir die Fächer entsprechend den Vorgaben auf der Zeichnung ein.
Du kannst Dir den Vokabeltrainer aber auch mit einfachen Mitteln selbst bauen.
Zeichne Dir dazu folgende Maße auf einen stärkeren Fotokarton:

Kasten

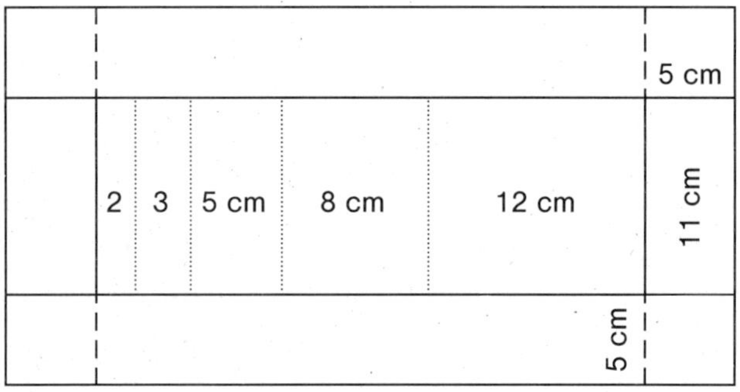

Trennwand

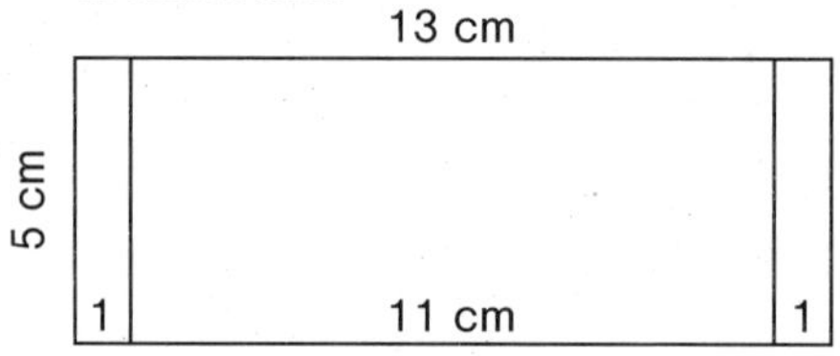

An diesen Stellen schneidest Du den Karton ein: - - - - -
An diesen Stellen knickst Du den Karton nach oben: ———
Auf diesen Linien setzt Du die Trennwände ein: ....
Die Seiten und Trennwände kannst Du mit Heftklammern zusammenheften. Achte beim Einsetzen der Trennwände darauf, daß Du zunächst die Trennwand zum Fach 2 (3 cm breit) einsetzt, da Du sonst mit der Heftmaschine nicht mehr zurechtkommst.

Wie Du mit dem Vokabeltrainer lernst

Den ersten Packen Vokabelkarten steckst Du ins erste Fach Deines Karteikastens, mit der deutschen Übersetzung nach vorne. Ziehe die erste Karte heraus und versuche, die französische Übersetzung laut vor Dich hinzusagen. Gelingt dies, wandert die Karte ins zweite Fach. Im anderen Fall schaust Du Dir die französische Übersetzung genau an, liest sie laut vor und steckst die Karte wieder ins erste Fach, hinter alle anderen Karten. Verfahre so mit allen Fächern. Es gilt dabei allerdings das Prinzip, daß Vokabeln, an die Du Dich nicht mehr erinnern kannst, **grundsätzlich in das erste Fach zurückwandern**, auch wenn sie aus dem vierten Fach stammen. Bearbeite die einzelnen Fächer mit einem zeitlichen Abstand von mindestens 1–2 Tagen.
Die Karten, die im 5. Fach angelangt sind und an die Du Dich beim Überarbeiten erinnern kannst, kannst Du getrost beiseite legen. Sie sind im Langzeitgedächtnis gespeichert.

Übe häufig und kurz mit dem Vokabeltrainer. 20–30 Vokabelkarten pro Lerneinheit sind ausreichend.

Übrigens: Die Vokabelkarten sind handlich und lassen sich in kleinen Päckchen leicht überall mit hinnehmen.

Le vin de Bourgogne

Die direkten Objektpronomen	– les pronoms objets directs:	le – la – les – me – te – nous – vous
Die indirekten Objektpronomen	– les pronoms objets indirects:	lui – leur – me – te – nous – vous

Bei dieser Übung stellt Ihr Euch gegenseitig im Wechsel Fragen und kontrolliert Eure Antworten gegenseitig. Faltet den Bogen entlang der senkrechten Mittellinie.

Ⓐ	Ⓑ
Qu'est-ce que M. Morel montre à ses clients? (Il **leur** montre sa cave.)	Il ______ montre sa cave.
Oui, ils ______ dégustent et ils ______ aiment beaucoup.	Est-ce que les clients dégustent le vin? (Oui, ils **le** dégustent et ils **l'**aiment beaucoup.)
Est-ce que Martine comprend les clients d'Allemagne? (Oui, elle **les** comprend, mais elle ne **leur** répond pas.)	Oui, elle ______ comprend, mais elle ne ______ répond pas.
Il ______ apporte une bouteille de vin rouge.	Qu'est-ce que M. Morel apporte à M. Peters? (Il **lui** apporte une bouteille de vin rouge.)
Est-ce que M. Peters déguste aussi les vins? (Oui, il **les** déguste et il **les** crache après.)	Oui, il ______ déguste et il ______ crache après.
Oui, il ______ téléphone souvent.	Est-ce que M. Morel téléphone souvent à M. Peters? (Oui, il **lui** téléphone souvent.)
Combien de bouteilles est-ce qu'il vend à M. Peters? (Il **lui** vend 12 bouteilles de «Corton-Charlemagne».)	Il ______ vend 12 bouteilles de «Corton-Charlemagne».
Oui, il ______ aime beaucoup.	M. Morel aime son travail? (Oui, il **l'**aime beaucoup.)
Est-ce qu'il regarde la vigne avec ses clients. (Oui, il **la** regarde toujours avec ses clients.)	Oui, il ______ regarde toujours avec ses clients.
Kerstin	**Martine**
Tu me comprends? (Bien sûr, je **te** comprends très bien.)	Bien sûr, je ______ comprends très bien.
Oui, je ______ aime beaucoup.	Tu aimes le vin? (Oui, je **l'**aime beaucoup.)
Tu aides tes parents aux vendanges? (Oui, je **les** aide parce que nous n'avons pas classe au lycée viticole pendant les vendanges.)	Oui, je ______ aide parce que nous n'avons pas classe au lycée viticole pendant les vendanges.
Non, je ne ______ connais pas.	Tu connais le lycée viticole? (Non, je ne **le** connais pas.)
Est-ce que les jeunes vous aident? (Oui, ils **nous** aident à faire les vendanges.)	Oui, ils ______ aident à faire les vendanges.

Qu'est-ce qu'on écrit?

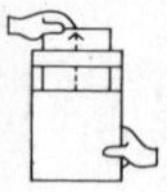

Falte den Bogen entlang der senkrechten Mittellinie und schiebe ihn so in den Redemitteltrainer, daß die Ⓐ-Seite sichtbar ist (vgl. S. 18).
Übe zunächst allein. Arbeite danach mit Deinem Partner.
Hört euch gegenseitig die Redemittel ab.
Du kannst auch ohne den Redemitteltrainer mit dem Bogen arbeiten, indem Du den französischen Satz jeweils mit einem Blatt abdeckst.

Ⓐ Ecrire une lettre	Ⓑ Ecrire une lettre
Du schreibst an einen Freund (z. B. Jean-Luc)/ an eine Freundin (z. B. Christine). Welche Anrede wählst Du?	Du fragst nach dem Befinden seiner Schwester und seines Bruders.
(**Cher** Jean-Luc,/**Chère** Christine, [danach mit Großbuchstabe fortfahren] . . .)	(Comment **vont** ta sœur et ton frère?)
Du bedankst Dich für seinen Brief.	Du bittest ihn, schnell zu antworten, um dir von seinen Ferien zu erzählen.
(Merci pour ta lettre.)	(Réponds vite pour me parler de tes vacances.)
Du fragst Deinen Freund, wie es ihm geht.	Du schreibst, daß Du auf seine Antwort wartest.
(Comment ça va?/Comment est-ce que tu vas?)	(J'attends ta réponse.)
Du schreibst, daß es **Dir** gut geht.	Du gibst an, daß ihn Mathias und Florian grüßen.
(Moi, je vais bien/[ça va] bien.)	(Tu **as** le bonjour de Mathias et **de** Florian.)
Du schreibst, daß Du heute Zeit hast, ihm zu antworten.	Du bittest, seine Eltern und Christine zu grüßen.
(Aujourd'hui, j'ai **le** temps de **te** répondre.)	([Donne le] bonjour à tes parents et à Christine.)
Du bittest um Entschuldigung dafür, daß Du verspätet schreibst.	Du beschließt den Brief mit einer freundschaftlichen Floskel.
(Pardon pour le retard.)	(Amicalement/ Je t'embrasse/ Grosses bises [sehr freundschaftlich])

Ⓐ **L 5 C** **Quel temps fait-il?**

Du übst mit Deinem Partner. Du arbeitest mit dem Ⓐ**-Bogen**, Dein Partner mit dem Ⓑ**-Bogen** (vgl. Rückseite). Dein Partner hat Informationen über das Wetter in einigen französischen Städten, die Dir fehlen (unterlegte Felder), und umgekehrt. Erfrage die fehlenden Informationen von Deinem Partner und notiere sie mit Hilfe der entsprechenden Symbole. Benutze dazu die Ausdrücke und Symbole aus dem Übersichtskasten. Wenn Du alle unterlegten Felder ausgefüllt hast, kontrolliere Deine Eintragungen mit Hilfe des Ⓑ-Bogens.

Bevor Ihr anfangt, solltet Ihr mit Eurem Lehrer/Eurer Lehrerin die Aussprache der Städtenamen üben.

- Il fait beau/Il fait soleil.
- Il fait mauvais (temps).
- Il neige.
- Il pleut.
- Il va y avoir de l'orage.
- Il y a des nuages.

Beispiel: Ⓐ **Quel temps** fait-il à Paris?
Ⓑ Le matin, il fait beau/il fait soleil. L'après-midi, il fait mauvais (temps).

Paris	Marseille le matin l'après-midi	Lyon	Strasbourg le matin l'après-midi
Rennes	Grenoble	Tignes le matin l'après-midi	Val d'Isère
Biarritz le matin l'après-midi	Brest le matin l'après-midi	La Rochelle le matin l'après-midi	Beaune le matin l'après-midi
Nancy	Reims	Rouen	Nîmes le matin l'après-midi

Ⓑ **L 5 C** **Quel temps fait-il?**

Du übst mit Deinem Partner. Du arbeitest mit dem Ⓑ**-Bogen**, Dein Partner mit dem Ⓐ**-Bogen** (vgl. Rückseite). Dein Partner hat Informationen über das Wetter in einigen französischen Städten, die Dir fehlen (unterlegte Felder), und umgekehrt. Erfrage die fehlenden Informationen von Deinem Partner und notiere sie mit Hilfe der entsprechenden Symbole. Benutze dazu die Ausdrücke und Symbole aus dem Übersichtskasten. Wenn Du alle unterlegten Felder ausgefüllt hast, kontrolliere Deine Eintragungen mit Hilfe des Ⓐ-Bogens.

Bevor Ihr anfangt, solltet Ihr mit Eurem Lehrer/Eurer Lehrerin die Aussprache der Städtenamen üben.

- Il fait beau/Il fait soleil. 
- Il fait mauvais (temps). 
- Il neige. 
- Il pleut. 
- Il va y avoir de l'orage. 
- Il y a des nuages. 

Beispiel: Ⓑ **Quel temps** fait-il à Marseille?
Ⓐ Le matin, il y a des nuages. L'après-midi, il fait beau/il fait soleil.

Paris   le matin l'après-midi	Marseille	Lyon   le matin l'après-midi	Strasbourg
Rennes   le matin le soir	Grenoble   le matin l'après-midi	Tignes	Val d'Isère   le matin l'après-midi
Biarritz	Brest	La Rochelle	Beaune
Nancy   le matin l'après-midi	Reims   le matin l'après-midi	Rouen   le matin l'après-midi	Nîmes

Rappel (2)

RAPPEL

Wie Du weißt, gibt es zwei Möglichkeiten, mit den **Rappel-Bögen** zu arbeiten:

I

1. Ein Partner arbeitet mit dem Ⓐ-Bogen, der andere mit dem Ⓑ-Bogen.
2. Partner A stellt die Fragen zu den Bildern 1 – 3 – 4 – 7 – 10, Partner B zu den Bildern 2 – 5 – 6 – 8 – 9. Die gegenseitige Kontrolle erfolgt über die Lösungen in Klammern.
3. Bevor die Fragen gestellt werden, gibt der Fragesteller die jeweilige Bildnummer an.

II

1. Die Karten werden auseinandergeschnitten und mit den Bildern nach oben auf dem Tisch gemischt.
2. Ein Schüler zieht eine Karte, zeigt seinem Partner das Bild und stellt die Fragen. Er kontrolliert die Antworten mit Hilfe der Lösungen in Klammern.
3. Sind die Antworten korrekt, erhält der Partner die Karte. Hat er Fehler gemacht, lesen beide Partner Fragen und Antworten noch einmal durch und legen die Karte wieder unter den Stapel. So wird abwechselnd verfahren.

Ⓐ

1

- Où est M. Morel?
  (Il est dans sa cave.)
- Avec qui est M. Morel?
  (Il est avec des clients.)
- Que font M. Morel et les clients?
  (Ils dégustent des vins/les vins de M. Morel.)

6

Numéro spécial 5 octobre
page 1: - Anne article Sandrine
texte semaine élève 3e
photo Sandrine
- David interview prof de français
page 2 - François article
travail 3e
loisirs collège
page 3 - Bernard dessins/photos

2

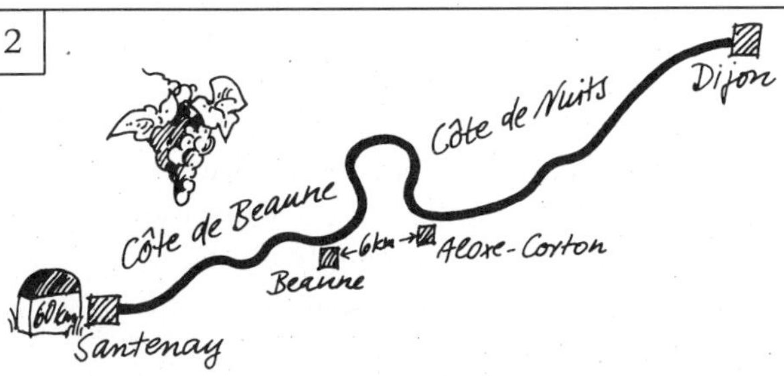

7

- Pourquoi est-ce que Sandrine aime l'école?
  (Parce que ses copines et ses copains sont au collège,
  parce qu'elle peut discuter et lire,
  parce qu'elle écrit des articles pour «L'Echo du Vallon»,
  parce qu'elle peut faire un voyage à Ingelheim.)

3

- Qui est sur la photo?
  ([C'est/Ce sont] la famille Morel et Jean-Luc.)
- Qui est sur le tracteur?
  ([C'est] M. Morel/le père de Martine.)
- Jean-Luc, qui est-ce?
  (C'est le copain/l'ami de Martine.)
- Il a quel âge?
  (Il a dix-neuf ans.)

8

4

- Que font les jeunes? (Il font les vendanges.)
- D'où est-ce qu'ils viennent?
  (Ils viennent des villages de la Bourgogne, de Lyon, de Paris.)
- Quel temps fait-il? (Il y a de l'orage.)
- Pourquoi est-ce que les vignerons ont peur de la grêle?
  (Parce qu'elle casse les vignes.)

9

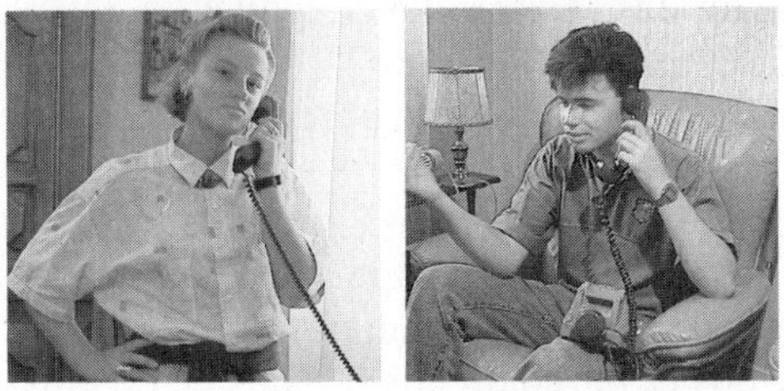

5

10

- Qui est-ce? (Ce sont les Morvandiaux.)
- Où est-ce que les Morvandiaux dansent?
  (Ils dansent sur la place, devant la cathédrale.)
- Pourquoi est-ce qu'ils dansent sur la place?
  (Parce que La Foire du Meuble ouvre aujourd'hui.)
- Florence glisse et tombe. Pourquoi?
  (Parce qu'il y a une caméra de télévision.)

Tip: Das Ausschneiden der Karten hat den Vorteil, daß Du die Karten dieses Rappel-Bogens mit denen des ersten Rappel-Bogens (S. 9/10) jetzt mischen kannst.

B

6	– Qu'est-ce que David présente dans son article? (Il présente l'interview avec M. Morelié, le prof[esseur] de français.) – Qu'est-ce qu'il y a sur la troisième page? (Il y a les photos et les dessins de Bernard.) – L'article d'Anne parle des loisirs au collège? (Non, il parle de la semaine d'une élève de 3e.)	1	
7		2	– Comment s'appelle la région d'Aloxe-Corton? (C'est la Bourgogne.) – On aime la Bourgogne à Hambourg, à Londres et à New York. Pourquoi? (Parce qu'on aime le vin de Bourgogne.) – Aloxe-Corton, qu'est-ce que c'est? (C'est un village à six kilomètres de Beaune.)
8	– Qui sont les Morvandiaux? (C'est un groupe folklorique d'Autun.) – Qu'est-ce qu'ils font comme musique et comme danses? (Ils font la musique et les danses du Morvan et de la Bourgogne/et du centre de la France.) – Ils font seulement de la danse folklorique? (Non, ils font aussi de la danse moderne.)	3	
9	– L'un des Morvandiaux, Jean-Luc, téléphone à Florence. Pourquoi? (Il cherche une fille parce que Christine est malade.) – Pourquoi est-ce que Florence ne veut pas danser dans le groupe? (Parce qu'elle n'aime pas danser devant les gens et parce qu'elle n'a pas de costume.)	4	
10		5	– C'est le club cinéma du collège? (Non, c'est le club journal du collège.) – Que font les élèves? (Ils discutent d'un numéro spécial./Ils préparent des articles pour un numéro spécial.) – Anne Delmas, qui est-ce? (C'est la rédactrice en chef de «L'Echo du Vallon».)

L 6 B Qu'est-ce que vous désirez?

Du arbeitest wieder mit Deinem Partner.
1. Übernimm einen Dialogpart (Ⓐ- oder Ⓑ-Seite).
2. Führe mit Deinem Partner ein Verkaufsgespräch und übertrage dabei die unterlegten Angaben ins Französische. Korrigiere Deinen Partner mit Hilfe der Lösungen in Klammern.
3. Falte den Bogen entlang der senkrechten Mittellinie.

Ⓐ **Epicier**	Ⓑ **Toi**
Fragt, ob Du an der Reihe bist.	(C'est à vous, mademoiselle/monsieur?)
(Oui, c'est à moi.)	Du bestätigst. Ja, Du bist dran.
Fragt, was Du möchtest.	([Qu'est-ce que] vous désirez?)
(Vous avez **des** citrons?)	Du fragst, ob er Zitronen hat.
Natürlich! Fragt, wie viele Zitronen Du möchtest.	(Bien sûr. Vous voulez combien **de** citrons?)
(Trois. Et [je voudrais] un kilo **de** farine.)	Drei. Und Du möchtest 1 kg Mehl.
Fragt, was Du sonst noch möchtest.	(Et avec ça, mademoiselle/monsieur?)
(Il **me** faut encore **des** œufs et **du** sel.)	Du brauchst noch Eier und Salz.
Fragt, wie viele Eier und wieviel Salz.	(Combien **d'**œufs et combien **de** sel?)
([Je voudrais] dix œufs et un kilo et demi **de** sel.)	Du möchtest 10 Eier und 1,5 kg Salz.
Fragt, ob das alles sei.	(C'est tout, mademoiselle/monsieur?)
(Non, [est-ce que] vous avez **de la** glace?)	Du verneinst. Du fragst, ob er Eis hat.
Er verneint, er verkauft kein Eis mehr.	(Non, je ne vends **plus de** glace.)
(Alors, c'est tout. Ça fait combien?)	Du sagst, daß das nun alles sei, und fragst, was das kostet/macht.
Es macht 28 Francs.	(Ça fait vingt-huit francs.)
(Voilà trente francs.)	Du gibst ihm 30 Francs.
Er gibt Dir 2 Francs zurück und verabschiedet sich.	(Et voilà deux francs. Au revoir, mademoiselle/ monsieur.)
(Au revoir, monsieur.)	Du verabschiedest Dich.

Un repas en France

Die Franzosen kennen bei besonderen Anlässen, z. B. bei der Einladung eines Austauschschülers zum Abendessen, eine feste Abfolge von Gerichten und Gängen. In der folgenden Auflistung sind die Gänge etwas durcheinandergeraten. Versuche, mit Deinem Partner zusammen die richtige Reihenfolge wiederherzustellen. Während der Gänge nimmt man natürlich eine Fülle von unterschiedlichsten Dingen zu sich. In dem Kasten unten findet Ihr einige Vorschläge, aber sicher kennt Ihr noch andere Dinge. Wenn nicht, schlagt in Lektion 6 B und C noch einmal nach. Ordnet sie den jeweiligen Gängen zu.

Hier nun die durcheinandergeratene Reihenfolge der Gänge.

le plat principal – le dessert – la salade – l'apéritif – l'entrée – le plateau de fromages

Abfolge der Gänge	Was man während der Gänge zu sich nimmt
1. ______	______
2. ______	______
	______
3. ______	______
	______
	______
4. ______	______
5. ______	______
6. ______	______
	______

un Kir – du vin rouge – une tarte – du bœuf bourguignon – des légumes – du vin blanc – des escargots – de la glace – du pain – des côtelettes – de l'eau – des crêpes

Kontrolliert Eure Lösung mit Hilfe des Lösungsbogens auf S. 48. Merkt Euch die Reihenfolge der Gänge und Gerichte. Sie gehört zum „savoir-vivre" in Frankreich.

* Und nach dem Dessert einen guten Kaffee und einen „Verdauungsschnaps".

L 6 C Le disque tournant

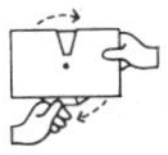

Die direkten Objektpronomen – les pronoms objets directs: le/la/les/me/te/nous/vous **Die indirekten Objekt-pronomen –** les pronoms objets indirects: lui/leur/me/te/nous/vous **Das Adverbialpronomen –** le pronom adverbial: en

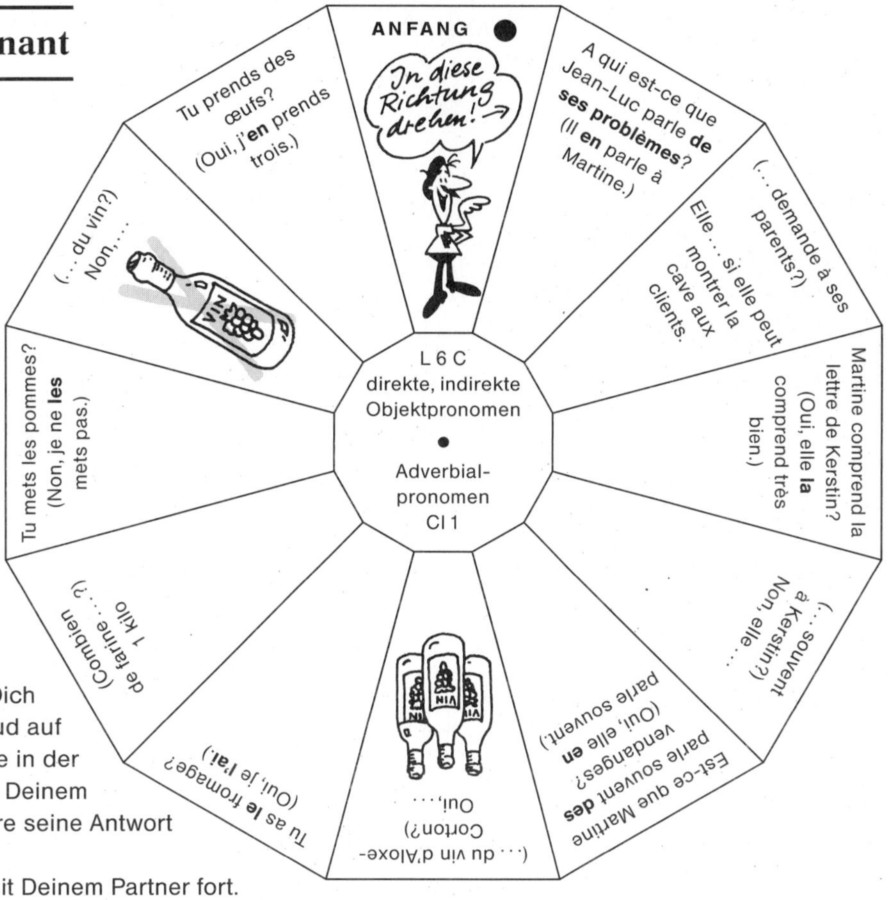

1. Schneide die Drehscheibe aus, loche sie in der Mitte und schiebe sie in den Drehscheibenhalter (vgl. S. 7). Befestige sie mit der Musterklemme.
2. Drehe die Scheibe, bis „Anfang" sichtbar wird.
3. Halte die Drehscheibe zwischen Dich und Deinen Partner. Hast Du Finaud auf Deiner Seite, so drehe die Scheibe in der angegebenen Richtung und stelle Deinem Partner die erste Frage. Kontrolliere seine Antwort mit Hilfe der Lösung in Klammern.
4. Setze so die Übung im Wechsel mit Deinem Partner fort.

Lerntip 5: Verb-Training

Die Verben, vor allem die unregelmäßigen Verben, erweisen sich im Französischen häufig als Stolpersteine. Es bedarf deshalb eines häufigen und intensiven **Verb-Trainings**. Hier nun einige Tips zum Training der Verbformen:
Auf den Seiten 91–93 Deines Grammatischen Beiheftes findest Du alle Verben in einer übersichtlichen Tabelle. Dort solltest Du immer nachschlagen, wenn Du Zweifel hast, ob die Verbform, die Du gerade schreibst, korrekt ist.

1. Schritt: Teste zunächst mit Hilfe der folgenden Übersicht, wie fit Du in den Verbformen bist. Fülle alle Felder aus, auch die Infinitivspalte.

savoir	je	ils	elle
vouloir	nous	je	il
	il peut	nous	ils
	tu	vous buvez	ils
prendre	tu	nous	elles
	vous	tu	ils écrivent
	je	vous mettez	elle
acheter	tu	nous	ils
	je préfère	vous	ils
	tu manges	nous	il
appeler	tu	vous	elles

2. Schritt: Kontrolliere die ausgefüllte Übersicht mit Hilfe des Lösungsbogens auf S. 48. Wenn Dir Fehler unterlaufen sind, so nimm dies als Ansporn für das folgende Verb-Training mit Deinem Partner.

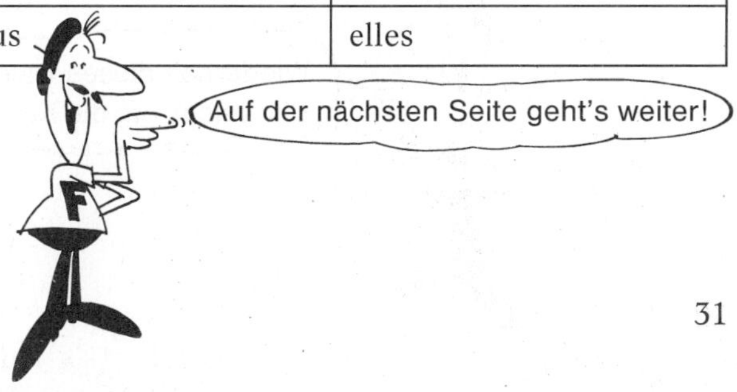

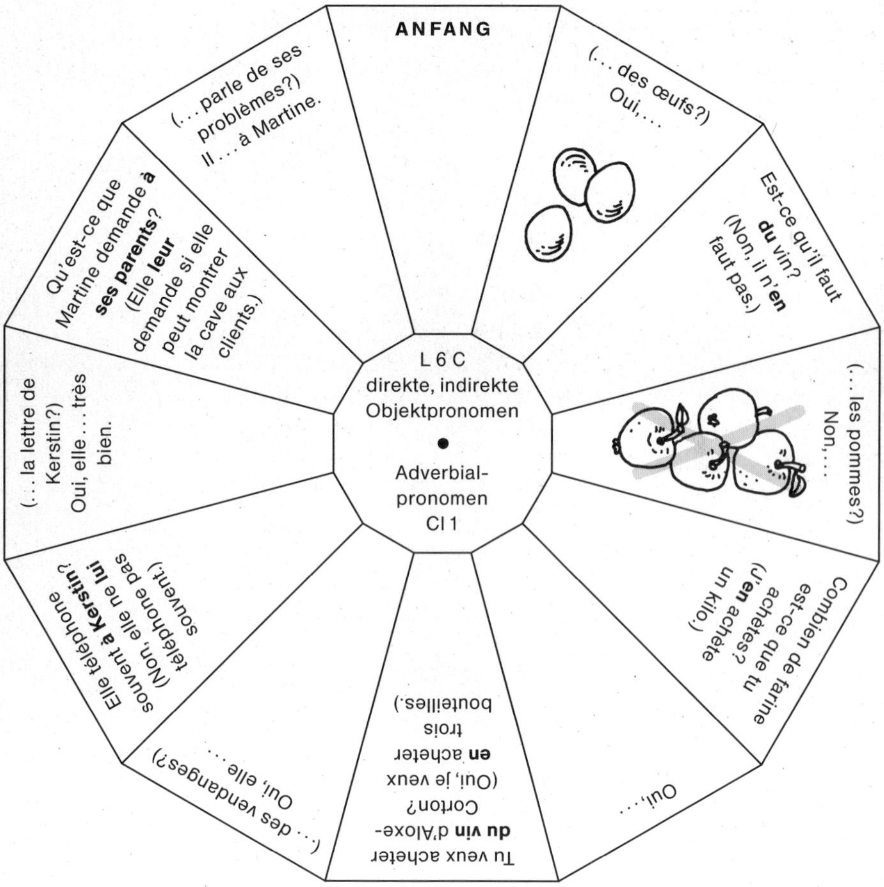

Lerntip 5: Verb-Training (Fortsetzung)

3. Schritt: Kreuze zunächst mit einem Bleistift in der Tabelle auf den Seiten 91–93 Deines Grammatischen Beiheftes folgende Verben an, die du bisher kennengelernt hast:
regarder – écouter – acheter – appeler – préférer – payer – manger – commencer – répondre
attendre – aller – apprendre – avoir – boire – comprendre – dire – écrire – être – faire
falloir – lire – mettre – offrir – ouvrir – pouvoir – prendre – savoir – vouloir

4. Schritt: Führe nun das Verb-Training mit Deinem Partner in folgender Weise durch:
Benutze die Tabelle auf den Seiten 91–93, um Deinem Partner Aufgaben zu den Verbformen zu stellen und seine Lösungsvorschläge zu kontrollieren bzw. zu korrigieren. Dies soll folgendermaßen ablaufen:

Was Du angibst	Was Dein Partner sagen sollte
faire, tu ———	——→ tu fais
vous ———	——→ vous faites
avoir ———	——→ vous avez
ils ———	——→ ils ont
tu ———	——→ tu as
savoir ———	——→ tu sais usw.

Frage Deinen Partner auch danach, wie die Verbformen geschrieben werden.
Wechselt nach 15 Formen die Rollen, und dies beliebig oft.

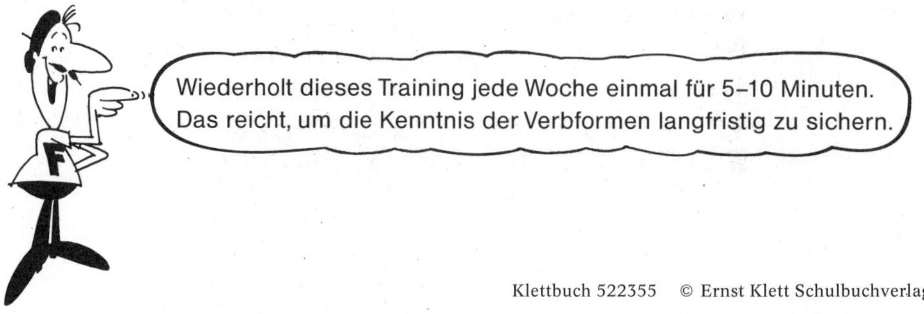

Qu'est-ce qu'on dit?

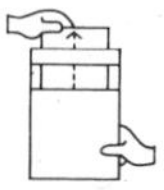

Falte den Bogen entlang der senkrechten Mittellinie und schiebe ihn so in den Redemitteltrainer, daß die Ⓐ-Seite sichtbar ist. Wenn Du die Ⓐ-Seite bearbeitet hast, fahre mit der Ⓑ-Seite fort. Dort mußt Du französische Äußerungen verstehen.
Mache die Übung auch mit einem Partner, indem Ihr Euch gegenseitig abhört.

Ⓐ **A table** Du bist in einer französischen Familie zum Essen eingeladen. Da gibt es viel zu sagen. Du willst sagen, ...	Ⓑ **(Perfectionnement)** **Au restaurant** Du bist in einem französischen Restaurant. Was möchte Dir der Ober mitteilen, wenn er sagt:
... daß Du ein Messer und eine Gabel brauchst.	Qu'est-ce que vous désirez comme hors-d'œuvre?
(Il **me** faut un couteau et une fourchette.)	(Er möchte wissen, welche Vorspeise ich möchte.)
... daß Du Hunger/Durst hast.	Qu'est-ce que vous voulez comme viande?
(J'ai faim/soif.)	(Er möchte wissen, welchen Fleischgang ich ausgesucht habe.)
... daß Du gerne Mineralwasser hättest.	Comme légumes, je vous mets des pommes de terre nature?
(Je voudrais de l'eau minérale.)	(Er möchte wissen, ob er mir als Gemüse Pellkartoffeln servieren soll.)
... daß Du keinen Wein trinkst.	Qu'est-ce que vous désirez boire?
(Je ne bois pas de vin.)	(Er möchte wissen, was ich trinken möchte.)
Du bittest Deinen Gastgeber, Dir das Brot zu reichen.	Comme dessert, prenez la pâtisserie du jour, c'est la tarte aux pommes.
(Vous pouvez me passer le pain, s'il vous plaît?)	(Er schlägt vor, als Nachtisch das Tagesgebäck zu nehmen, den Apfelkuchen.)
Du bittest Deinen Gastgeber, Dir nicht zu viel davon (vom Fleisch) zu geben.	Je vous apporte l'addition?
Vous n'en mettez pas trop, s'il vous plaît.	(Er will wissen, ob er mir die Rechnung bringen soll.)

Les courses

Vokabeln lernen und einprägen: Das Vokabelnetz

Der Wortschatz einer Sprache ist nicht völlig ungeordnet. Es gibt Strukturen, deren Kenntnis das Lernen der Sprache erleichtert. Hier lernst Du als Strukturierungshilfe das **Vokabelnetz** kennen. Wir wollen gemeinsam ein solches Netz entwickeln, damit Du die **Technik** kennenlernst, um selbst andere Vokabelnetze zu entwickeln. Dir ist natürlich bekannt, daß, wenn man einen Begriff wie z. B. „les vacances" nennt, Dir sofort viele Dinge einfallen, die eng mit diesem Begriff verbunden sind, z. B. Koffer packen, faulenzen, Meer, Sonne, Staus, Bekanntschaften usw. . . . Wie man diese nun ordnet, damit sie sich besser einprägen, wollen wir an einem Beispiel zeigen.

1. Fülle das **Vokabelnetz** (c) mit Deinem Nachbarn aus. Der Lückentext (a) und die Aufstellung der einzusetzenden Wörter im Kasten (b) sollen Dir dabei eine Hilfe sein. Setze immer den bestimmten Artikel.
2. Kontrolliere Deine Lösung mit Hilfe des Lösungsbogens auf S. 48.
3. Fertige zusammen mit Deinem Partner ein eigenes **Vokabelnetz** an zum Thema „Le repas". Du kannst in das Vokabelnetz auch typische Redemittel einbauen, die man in der Situation benutzt.

a) C'est l'anniversaire de Jean-Luc. Martine veut faire un grand repas. D'abord, elle fait *les courses* (1).

Elle prend la voiture et va au 

__________ (2). Elle cherche un **P** __________ (3).

Aujourd'hui, elle ne va pas au 

__________ (4). Elle va à __________ (5)

pour acheter du beurre, du sucre,  __________ (6), 

__________ (7),

__________ (8),  __________ (9),  __________ (10), 

__________ (11),

et  __________ (12). Puis, elle va à la __________ (13)

pour acheter des côtelettes et __________ (14). Ensuite, elle passe dans

une __________ (15) pour acheter du pain. Elle demande trois 

__________ (16). Enfin, elle passe dans une __________ (17) pour acheter de la glace

et  __________ (18).

b) eau minérale – escargots – citrons – tarte – boulangerie – pâtisserie – centre-ville – fromage – sel – boucherie-charcuterie – farine – baguettes – viande de bœuf – parking – supermarché – épicerie – lait.

c)

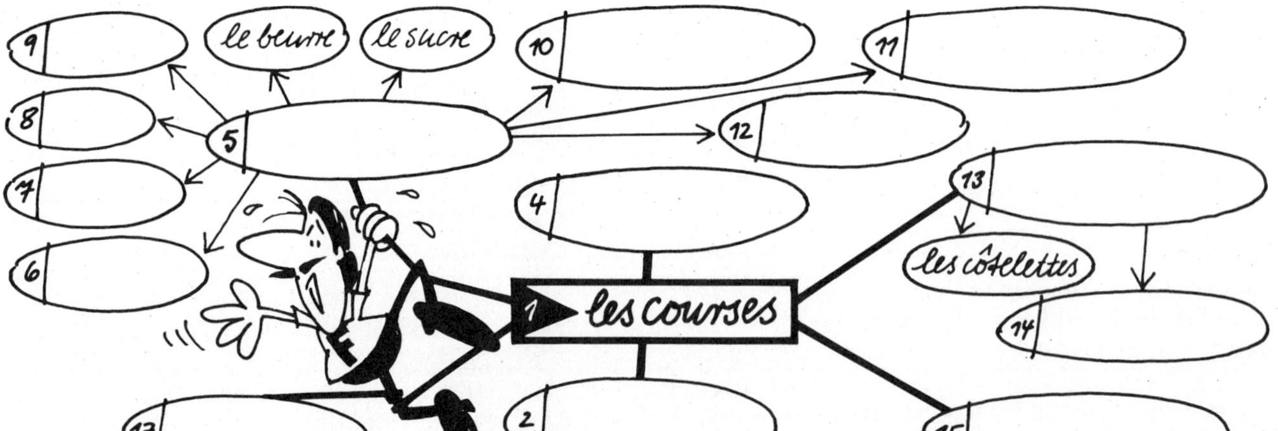

Les études

Die Adverbialpronomen „y“ und „en“	– les pronoms adverbiaux «y» et «en»
Die indirekten Objektpronomen „lui“ und „leur“	– les pronoms objets indirects «lui» et «leur»

1. Ⓐ-Seite: Stelle Deinem Partner die Fragen. Korrigiere seine Antworten mit Hilfe der Lösungen in Klammern.
2. Ⓑ-Seite: Antworte auf die Fragen Deines Partners und orientiere Dich dabei an den Vorgaben.
3. Wechselt die Rollen nach einem Durchgang.
4. Faltet den Bogen entlang der senkrechten Mittellinie.

Ⓐ **Jörg** Jörg passe ses vacances à Aix. Il discute souvent avec Jean-Luc. Jörg a beaucoup de questions.	Ⓑ **Jean-Luc** Jörg passe ses vacances à Aix. Il discute souvent avec Jean-Luc. Jean-Luc répond aux questions de Jörg.
Tu téléphones souvent à tes parents? (Non, je ne **leur** téléphone pas souvent. . . .)	(. . . à tes parents?) Non, je . . . pas souvent. C'est trop cher.
Ils parlent souvent de tes études? (Non, ils n'**en** parlent pas souvent. . . .)	(. . . de tes études?) Non, ils . . . pas souvent. Ils ont d'autres problèmes.
Tu rentres souvent à la maison? (Non, je n'**y** rentre pas souvent. . . .)	(. . . à la maison?) Non, je . . . pas souvent. Je n'ai pas le temps.
Mais tu téléphones à Martine? (Bien sûr, je **lui** téléphone une fois par semaine.)	(. . . à Martine?) Bien sûr, je . . . une fois par semaine.
Elle vient souvent à Aix? (Non, elle n'**y** vient pas souvent. . . .)	(. . . à Aix?) Non, elle . . . pas souvent. Elle travaille dans les vignobles.
Tu écris souvent à Martine? (Oui, je **lui** écris souvent.)	(. . . à Martine?) Oui, je . . . souvent.
Est-ce qu'elle répond vite à tes lettres? (Non, elle n'**y** répond pas tout de suite.)	(. . . à tes lettres?) Non, elle . . . pas tout de suite.
Vous discutez de vos problèmes? (Oui, nous **en** discutons souvent.)	(. . . de vos problèmes?) Oui, nous . . . souvent.
Tu es content de tes études? (Ah oui, j'**en** suis très content.)	(. . . de tes études?) Ah oui, . . . très content.
Quand est-ce que tu vas aux cours? (J'**y** vais le mardi, le mercredi, le jeudi et le vendredi.)	(. . . aux cours?) J'. . . le mardi, le mercredi, le jeudi et le vendredi.
Après tes études, tu vas retourner à Autun? (Non, je ne vais pas **y** retourner. . . .)	(. . . à Autun?) Non, je . . . retourner, je vais continuer à Paris.

Je suis heureux. Je suis malheureux.

Du arbeitest wieder mit Deinem Partner.
1. Ⓐ-Seite: Stelle Deinem Partner die Fragen und korrigiere seine Antworten mit Hilfe der Lösungen in Klammern.
2. Ⓑ-Seite: Antworte auf die Fragen Deines Partners und orientiere Dich dabei an den Vorgaben.
3. Wechselt die Rollen nach einem Durchgang.
4. Faltet den Bogen entlang der senkrechten Mittellinie.

Ⓐ **François**	Ⓑ **Jean-Luc**
Ecoute, Jean-Luc, pourquoi est-ce que tu ne réponds pas aujourd'hui? (Je suis de mauvaise humeur aujourd'hui.)	Ich habe heute schlechte Laune.
Mais qu'est-ce que tu as? (Je suis malheureux.)	Ich bin unglücklich.
Martine ne peut pas venir à Aix? ([C'est] pas de chance.)	Das ist Pech.
Ecoute, on fait une excursion. Ça va te plaire. (C'est pas mal comme idée.)	Das ist keine schlechte Idee.
Tu aimes la Grande Motte, les pieds dans l'eau? (Ah non, je trouve ça laid.)	Oh nein, ich finde das häßlich.
Et Val-Thorens, les vacances, les skis aux pieds? (Je trouve ça formidable/super.)	Das finde ich toll.
On va à Sophia-Antipolis? C'est un centre de recherche. (Ça m'intéresse beaucoup.)	Das interessiert mich sehr.
Alors, on va d'abord à Grasse, puis à Sophia-Antipolis, puis dans le petit village de Biot. Qu'est-ce que tu en penses? (C'est un mélange heureux.)	Das ist eine glückliche Mischung.
On monte aussi à la Sainte-Victoire? (Oh, c'est magnifique.)	Oh, das ist großartig.
Tu connais Cannes? (Oui, mais ça ne m'intéresse pas trop.)	Ja, aber das interessiert mich nicht allzusehr.
Eh bien, d'accord, on ne va pas à Cannes. On prend d'abord un café chez Christine? (Oh, c'est une bonne idée, je trouve.)	Oh, das ist eine gute Idee, finde ich.
Moi, j'aime les études à Aix. Toi aussi? (Oh oui, c'est un rêve.)	Oh ja. Das ist ein Traum.
Le cours Mirabeau avec les grandes terrasses des cafés, j'aime ça. Et toi? (Je trouve ça joli aussi. Ça me plaît beaucoup.)	Das finde ich auch schön. Das gefällt mir sehr.
Mais regarde, voilà Martine. (C'est vrai. J'ai de la chance.)	Das stimmt/Tatsächlich. Ich habe Glück.

L 7 C Le disque tournant

Das Adjektiv (Form und Stellung) –
l'adjectif
(forme et place)

1. Schneide die Drehscheibe aus, loche sie in der Mitte und schiebe sie in den Drehscheibenhalter (vgl. S. 7). Befestige sie mit der Musterklemme.
2. Drehe die Scheibe, bis „Anfang" sichtbar wird.
3. Halte die Drehscheibe zwischen Dich und Deinen Partner. Hast Du Finaud auf Deiner Seite, so drehe die Scheibe in der angegebenen Richtung und stelle Deinem Partner die erste Frage. Kontrolliere seine Antwort mit Hilfe der Lösung in Klammern.
4. Setze so die Übung im Wechsel mit Deinem Partner fort.

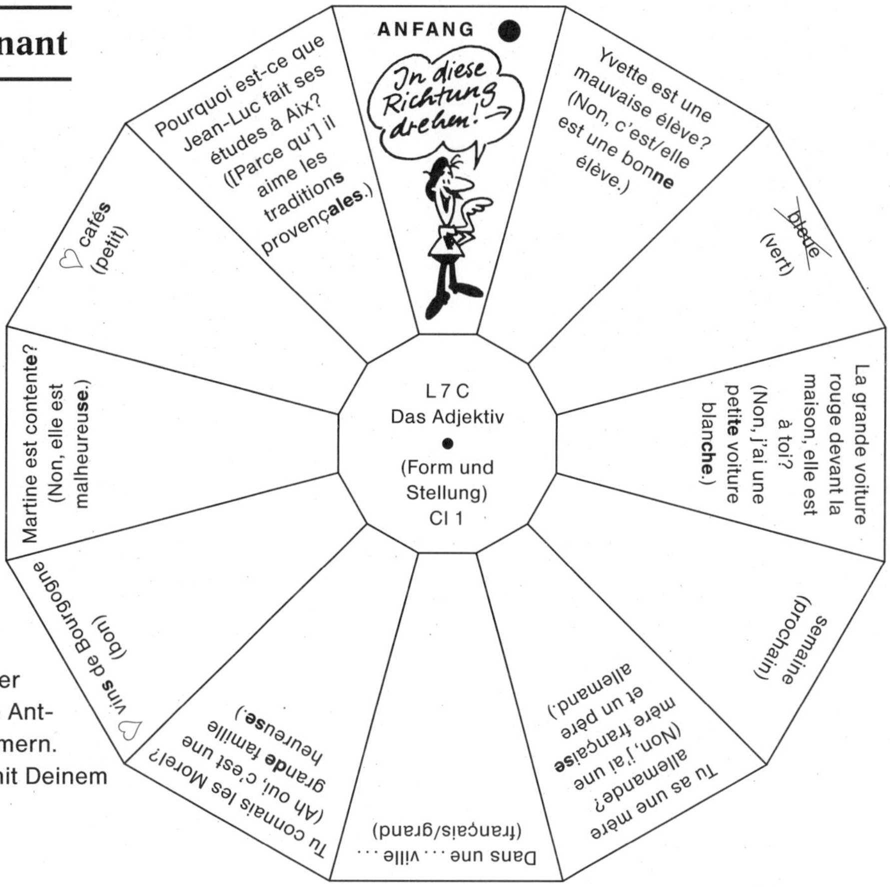

L 8 C Le disque tournant

Über Vergangenes berichten –
le passé composé
avec avoir/être

1. Schneide die Drehscheibe aus, loche sie in der Mitte und schiebe sie in den Drehscheibenhalter (vgl. S. 7). Befestige sie mit der Musterklemme.
2. Drehe die Scheibe, bis „Anfang" sichtbar wird.
3. Halte die Drehscheibe zwischen Dich und Deinen Partner. Hast Du Finaud auf Deiner Seite, so drehe die Scheibe in der angegebenen Richtung und stelle Deinem Partner die erste Frage. Kontrolliere seine Antwort mit Hilfe der Lösung in Klammern.
4. Setze so die Übung im Wechsel mit Deinem Partner fort.

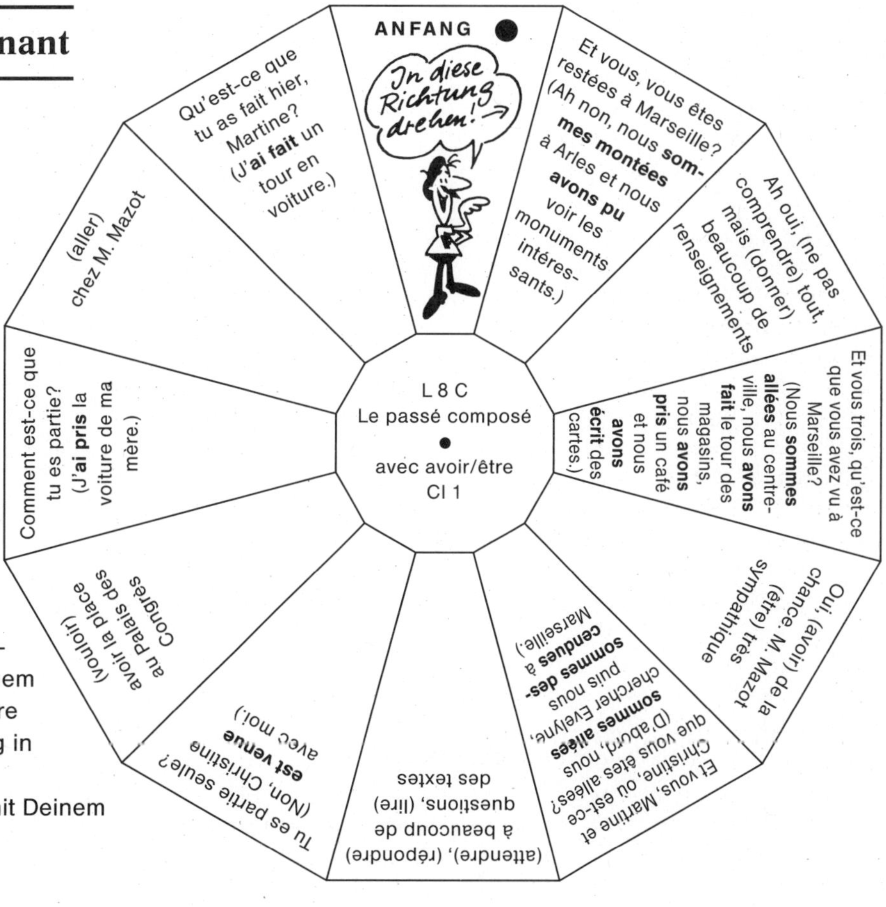

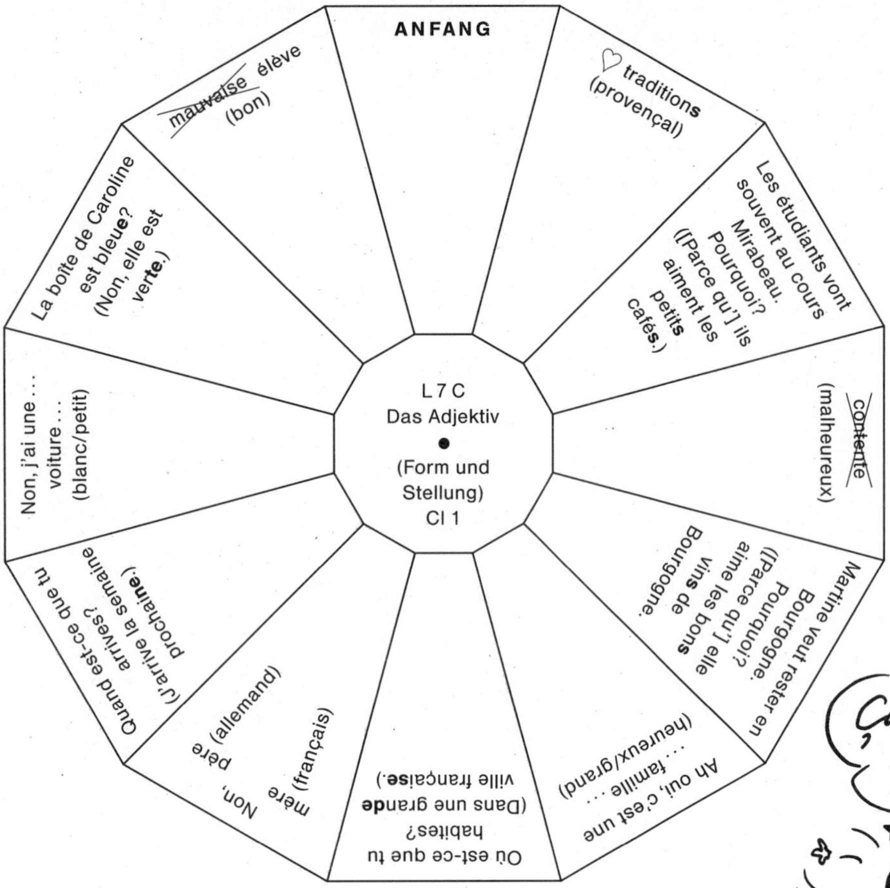
L 7 C
Das Adjektiv
•
(Form und Stellung)
Cl 1
ANFANG
♡ tradition**s** (provençal)
Les étudiants vont souvent au cours Mirabeau. Pourquoi? ([Parce qu'] ils aiment les **petits** café**s**.)
~~contente~~ (malheureux)
Martine veut rester en Bourgogne. Pourquoi? ([Parce qu'] elle aime les **bons** vin**s** de Bourgogne.)
Ah oui, c'est une ... famille ... (heureux/grand)
Où est-ce que tu habites? (Dans une grand**e** ville français**e**.)
Non, père (allemand) mère (français)
Quand est-ce que tu arrives? (J'arrive la semaine **prochaine**.)
Non, j'ai une ... voiture ... (blanc/petit)
La boîte de Caroline est bleu**e**? (Non, elle est vert**e**.)
~~mauvaise~~ élève (bon)

Ça tourne, ça tourne.

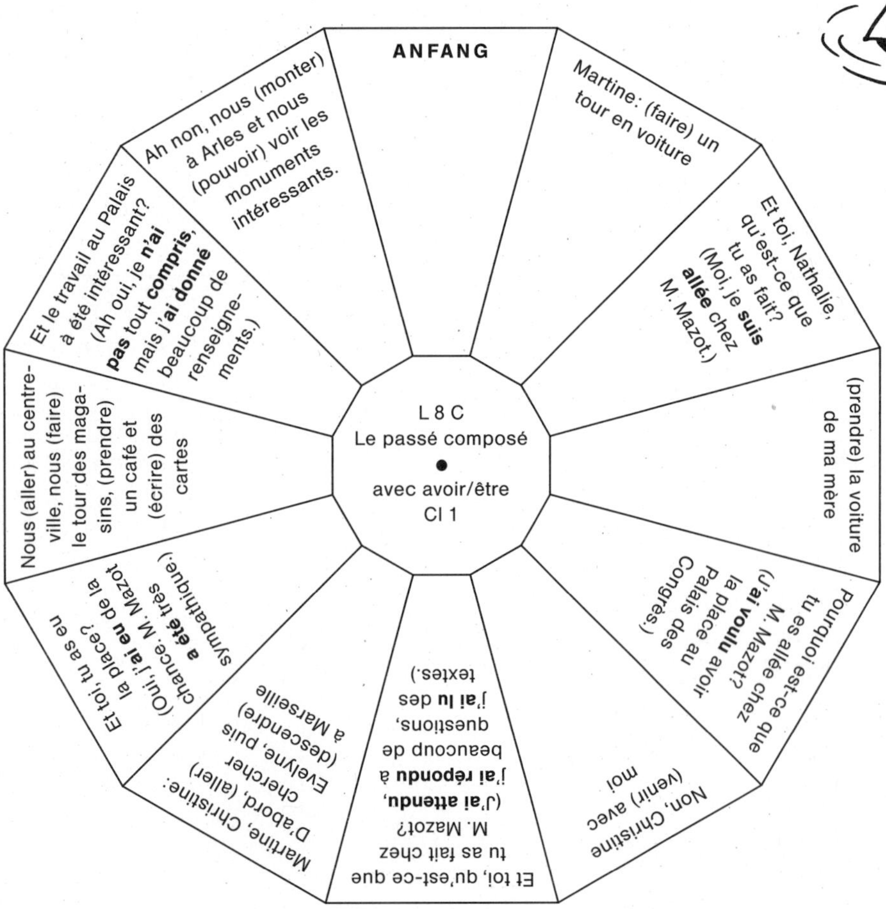
L 8 C
Le passé composé
•
avec avoir/être
Cl 1
ANFANG
Martine: (faire) un tour en voiture
Et toi, Nathalie, qu'est-ce que tu as fait? (Moi, je **suis allée** chez M. Mazot.)
(prendre) la voiture de ma mère
Pourquoi est-ce que tu es allée chez M. Mazot? (J'**ai voulu** avoir la place au Palais des Congrès.)
Non, Christine (venir) avec moi
Et toi, qu'est-ce que tu as fait chez M. Mazot? (J'**ai attendu**, j'**ai répondu** à beaucoup de questions, j'**ai lu** des textes.)
Martine, Christine: D'abord, (aller) chercher Evelyne, puis (descendre) à Marseille
Et toi, tu as eu la place? (Oui, j'**ai eu** de la chance. M. Mazot **a été** très sympathique.)
Nous (aller) au centre-ville, nous (faire) le tour des magasins, (prendre) un café et (écrire) des cartes
Et le travail au Palais a été intéressant? (Ah oui, je **n'ai pas** tout **compris**, mais j'**ai donné** beaucoup de renseignements.)
Ah non, nous (monter) à Arles et nous (pouvoir) voir les monuments intéressants.

Ⓐ **L 8 C** **Au stand d'information**

Eine Menge Menschen an einem Informationsstand im Kongreßgebäude. Alle wollen Auskünfte.

1. Du arbeitest mit dem Ⓐ-Bogen, Dein Partner mit dem Ⓑ-Bogen.
2. Versetze Dich in die Rolle der Kongreßteilnehmer und frage Deinen Partner nach der Lage der Gebäude.
3. Folge der Beschreibung Deines Partners und schreibe die Nummern, die er Dir nennt, in den jeweils leeren Kreis auf dem Stadtplan.
4. Antworte Deinerseits auf die Fragen Deines Partners, indem Du ihm so genau wie möglich den Weg zu dem Gebäude beschreibst, das er sucht, und nenne ihm die Nummer des Gebäudes.
5. Wenn alle Kreise ausgefüllt sind, vergleicht die Nummern. Sie müßten übereinstimmen.
6. Bediene Dich bei der Wegbeschreibung des Vokabulars in dem Kasten unter dem Stadtplan.

Beispiel:

Ⓐ Pardon, mademoiselle/monsieur, pour aller au collège Voltaire?

Ⓑ Eh bien, vous prenez l'Avenue Jean Moulin en face. Vous allez tout droit jusqu'à la place Voltaire. Vous traversez la place et vous continuez tout droit. Après la première rue, c'est sur votre gauche. C'est le numéro ①.

② Le lycée Pascal
③ L'office de tourisme
⑥ l'auberge de jeunesse
⑦ l'Hôtel de Ville
⑨ Le cinéma «Vox»
⑩ Le théâtre
⑫ L'université
⑭ Le supermarché «Prix»
⑮ Le café «Chez Finaud»
⑰ Un camping
⑱ L'aéroport
㉒ Le commissariat de police
㉓ Le musée de la Ville

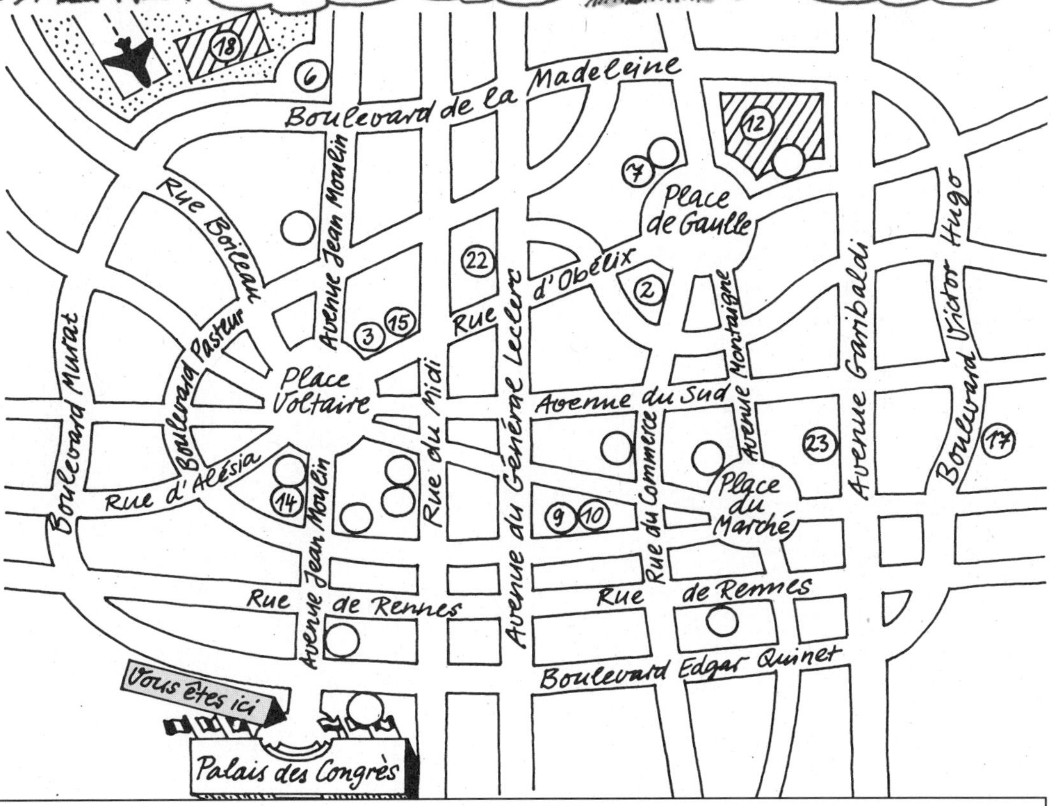

So fragst Du nach dem Weg:

– Pardon, monsieur/madame/mademoiselle, pour aller à .../je cherche .../où est ...?/..., c'est où?

So beschreibst Du einen Weg:

– Vous prenez la rue en face
– Vous allez tout droit jusqu'à (la place) ...
– Vous traversez (la place) et vous continuez tout droit ...
– Vous arrivez à/devant/sur ...
– Vous prenez la première / la deuxième | rue | à gauche / à droite

– C'est | devant/derrière/avant/après ... / sur votre gauche/droite / à côté de ... / près de ... / à droite/gauche de ...

Au stand d'information

Eine Menge Menschen an einem Informationsstand im Kongreßgebäude. Alle wollen Auskünfte.

1. Suche Dir einen Partner. Du arbeitest mit dem Ⓑ-Bogen, Dein Partner mit dem Ⓐ-Bogen.
2. Versetze Dich in die Rolle der Kongreßteilnehmer und frage Deinen Partner nach der Lage der Gebäude.
3. Folge der Beschreibung Deines Partners und schreibe die Nummern, die er Dir nennt, in den jeweils leeren Kreis auf dem Stadtplan.
4. Antworte Deinerseits auf die Fragen Deines Partners, indem Du ihm so genau wie möglich den Weg zu dem Gebäude beschreibst, das er sucht, und nenne ihm die Nummer des Gebäudes.
5. Wenn alle Kreise ausgefüllt sind, vergleicht die Nummern. Sie müßten übereinstimmen.
6. Bediene Dich bei der Wegbeschreibung des Vokabulars in dem Kasten unter dem Stadtplan.

Beispiel:

Ⓑ Pardon, mademoiselle/monsieur, pour aller à l'office du tourisme?

Ⓐ Eh bien, vous prenez l'Avenue Jean Moulin en face. Vous allez tout droit jusqu'à la place Voltaire. Vous traversez la place. C'est en face. C'est le numéro ③.

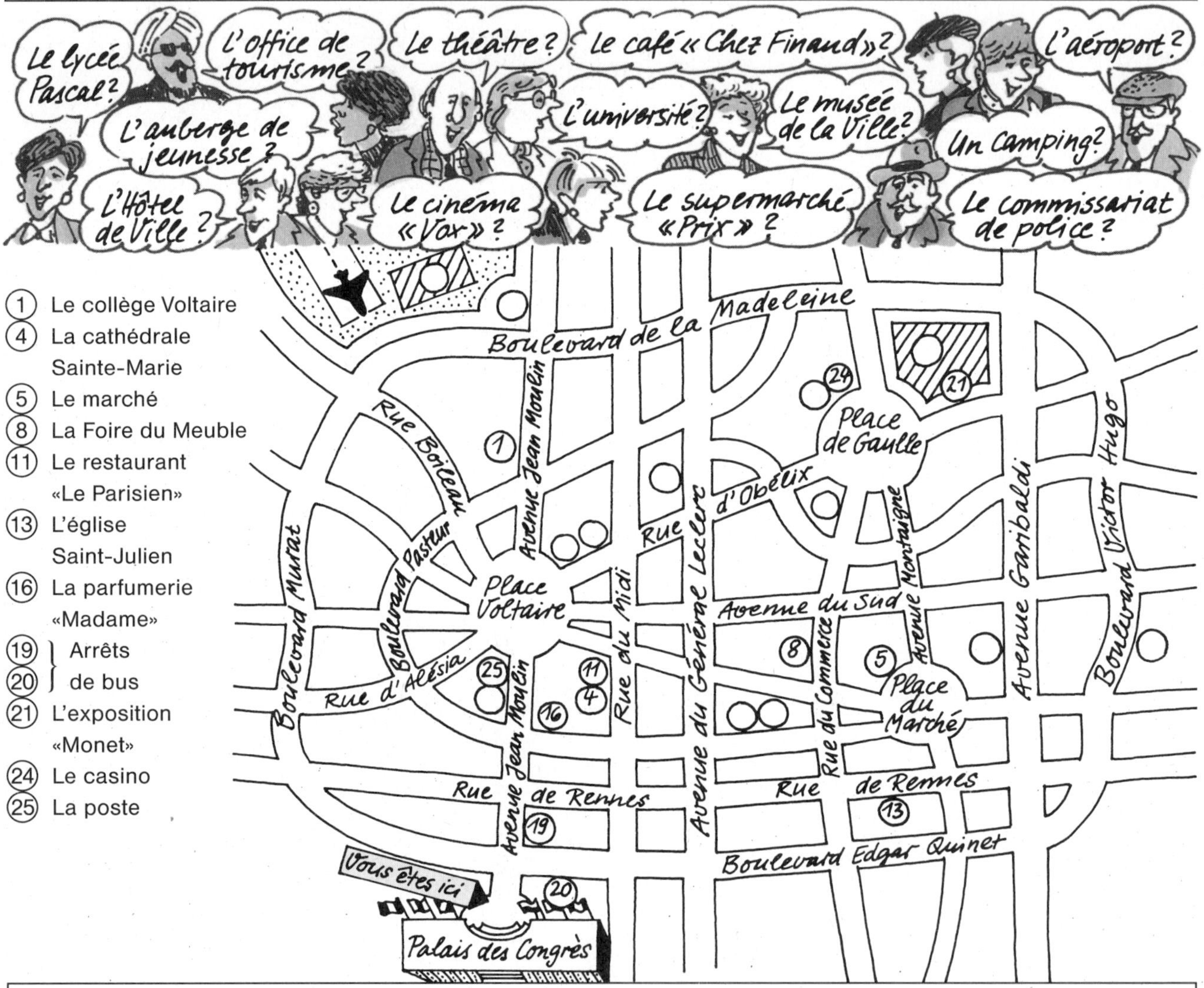

So fragst Du nach dem Weg:

– Pardon, monsieur/madame/mademoiselle, pour aller à .../je cherche .../où est ...?/..., c'est où?

So beschreibst Du einen Weg:

– Vous prenez la rue en face
– Vous allez tout droit jusqu'à (la place) ...
– Vous traversez (la place) et vous continuez tout droit ...
– Vous arrivez à/devant/sur ...
– Vous prenez la première / la deuxième | rue | à gauche / à droite

– C'est | devant/derrière/avant/après ... / sur votre gauche/droite / à côté de ... / près de ... / à droite/gauche de ...

Vous êtes Français(e)?

Ländernamen und Nationalitätsbezeichnungen – Noms de pays et nationalités
Du arbeitest wieder mit Deinem Partner. 1. Ⓐ-Seite: Stelle Deinem Partner die Fragen und kontrolliere seine Antworten mit Hilfe der Lösungen in Klammern. 2. Ⓑ-Seite: Antworte auf die Fragen Deines Partners und orientiere Dich dabei an den Vorgaben. 3. Wechselt die Rollen nach einem Durchgang. 4. Faltet den Bogen entlang der senkrechten Mittellinie.

Ⓐ	Ⓑ
Au stand d'information, il y a beaucoup de personnes. On parle . . . , on parle . . .	Au stand d'information, il y a beaucoup de personnes. On parle . . . , on parle . . .
– Bonjour, vous êtes en vacances? (Oui, ce sont mes premières vacances en **France**.)	Oui, ce sont mes premières vacances en (F).
– D'où est-ce que vous venez? (Je viens d'**Espagne**.)	Je viens . . . (E).
– Alors, vous êtes Espagnol(e)? (Non, je suis **Allemand(e)**.)	Non, je suis (D).
– Vous parlez bien (le) français, vous parlez aussi (l')espagnol? (Non, je ne parle pas (l') **espagnol**, mais je parle (l') **anglais**.)	Non, je ne . . . (E), mais je . . . (GB).
– Ah, l'Angleterre! J'aime les Anglais(es). (Moi aussi, mais je préfère les **Français(es)**.)	Moi aussi, mais je préfère les . . . (F).
– C'est sympa. Moi, je suis Français(e). On prend un café ensemble? (Avec plaisir! Mes amis **belges** et **hollandais** peuvent venir avec moi?)	Avec plaisir! Mes amis (B) et (NL) peuvent venir avec moi?
– Eh bien . . . Pourquoi pas. On peut aussi manger ensemble. Je connais un petit restaurant français sympathique. (C'est bon, mais je préfère les restaurants **italiens**.)	C'est bon, mais je préfère les restaurants (I).
– Pas de problème. Pas loin d'ici, il y a un restaurant italien pas cher. Vous aimez la cuisine italienne? (Oui, mais j'aime aussi la cuisine **française** et **allemande**.)	Oui, mais j'aime aussi la cuisine (F) et (D).
Vous restez encore en France? (Non, demain, je vais partir. Je veux encore aller **en Angleterre**, **en Suisse** et **en Italie**. J'ai un billet INTER-RAIL.)	Non, demain, je vais partir. Je veux encore aller . . . (GB), . . . (CH) et . . . (I). J'ai un billet INTER-RAIL.

Dans un magasin de vêtements

Kleidung aussuchen und kaufen
Du arbeitest wieder mit Deinem Partner zusammen. 1. Übernimm einen Dialogpart (Ⓐ- oder Ⓑ-Seite). 2. Führe mit Deinem Partner einen Dialog und übertrage dabei die unterlegten Angaben ins Französische. Korrigiere Deinen Partner mit Hilfe der Lösungen in Klammern. 3. Falte den Bogen entlang der senkrechten Mittellinie.

Nadine et Marcel veulent acheter des vêtements chauds. Ils vont dans un magasin de vêtements.

Ⓐ Nadine	Ⓑ Marcel
Nadine will wissen, wo die Pullis sind.	(Où sont les pulls?)
(Là, derrière les pantalons. Quelles couleurs est-ce que tu cherches?)	Dort hinter den Hosen. Will wissen, welche Farben sie sucht.
Der Pullover kann weiß, rot oder grün sein. Aber nicht zu teuer.	(Le pull peut être blanc, rouge ou vert. Mais pas trop cher.)
(Tu aimes ce pull bleu?)	Will wissen, ob sie den (= diesen) blauen Pulli schön findet.
Nein, diese Farbe paßt nicht gut zu ihrer Hose.	(Non, cette couleur ne va pas bien avec mon pantalon.)
(Mets le pull rouge. Quelle est ta taille?)	Fordert sie auf, den roten Pulli anzuziehen. Fragt nach ihrer Größe.
38. Der Pulli ist in ihrer Größe.	(Trente-huit. Le pull est à ma taille.)
(Le pull est formidable/super. J'aime aussi la couleur. Il coûte combien?)	Findet den Pulli toll. Er findet auch die Farbe gut. Fragt, was er kostet.
300 F. Das ist nicht zu teuer. Sie wird diesen Pulli nehmen.	(Trois cents francs, ce n'est pas trop cher. Je vais prendre ce pull.)
(Et maintenant, on choisit/cherche un anorak pour moi.)	Schlägt vor, daß sie jetzt einen Anorak für ihn aussuchen.
Bittet ihn, den (= diesen) gelben Anorak anzuprobieren. Findet ihn super.	(Essaie cet anorak jaune. Il est super.)
(Mais il est trop large et trop long. Et il coûte une fortune.)	Aber er ist zu weit und zu lang und kostet ein Vermögen.

Rappel (3)

RAPPEL

Erinnere Dich, daß es zwei Möglichkeiten gibt, mit den **Rappel-Bögen** zu arbeiten:

I

Jeder Partner nimmt einen Bogen und stellt seinem Partner unter Angabe der Zahl Fragen zu den Bildern auf der Rückseite.

II

Ihr schneidet die Karten aus, mischt sie auf dem Tisch, zieht im Wechsel eine Karte, zeigt sie Eurem Partner und stellt die Fragen zu den Bildern.

A

1

1. Christophe a fait les courses. Qu'est-ce qu'il a acheté?
   (Il a acheté de la farine, du lait, du sucre, du sel, des œufs, des citrons, du beurre et de l'eau.)

6

2

7

1. C'est à Paris? (Non, c'est à Aix.)
2. C'est quelle rue? (C'est le cours Mirabeau.)
3. Pourquoi est-ce que les étudiants et les touristes aiment le cours Mirabeau?
   (Parce qu'il y a des grandes terrasses devant les cafés.)

3

1. C'est Aix? (Non, c'est Grasse.)
2. Pourquoi est-ce que les touristes y vont souvent? (Parce que c'est la ville des parfums. Les touristes regardent comment on fabrique le parfum.)
3. On met dans les parfums une essence qu'on cultive près de Grasse. Qu'est-ce que c'est? (C'est l'essence de lavande.)

8

4

9

1. M. Vandervelde est Français?
   (Non, il est Flamand.)
2. Pourquoi est-ce qu'il est venu au stand?
   ([Parce qu'] un chauffeur de taxi a volé sa mallette, il l'a échangée contre une autre.)
3. Que fait Evelyne?
   (Elle appelle la police. Elle fait l'interprète.)

5

1. Voilà un village, Serviès. Où se trouve ce village? (Il est dans les Cévennes/le Massif Central.)
2. Pourquoi est-ce que les jeunes y sont allés? ([Parce qu'] ils veulent faire des randonnées.)
3. Où est-ce qu'ils habitent? (Dans la vieille maison des grands-parents d'Antoine/d'un des jeunes.)

10

Tip: Das Ausschneiden der Karten hat den Vorteil, daß Du die Karten dieses Rappel-Bogens mit denen der ersten beiden Rappel-Bögen (S. 9/10, 27/28) mischen kannst.

B

6 1. Pour faire des crêpes, qu'est-ce qu'il faut? (Il faut cent grammes de beurre, cinq œufs, deux cents grammes de farine, un demi-litre de lait, un verre d'eau, cent grammes de sucre et un peu de sel, mais pas trop.)	1 
7 	2 1. Pourquoi est-ce que les Morel sont ensemble? (C'est l'anniversaire de Martine. Elle a dix-huit ans aujourd'hui.) 2. Ils boivent un kir. Qu'est-ce que c'est? (C'est du vin blanc avec de la crème de cassis.) 3. Qu'est-ce qu'il y a sur la table? (Des assiettes, des verres, des serviettes, des fourchettes, des couteaux, des cuillères, du pain et de l'eau.)
8 1. C'est Grasse? (Non, c'est Sophia-Antipolis.) 2. Pourquoi est-ce qu'on en parle souvent dans les journaux? ([Parce que] c'est un centre de recherche, d'informatique et de technologie moderne.) 3. C'est près d'Aix? (Non, c'est près de Cannes.)	3  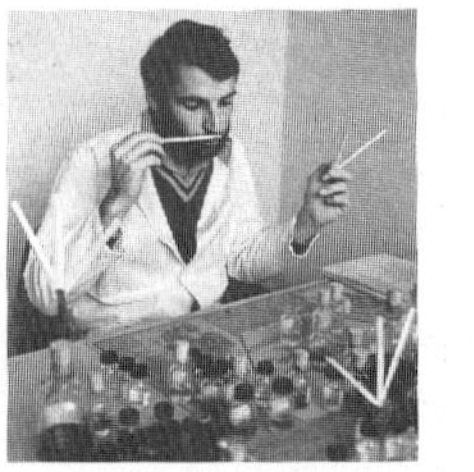
9 	4 1. Où est le stand d'information? (Il est au Palais des Congrès.) 2. Comment est-ce qu'Evelyne et Antoine ont trouvé ce travail? (Ils ont vu une annonce au secrétariat de l'université. Ils ont téléphoné au responsable du salon, M. Mazot.) 3. Qu'est-ce qu'ils font au stand? (Ils répondent aux questions des visiteurs.)
10 1. Quelle ville est-ce et où se trouve cette ville? (C'est Mende. Elle se trouve dans le Massif Central/dans les Cévennes.) 2. Qu'est-ce que les jeunes veulent acheter à Mende? (Ils veulent acheter des timbres, des films, des chaussures de randonnée et des provisions.)	5  

Tu connais bien Paris?

Ihr arbeitet wieder zu zweit.
1. Stellt Euch im Wechsel Fragen zu Paris und kontrolliert jeweils die Antwort Eures Partners mit Hilfe der Lösungen in Klammern.
2. Faltet den Bogen entlang der senkrechten Mittellinie.

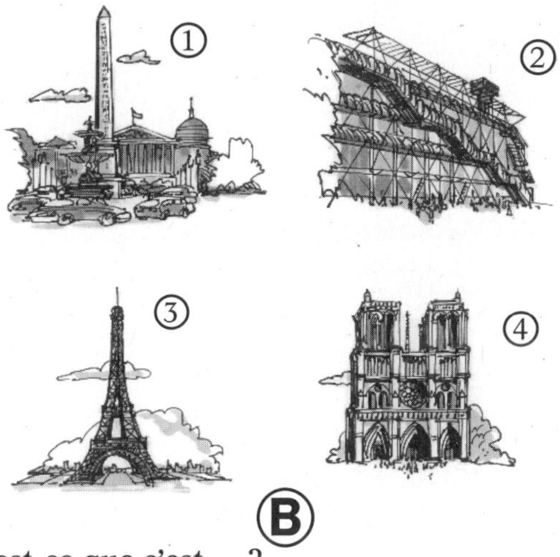

Qu'est-ce que c'est ...?	Qu'est-ce que c'est ...?
C'est une grande tour qu'on a contruite pour une exposition universelle. C'est le symbole de Paris ... Et c'est quel numéro? (C'est la tour Eiffel. C'est le numéro 3.)	(... tour, ... exposition universelle)
(... une place, ... douze avenues)	C'est une place d'où partent douze avenues ... Et c'est quel numéro? (C'est la place Charles-de-Gaulle/de l'Etoile. C'est le numéro 7.)
C'est une place où les révolutionnaires ont mis la guillotine en 1793. Au milieu, il y a un monument d'Egypte ... Et c'est quel numéro? (C'est la place de la Concorde. C'est le numéro 1.)	(... place, ... révolutionnaires, ... guillotine)
(... église, ... Montmartre)	C'est une église dans le quartier de Montmartre. On l'a construite entre 1876 et 1910 ... Et c'est quel numéro? (C'est le Sacré-Cœur. C'est le numéro 6.)
C'est un bâtiment moderne. Il y a des expositions d'art, une bibliothèque et une cinémathèque ... Et c'est quel numéro? (C'est le Centre Georges Pompidou. C'est le numéro 2.)	(... bâtiment moderne, ... expositions d'art)
(... tour très moderne, ... Montparnasse)	C'est une tour très moderne de 210 mètres de hauteur. Elle se trouve dans le quartier de Montparnasse ... Et c'est quel numéro? (C'est la tour Montparnasse, c'est le numéro 8.)
C'est une très belle église avec deux tours et une flèche de 90 mètres de hauteur que les touristes aiment visiter ... Et c'est quel numéro? (C'est Notre-Dame. C'est le numéro 4.)	(... belle église, ... deux tours et une flèche)
(... grand musée, ... la Joconde)	C'est un très grand musée, près de l'île de la Cité. Devant, il y a une pyramide. On y trouve la Joconde ... Et c'est quel numéro? (C'est le [musée du] Louvre. C'est le numéro 5.)

Qu'est-ce qu'on dit?

Falte den Bogen entlang der senkrechten Mittellinie und schiebe ihn so in den Redemitteltrainer, daß die Ⓐ-Seite sichtbar ist. Fahre anschließend mit der Ⓑ-Seite fort.
Du kannst auch mit dem Bogen arbeiten, indem Du die deutsche Bedeutung jeweils mit einem Blatt abdeckst. Mache die Übung auch schriftlich!

Ⓐ Wie Du Gefühle im Französischen ausdrücken kannst. Wenn Du ausdrücken willst ...	Ⓑ Wie Du Gefühle im Französischen ausdrücken kannst. Wenn Du ausdrücken willst ...
... daß Dir die Idee gefällt.	... daß Du wirklich kein Glück hast.
(L'idée me plaît.)	(Je n'ai vraiment pas de chance.)
... daß das wohl nicht wahr sein darf.	... daß Du schlechte Laune hast.
(Ce n'est pas vrai! Ce n'est pas possible!)	(Je suis de mauvaise humeur.)
... daß etwas toll/super ist.	... daß Dir etwas leid tut.
(C'est formidable/super.)	(Je suis désolé,e.)
... daß Du etwas sehr magst.	... daß Du etwas gräßlich/grauenhaft findest.
(J'aime beaucoup./J'adore.)	(C'est horrible.)
... daß es immer dasselbe ist.	... daß etwas Mist ist/langweilig ist.
(C'est toujours la même chose.)	(La barbe!)
... daß Du erstaunt über etwas bist: „Na so was!“	... daß Du Dich über etwas geärgert hast: „Verflixt noch mal.“
(Ça alors!)	(Mince alors!)

L 10 C Je ne sais pas ce qui est intéressant.

Die indirekte Frage – L'interrogation indirecte

Du arbeitest wieder mit Deinem Partner.
1. Ⓐ-Seite: Lies Deinem Partner die Fragen von Jörg vor und kontrolliere seine Antworten mit Hilfe der Lösungen in Klammern.
2. Ⓑ-Seite: Antworte auf die Fragen Deines Partners, indem Du die direkten Fragen von Jörg in indirekte umwandelst.
3. Falte den Bogen entlang der senkrechten Mittellinie.

Jörg plant mit seiner Klasse eine Fahrt nach Paris. Er hat seinem Freund Antoine in einem Brief eine Menge Fragen über Paris gestellt. Antoine sitzt mit Jean-Luc zusammen und berichtet (in indirekter Form), welche Fragen Jörg gestellt hat.

Ⓐ **Jörg**	Ⓑ **Antoine**
Beispiel: Où peut-on se loger pour pas cher? (Il veut savoir où on peut se loger pour pas cher.)	(Où ... se loger pour pas cher?) Il veut savoir **où on peut** se loger pour pas cher.

Qui connaît les adresses des hébergements pour jeunes? (Il veut savoir qui connaît les adresses des hébergements pour jeunes.)	(Qui connaît les adresses ...)
Qu'est-ce qu'il faut faire à Paris pour bien manger? (Il veut savoir ce qu'il faut faire à Paris pour bien manger.)	(Qu'est-ce qu'il faut faire ...)
Qu'est-ce qui intéresse les touristes? (Il veut savoir ce qui intéresse les touristes.)	(Qu'est-ce qui intéresse ...)
Qu'est-ce qu'on peut visiter à Paris? (Il veut savoir ce qu'on peut visiter à Paris.)	(Qu'est-ce qu'on peut visiter ...)
Que font les touristes qui connaissent déjà les monuments connus? (Il veut savoir ce que font les touristes qui connaissent déjà les monuments connus.)	(Que font les touristes qui ...)
Qu'est-ce qui ne coûte pas cher à Paris. (Il veut savoir ce qui ne coûte pas cher à Paris.)	(Qu'est-ce qui ne coûte pas cher ...)
Où peut-on acheter les tickets de métro? (Il veut savoir où on peut acheter les tickets de métro.)	(Où peut-on acheter ...)
Où faut-il aller pour voir la Joconde? (Il veut savoir où il faut aller pour voir la Joconde.)	(Où faut-il aller pour voir ...)
Qu'est-ce qu'on peut voir au Louvre? (Il veut savoir ce qu'on peut voir au Louvre.)	(Qu'est-ce qu'on peut voir ...)
Qui est-ce qu'on peut aller voir au Palais de l'Elysée? (Il veut savoir qui on peut aller voir au Palais de l'Elysée.)	(Qui est-ce qu'on peut aller voir ...)

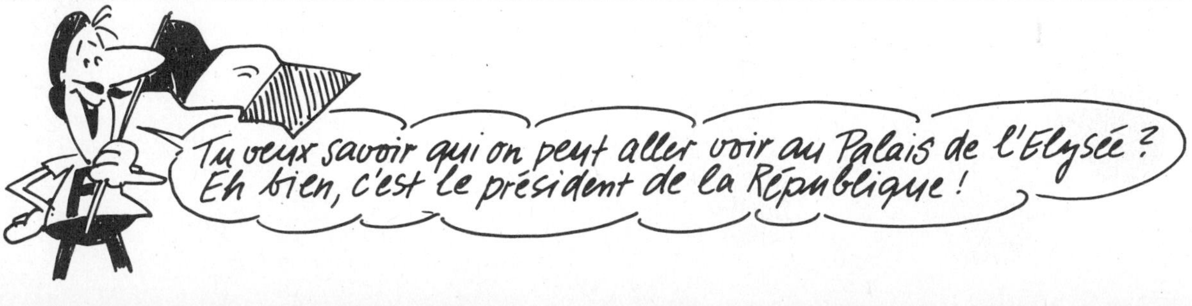

S. 6, L 2 B Comment exprimer ça?

1	2	3	4	5	6	7	8	9	10	11	12	13	14
G	B	E	A	H	F	D	I	K	C	N	M	J	L

S. 8, L 2 B Mots Croisés

S. 12, Lerntip 2: „Falschtext"

Aujourd'hui, c'est la rentrée. Sandrine est au collège. Olivier, le frère de Sandrine, est au lycée. Il est sept heures et demie. Les élèves sont déjà là. Olivier n'est pas au lycée aujourd'hui. Il a un problème. Il est malade. M. et Mme Leroux, le père et la mère d'Olivier, restent à la maison. Mme Leroux téléphone à la secrétaire du lycée. Olivier regarde la télévision et écoute la radio. Il pense aussi aux vacances au centre de canoë, aux fêtes avec les amis, aux excursions sur les rivières et dans les forêts et au groupe folklorique. Aujourd'hui, le groupe prépare les danses pour la Foire du Meuble. Les Morvandiaux dansent sur la place du marché, devant la cathédrale. Et Olivier n'est pas là.

S. 30, L 6 C Un repas en France

Abfolge der Gänge	Was man während der Gänge zu sich nimmt
1. l'apéritif	un Kir / du Kir
2. l'entrée	des escargots, du vin blanc, de l'eau, du pain
3. le plat principal	des côtelettes, du bœuf bour-guignon, des légumes, du pain, de l'eau, du vin rouge
4. la salade	de la salade, du pain, de l'eau
5. le plateau de fromage	du fromage, du pain, de l'eau
6. le dessert	des crêpes, de la glace, une / de la tarte

S. 31, Lerntip 5: Verbtraining

savoir	je sais	ils savent	elle sait
vouloir	nous voulons	je veux	il veut
pouvoir	il peut	nous pouvons	ils peuvent
boire	tu bois	vous buvez	ils boivent
prendre	tu prends	nous prenons	elles prennent
écrire	vous écrivez	tu écris	ils écrivent
mettre	je mets	vous mettez	elle met
acheter	tu achètes	nous achetons	ils achètent
préférer	je préfère	vous préférez	ils préfèrent
manger	tu manges	nous mangeons	il mange
appeler	tu appelles	vous appelez	elles appellent

S. 34, L 6 B Les courses

a) 1. les courses 2. centre-ville 3. parking 4. supermarché 5. l'épicerie 6. du fromage 7. de la farine 8. du sel 9. du lait 10. des citrons 11. de l'eau minérale 12. des escargots 13. boucherie-charcuterie 14. de la viande de bœuf 15. boulangerie 16. baguettes 17. pâtisserie 18. une tarte

c)

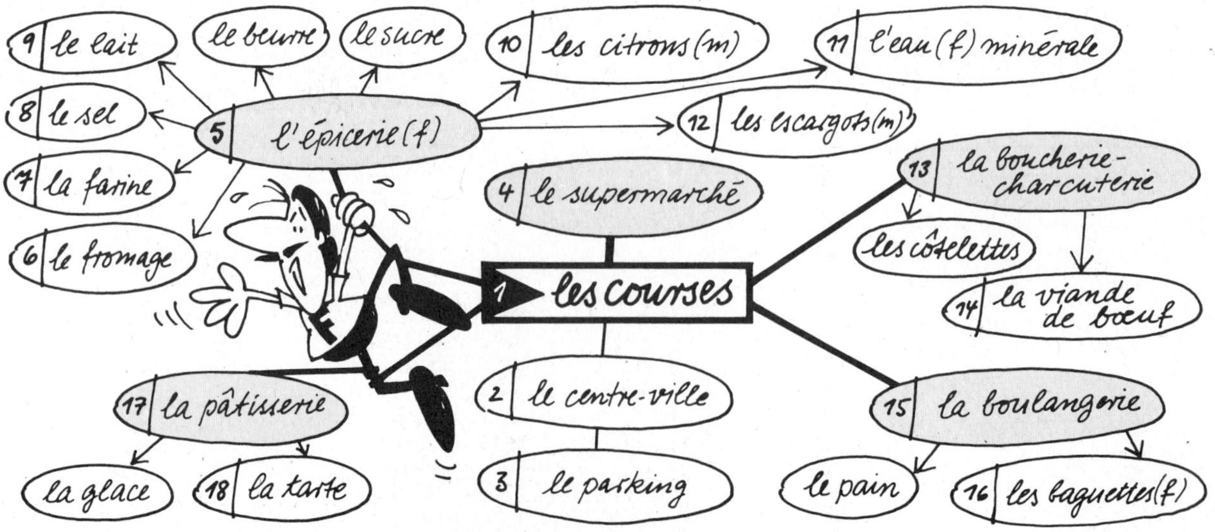

Claudia Stodte
Illustrationen von Peter Fischer

Hamburg
entdecken & erleben

Das Lese-Erlebnis-Mitmach-Buch
für Kinder und Eltern

Edition Temmen

Zu diesem Buch

Moin, Moin, Jungs un Deerns!
Hallo, liebe Eltern, Großeltern und Freunde!

Dieses Lese-Erlebnis-Mitmach-Buch möchte euch auf eine spannende Reise durch Hamburg mitnehmen. Hier findet ihr viele Ideen, was man in der zweitgrößten Stadt Deutschlands alles entdecken kann: an der Alster, im Hafen, in Parks und Museen, auf Spielplätzen, Jahrmärkten und an vielen anderen Orten. Dabei erfahrt ihr manches über Hamburgs Vergangenheit: über die alten Stadtbefestigungen, über Handwerker und Piraten, über reiche Pfeffersäcke und arme Auswanderer.

Im Buch gibt es viele Rallyes, die ihr mit Freunden oder Eltern unternehmen könnt. Achtet dabei auf die blauen Schilder: Sie geben euch viele Erklärungen.

Ein Tipp vorneweg: Hamburg ist eine Stadt, die man wunderbar per Boot erkunden kann. Elbe, Alster und Bille sowie zahlreiche Fleete und Kanäle machen die Stadt zu einem »Venedig des Nordens«! Ein Muss ist natürlich eine Hafenrundfahrt. Doch aufgepasst: Früher riefen die Hafenarbeiter den Barkassen-Passagieren häufig ein »He lücht!« (Er lügt!) zu – wenn der Kapitän den Besuchern mal wieder allzu viel Seemannsgarn oder *Döntjes* erzählte.

Nicht nur für *Quiddjes* (»Nichthamburger«), auch für Hamburger Jungs un Deerns gibt es in diesem Buch viele Rätsel zu knacken. Hier sind *plietsche* Kinder und Jugendliche gefragt, keine *Dösbaddel* oder *Sabbelbüdel*. Dabei richtet sich das Buch an verschiedene Altersstufen: Manche Aufgaben sind leichter, andere schwieriger. Wer etwas nicht versteht, möge einen Älteren fragen. Hauptsache, ihr sagt am Ende nicht »Se lücht!«, wie früher bei den Hafenrundfahrten …

Und falls ihr bei eurem ersten (oder zweiten) Hamburg-Besuch nicht »alles« gesehen habt, dann heißt es einfach: *Kiek mol wedder in!*

Viel Spaß!

Spielregeln

In diesem Buch gibt es drei Spiele: das Verkehrsspiel **»Wer ist zuerst am Rathausmarkt?«** (ab 5 Jahre), die **»Reise durch die Vergangenheit«** (ab 7 J.) sowie das **»Interstellare Weltraumspiel«** (ab 9 J.). Für alle drei Spiele braucht ihr einen Würfel sowie eine Spielfigur pro Mitspieler. Bei zwei Spielen benötigt ihr zudem Stift und Papier. Vor Spielbeginn müsst ihr entscheiden, ob ihr mit oder ohne »Rausschmeißen« spielt bzw. ob zwei Spielfiguren gemeinsam auf einem Feld stehen dürfen. Ebenso müsst ihr vorher klären, ob man das Ziel nur erreicht, wenn man die genaue Punktzahl für das Zielfeld würfelt, oder ob man »über das Ziel hinausschießen« darf. Alle drei Spiele enden, wenn ein Mitspieler das Ziel erreicht hat. Natürlich könnt ihr euch auch Varianten ausdenken: Macht sie einfacher oder komplizierter, lustiger oder kreativer – macht sie für euer Alter passend!

Dynamisches Hamburg

Hamburg ist eine unglaublich dynamische Stadt: Neue Viertel entstehen, wie die HafenCity, neue Museen, wie das Polizeimuseum, oder neue Spielplätze und Freizeitanlagen, wie 2013 auf der Elbinsel Wilhelmsburg. Heute kann man fast das ganze Nordufer der Elbe in Hamburg (»rechtselbisch«) mit dem Rad durchstreifen – auf eigens angelegten Wegen.
Auch im 19. Jahrhundert hatte sich Hamburgs Stadtbild sehr verändert. Auslöser war allerdings ein Unglück: der Große Brand von 1842. Er begann in der ➣ Deichstraße beim heutigen Restaurant »Zum Brandsanfang« und endete bei der heutigen Straße »Brandsende« an der Binnenalster. Ein großes Modell des abgebrannten Stadtteiles findest du im ➣ Hamburg Museum, wo du noch viele viele andere Dinge über Hamburgs Geschichte erfährst.

*Hallo, ich bin **Kuddl**! Wir drei Tiere geben euch viele Hinweise und erklären schwierige Wörter. Dieses Zeichen ➣ bedeutet, dass es an anderer Stelle im Buch weitere Infos zum Thema gibt.*

Und ich bin **Fiete**! »Moin«, »Quiddje« und »Döntje« sind plattdeutsche Wörter. Döntje bedeutet »kleine Geschichte«. Viele Hamburger sprechen noch heute Plattdüütsch. Diese Plattsnackers nennen mich »Katteker«, das heißt Eichhörnchen.
Moin, Moin, ich bin **Frau Meier**! Ein berühmtes Döntje lautet: »Verehrte Herrschaften! Der Turm vom Michel is einmolig in der Welt, denn von oben kann man drei Meere sehen!« – »Wie das?« – »Tschä, tagsüber das Häusermeer, abends das Lichtermeer und inne dunklen Nacht gornix mehr!«

Inhalt

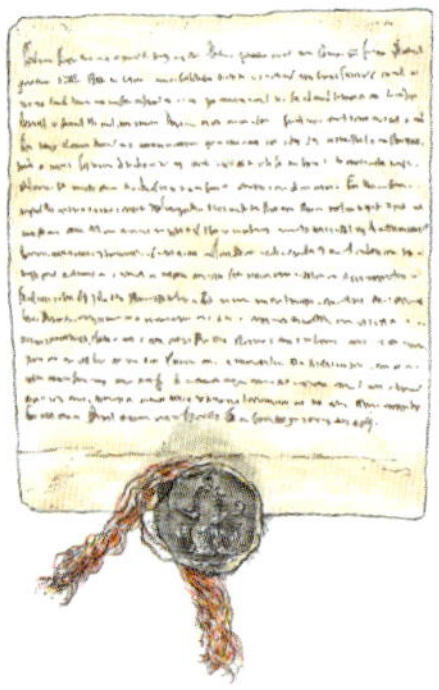

Stadtentwicklung

Zentrum

Architektur: Einblicke in die Vergangenheit

Elbe und Hafen

Gesellschaft in Mittelalter und Neuzeit

Berühmte Künstler

Hamburg heute

Ausflüge ins Grüne

Hamburg-Service

Hamburg um 900

Hamburg entsteht nicht an der Elbe, sondern an der Alster! Der neue Ort liegt etwa zwei Kilometer von der Elbe entfernt auf einem kleinen Hügelzug, einem sogenannten »Geestrücken«. Hier verläuft ein uralter Höhenweg, den schon Steinzeitmenschen als Handelsweg nutzten. Ganz in der Nähe kann man die Alster über eine Furt durchqueren; eine Furt ist eine flache Stelle im Fluss.

Um 817 n. Chr. wird auf dem Hügel die **Hammaburg** erbaut. Ihr Name stammt vom altsächsischen Wort »Ham« (Gelände am Fluss). Ihr ovaler Wall besteht aus Holzplanken und Erde. Archäologen haben 2014 endlich die Lage des Walls gefunden: südlich der heutigen St. Petri-Kirche.

Die kleine Siedlung dient dem mächtigen Frankenreich als politischer und religiöser Vorposten: Von hier sollen Sachsen, Wikinger und Slawen für das Christentum gewonnen werden. 845 zerstören dänische Wikinger Siedlung und Hammaburg. ➢ Erzbischof Ansgar flieht nach Bremen.

Um 900 wird auf dem Hügel eine kleine **Domburg** (Bild) errichtet. Dabei handelt es sich wieder um eine Holz-Erde-Befestigung mit Graben. In ihrer Mitte steht eine hölzerne Kirche. Die umliegenden Häuser sind aus Lehm und Stroh gebaut. Hier leben rund 200 Menschen, die als Fischer, Handwerker und Händler arbeiten. Letztere handeln mit Keramik, Leinenstoffen, Wein und Sklaven. An der Alster entstehen ein erster Hafen sowie die ersten Fleete. Am Reichenstraßenfleet werden die ersten Speicher erbaut.

... im 11. Jahrhundert

Noch immer liegt Hamburg in umkämpftem Grenzgebiet. Mehrmals wird es von slawischen Angreifern zerstört – und immer wieder neu aufgebaut. Spätestens Ende des 10. Jahrhunderts wird im Osten ein 300 Meter langer **Befestigungswall** errichtet, den nachfolgende Generationen »Heidenwall« nennen.

Über die **Altstadt** herrschen die Hamburg-Bremer Erzbischöfe. Die **Neustadt** kontrollieren die Billunger Grafen, die auch für den militärischen Schutz der Bewohner zuständig sind. Zwischen Altstadt (= geistliche Macht) und Neustadt (= weltliche Macht) kommt es zu einem Machtkampf.

In der Altstadt entstehen um 1035 erste Gebäude aus Steinblöcken: der Mariendom und der sogenannte **Bischofsturm**. Dieser Turm mit vielen Zinnen ist Hamburgs erster Befestigungsturm – und der erste Turm überhaupt, der nördlich der Elbe erbaut wurde. Seine Fundamente kannst du noch heute besichtigen (➢ Museen).

Im Norden der Altstadt errichtet der Billunger Graf Bernhard II. die Alsterburg. 1061 erbaut sein Sohn Ordulf im Westen die Neue Burg, die wie die Domburg aus Holz und Erde besteht. Über die Alster führt noch immer keine Brücke: Die Menschen nutzen nach wie vor die Furt (nahe der heutigen Trostbrücke).

... im 13. Jahrhundert

Im 13. Jahrhundert blüht Hamburg auf. 1216 schließen sich bischöfliche Altstadt und gräfliche Neustadt zu **einer Stadt** zusammen. Es gibt nun ein gemeinsames Stadtrecht, eine gemeinsame Verwaltung und ein erstes gemeinsames Rathaus. Das Rathaus wird aus Ziegeln erbaut. Neue Landesherren sind seit 1111 die **Schauenburger Grafen** – nachdem das Grafengeschlecht der Billunger ausgestorben ist.

Um 1189 errichtet Graf Adolf III. von Schauenburg einen ersten hölzernen Damm durch die Alster: Ein riesiger Mühlenteich, die **Außenalster**, entsteht. Das aufgestaute Wasser treibt Hamburgs erste Kornmühle (Niedermühle) an. Für den Betrieb der Neuen Mühle (Obermühle) wird um 1235 ein weiterer Damm erbaut: der heutige Jungfernstieg, früher Reesendamm genannt. Der **Hafen** wird vom Reichenstraßenfleet in das Nikolaifleet verlegt.

Ab 1220 werden die Elbinseln Grimm und Cremon eingedeicht und besiedelt. 1227 stiftet Graf Adolf IV. von Schauenburg Hamburgs erstes Kloster, das Maria-Magdalenen-Kloster. Eine neue **Stadtbefestigung** erhält Hamburg um 1240: Die Ziegelmauer ist sechs bis acht Meter hoch und besitzt viele Türme und Stadttore.

Mitte des 13. Jahrhunderts ist Hamburg in vier **Kirchspiele** gegliedert: St. Petri (Altstadt), St. Nikolai (Neustadt), St. Katharinen (Cremon und Grimm) und St. Jacobi (östliche Stadterweiterung). 1284 zerstört ein furchtbarer Brand fast die ganze Stadt. Reiche Hamburger errichten ihre Häuser hernach in Ziegelbauweise. Einfache Stadtbewohner leben weiterhin in Fachwerkhäusern, die mit Lehm verputzt sind.

... im 14./15. Jahrhundert

Hamburg ist nun eine blühende **Hansestadt**. Der Hafen gewinnt an Bedeutung: Voll beladene Handelsschiffe segeln auf der Elbe bis zur Nordsee und darüber hinaus. Gemäß dem Motto »Stadtluft macht frei« ziehen viele Menschen nach Hamburg. Um 1300 leben hier rund 5000 Menschen. 1350 stirbt allerdings die Hälfte der Einwohner an der Pest. Dennoch wächst Hamburg weiter an: 1377 zählt die Hansestadt 14.000 Einwohner. Rund 2000 von ihnen besitzen das **Bürgerrecht**. Dieses können sich nur die gut verdienenden Bewohner leisten, da sie ein »Bürgergeld« zahlen müssen (➢ Stadtstaat). Übrigens: Kein Ritter durfte das Bürgerrecht erwerben.

Die Stadtmauer wird durch vorgelagerte Wälle verstärkt. Das Gebiet südlich der Mauer nennt man Grasbrook. Hier weiden Kühe, und im Westen befindet sich der Richtplatz, wo auch der ➢ Pirat Klaus Störtebeker hingerichtet wurde.

Die Handwerker sind in Berufsgruppen organisiert, den **Zünften** bzw. **Ämtern**. Unter ihnen gibt es Brauer, Böttcher, Maler, Fischer, Heringswäscher und Speckschneider. Sie leben gemeinsam in Zunftstraßen. Noch heute erinnern Straßennamen wie »Knochenhauertwiete« und »Große Bäckerstraße« daran. (Findest du weitere Zunftstraßen?) Viele Handwerker verkaufen ihre Waren direkt von ihrem Fenster aus – indem sie einfach ihren Fensterladen aufklappen. Daher stammt das Wort »Laden«. In den Straßen stinkt es entsetzlich: Abfall wird auf die Straßen oder in die Fleete geworfen. Noch immer leben viele Schweine inmitten der Stadt.

In Hafennähe baut man die Häuser auf kleinen Hügeln, um sie vor Überschwemmungen zu schützen. Diese Hügel bestehen teilweise aus Müll und Viehmist: Daher rührt auch der Name »Meßberg« (Mistberg).

... im 17. Jahrhundert

Hamburg ist jetzt von einer gewaltigen ➣ **Festung** umgeben. 21 sternförmige **Bastionen** und **Ravelins** (Vorwerke) schützen die Stadt erfolgreich vor Angreifern. Benannt sind sie nach den Vornamen der Bürgermeister und Ratsherren: David (Lombardsbrücke), Vincent, Hieronymus (Steintor), Sebastianus, Bartholdus (Deichtor), Ericus, Nicolaus (Brooktor), Gerhardus (Sandtor), Ditmarus, Hermannus, Georgius, Johannes, Albertus, Casparus (Millerntor), Henricus, Eberhardus, Joachimus, Ulricus, Rudolphus (Dammtor), Petrus und Didericus. Der Festungsring schneidet die aufgestaute Alster in zwei Teile. So entsteht die **Binnenalster**.

Das Stadtgebiet hat sich nun fast verdoppelt. Um die St. Michaelis-Kirche entsteht die **Neustadt**. Immer mehr Menschen suchen Schutz hinter Hamburgs mächtigen Mauern. 1619 hat Hamburg 40.000 Einwohner und ist Deutschlands größte Stadt. Die Wohnverhältnisse sind zum Teil unerträglich: Allmählich entstehen die engen ➣ **Gängeviertel**. In der **Altstadt**, wo die Reichen wohnen, werden die Häuser prächtiger: Schöne Fassaden und geschwungene Giebel prägen die Kaufmannshäuser, die vielfach in niederländischem Stil erbaut werden.

Seit 1531 wird die Hafeneinfahrt durch schwimmende Baumstämme geschützt. Tagsüber gibt der **Baum** die Fahrt frei, nachts und bei Kriegsgefahr wird er quer zur Fahrrinne befestigt. Im 17. Jahrhundert sind es schwere Flöße, die am »Baumwall« den Hafen schützen – und den Schmuggel verhindern sollen.

... um 1860

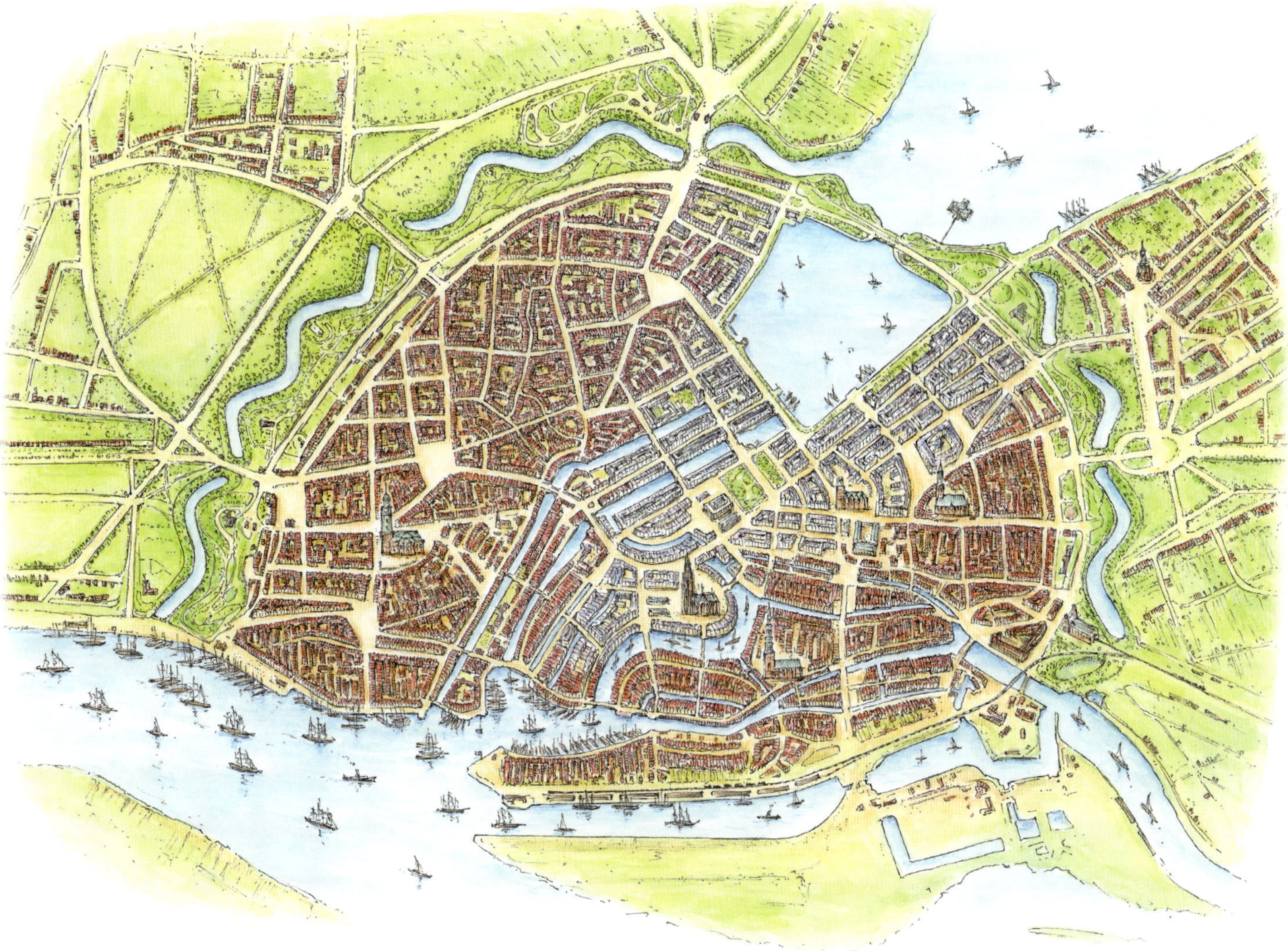

Vom 5. bis 8. Mai 1842 wütet in Hamburg der **Große Brand**. Dabei wird das alte Stadtzentrum mit Wohngebäuden, Speichern sowie St. Nikolai- und St. Petri-Kirche zerstört. Am **Wiederaufbau** beteiligen sich berühmte Architekten und Ingenieure: William **Lindley** entwirft breite, gerade Straßen und ein modernes Abwassersystem; von Alexis **de Chateauneuf** stammen die Alsterarkaden, die Alte Post und die wiedererbaute St. Petri-Kirche. (Die hellen Neubauten im Bild zeigen dir das ganze Ausmaß des Brandes.) Der Bau von Fachwerkhäusern ist nun verboten. Stattdessen entstehen 3- bis 4-stöckige Etagenhäuser aus Beton. Das neue ➢ Rathaus wird erst 1897 eingeweiht.

Bereits Anfang des 19. Jahrhunderts wurden die Befestigungsanlagen geschleift und die Wälle zu Parkanlagen umgestaltet. Die ➢ **Torsperre** wird 1860 aufgehoben. Nun dehnt sich Hamburg stark aus: Erstmals entstehen Wohngebiete außerhalb des alten Wallrings. Zwar hatten Kaufleute schon im 18. Jahrhundert vor den Toren der Stadt luxuriöse Landhäuser errichtet. Diese waren jedoch nur im Sommer bewohnt.

1866 werden mit dem **Sandtorhafen** das erste künstliche Hafenbecken und die ersten Kaimauern geschaffen. Bis dahin hatte Hamburg einen Naturhafen. Zwischen 1885 und 1912 entsteht auf zwei Elbinseln die **Speicherstadt**. 1888 müssen Händler zwischen Hamburg und **Altona** endlich keinen Zoll mehr bezahlen. Auch Altona wächst: Ottensen, Bahrenfeld, Othmarschen, Oevelgönne, Eidelstedt, Blankenese und Klein Flottbek werden eingemeindet.

Hamburg heute

Im 20. Jahrhundert entwickelt sich Hamburg zu einer **modernen Großstadt**. 1906 entsteht der Hauptbahnhof, 1911 der Flughafen und seit 1912 fährt die U-Bahn. Oberbaudirektor Fritz Schumacher entwirft den Stadtpark sowie zahlreiche Backsteinbauten. In der Innenstadt entstehen breite Straßen und große Kontorhäuser. 1937/38 wird Hamburg noch größer: Nun gehören auch die zuvor eigenständigen Städte Altona, Harburg-Wilhelmsburg und Wandsbek zu Hamburg, ebenso Duvenstedt, Poppenbüttel und Neugraben.

Im Zweiten Weltkrieg wird Hamburg durch Bombenangriffe stark zerstört. Nahezu die Hälfte der Wohnungen ist unbewohnbar. Die Hauptkirchen St. Nikolai, St. Katharinen und St. Jacobi liegen in Ruinen. Hamburgs Einwohner leisten tatkräftig **Wiederaufbau**: Sie beseitigen rund 43 Millionen Kubikmeter Trümmer! Auch der schwer zerstörte Hafen wird wieder aufgebaut. Seit 1967 entsteht ein moderner **Containerhafen**. Die Innenstadt wandelt sich weiter: 1953 wird die Kennedy-Brücke eröffnet, 1955 der Neubau der Staatsoper. Zudem entstehen viele Passagen, wie die Gerhof-Passage (1979), das Hanseviertel (1980) und die Europa-Passage (2006). Und noch etwas ist neu: Überall in der Stadt werden **Spielplätze** angelegt.

Heute ist Hamburg nach Berlin die zweitgrößte Stadt Deutschlands und ein eigenes Bundesland. Rund 1,8 Millionen Menschen leben hier. Und noch immer wird fleißig gebaut: Mit der **HafenCity** entsteht an der Elbe gerade ein völlig neuer Stadtteil.

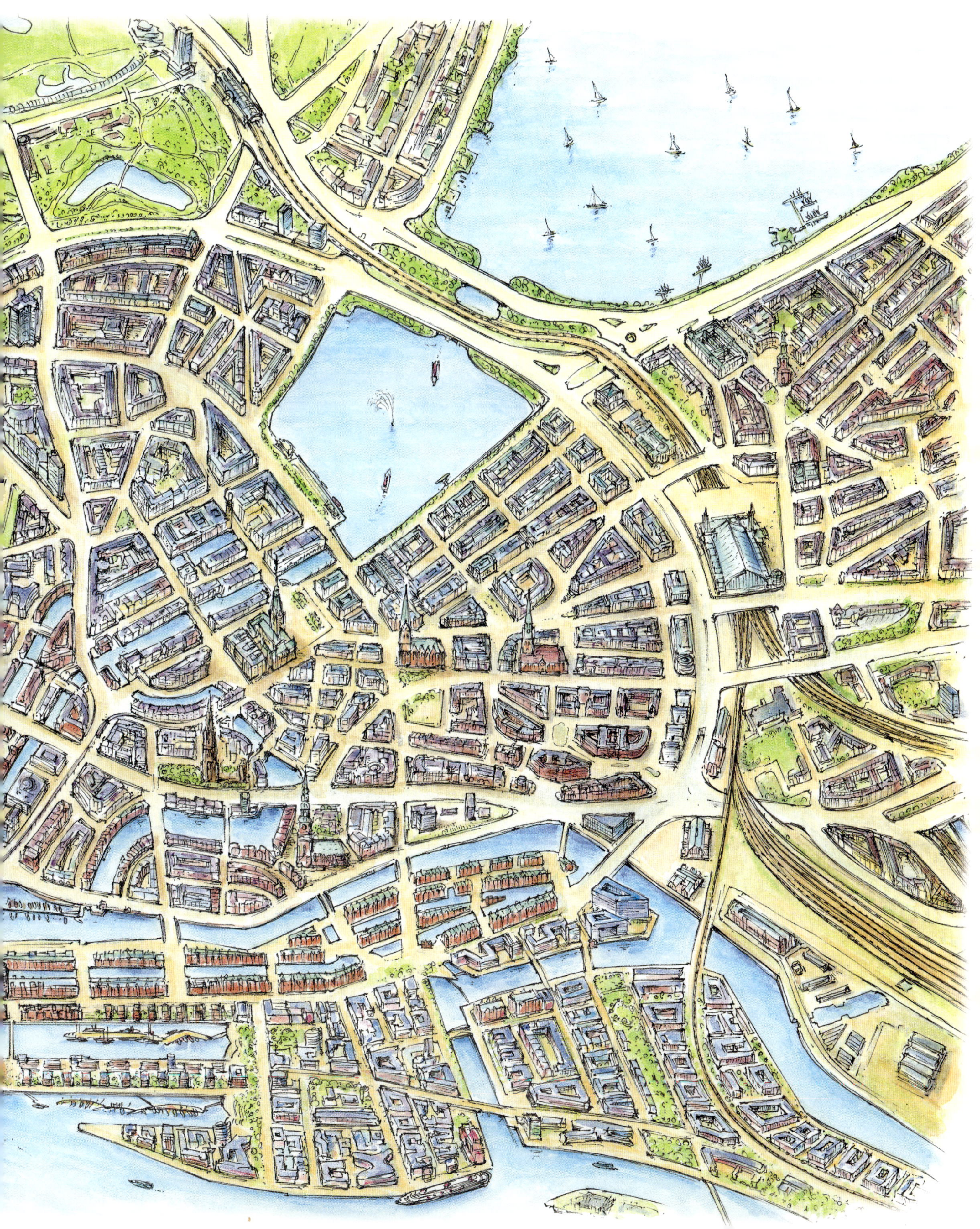

Hamburgs Stadtgeschichte

845 Dänische Wikinger plündern und zerstören die Hammaburg, die um 817 errichtet worden war. Erzbischof Ansgar flieht nach Bremen.

1189 Am 7. Mai gewährt Kaiser Friedrich I. Barbarossa Hamburg Handelserleichterungen: Auf der Elbe darf niemand Zoll für Hamburger Waren verlangen. Aber es gibt keine Urkunde Barbarossas, die das beweist – bis einige Hamburger im Jahr 1265 dieses Schreiben fälschen! Die gefälschte Urkunde liegt im Staatsarchiv.

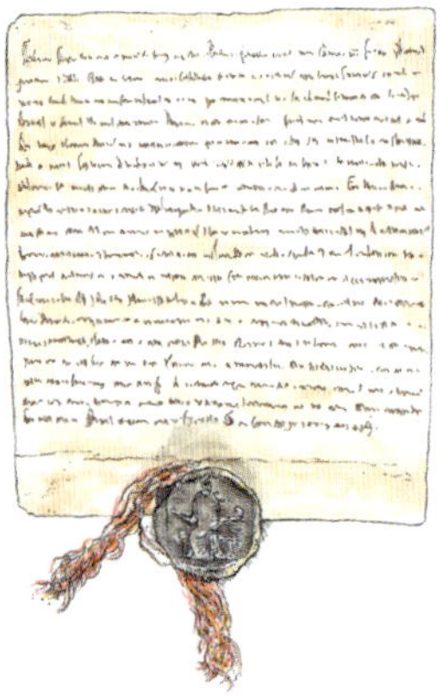

1216 Hamburgs Altstadt und Neustadt vereinigen sich. Sie beschließen, dass Hamburg »eins ist und immer bleiben soll«.

1241 Die Geschichte der Hanse beginnt.

1401 Der Seeräuber Klaus Störtebeker und seine Kumpane werden auf dem Grasbrook enthauptet.

1510 Hamburg wird vom Reichstag als reichsfreie Stadt bestätigt, die nur dem deutschen Kaiser unterstellt ist.

1529 Der Hamburger Rat beschließt, in seinen Kirchen die Reformation Martin Luthers einzuführen. Hamburg wird evangelisch-lutherisch.

1567 Die ersten niederländischen Flüchtlinge treffen ein. Sie beleben Hamburgs Wirtschaft außerordentlich.

1590 Die ersten portugiesischen Juden wandern nach Hamburg ein. Die gebildeten Immigranten bereichern Hamburgs Kultur sehr.

1618–48 Aufgrund der neuen Festungsanlage bleibt Hamburg während des Dreißigjährigen Krieges unzerstört. Umliegende Orte wie Eppendorf, Ottensen, Altona und Wandsbek leiden unter Angriffen. Hamburg profitiert sogar vom Krieg: Viele Menschen suchen Schutz in der Stadt, die Einwohnerzahl steigt, der Handel blüht.

1619 Zur Förderung des Handels wird die Hamburger Bank gegründet. Sitz ist das Rathaus.

1628 Kaiser Ferdinand II. erteilt Hamburg ein »großes Elbprivileg«. Nur Hamburger Kriegsschiffe dürfen auf der Elbe fahren und Piraten jagen.

1673 Mit 400 Laternen wird in Hamburg die Straßenbeleuchtung eingeführt. Es handelt sich um Öl- und Tranlampen.

1677 Hamburgs erstes Kaffeehaus entsteht.

1678 Die erste Oper Deutschlands wird in Hamburg eröffnet.

1712 Zum letzten Mal bricht in Hamburg die Pest aus. Bis 1714 sterben etwa 10.000 Einwohner.

1806 Am 19. November besetzen Napoleons Truppen die Stadt. Die Besatzung bringt Hamburg an den Rand des Ruins: Napoleon verbietet den Handel mit England – ein schwerer Schlag für die Hamburger, für die der Handel so wichtig ist. Die Wirtschaft bricht zusammen, der Schmuggel gedeiht. Erst am 30. Mai 1814 ziehen die französischen Truppen endgültig ab.

1815 Hamburg wird ein souveräner Staat innerhalb des Deutschen Bundes und nennt sich von 1819 an »Freie und Hansestadt Hamburg«.

1842 Vom 5. bis 8. Mai wütet der »Große Brand«: Eine gewaltige Feuersbrunst breitet sich von der Deichstraße bis zur Binnenalster aus. Die Sprengung des Alten Rathauses kann den Brand nicht aufhalten, erst bei der heutigen Straße Brandsende kommt er zum Stehen. Insgesamt werden sieben Kirchen sowie 1851 Häuser und Speicher zerstört. Rund 20.000 Menschen sind obdachlos. Senat und Bürgerschaft beginnen sofort mit dem Wiederaufbau. Mit dem neuen Rathaus und den Alsterarkaden erhält die Innenstadt ein völlig neues Aussehen.

1870 Die allgemeine Schulpflicht wird eingeführt.

1888 Der erste Abschnitt der Speicherstadt ist fertig. Hamburg gehört nun zum Zollgebiet des Deutschen Reiches und wird dessen größter Hafen.

1892 In Hamburg wütet zum letzten Mal die Cholera, es gibt 8605 Tote.

1919 Das erste demokratisch gewählte Parlament wird eröffnet. Gründung der Hamburger Universität.

1933 Am 30. Januar wird Hitler deutscher Reichskanzler, die nationalsozialistische Diktatur beginnt. Auch Hamburg wählt die Nazis: Seit dem 5. März sind sie die stärkste Partei. Sie unterdrücken jegliche Opposition und verfolgen jüdische Mitbürger brutal.

1937 Mit dem Groß-Hamburg-Gesetz kommen Altona, Wandsbek und Harburg-Wilhelmsburg zur Hansestadt.

1943 Während des Zweiten Weltkriegs zerstören Bomben weite Teile der Stadt. Rund 35.000 Menschen sterben allein bei vier Bombenangriffen.

1949 Hamburg wird selbstständiges Land der Bundesrepublik Deutschland.

1952 Am 6. Juni beschließt die Bürgerschaft die bis heute gültige Verfassung der Freien und Hansestadt Hamburg.

1962 In der Nacht vom 16. auf den 17. Februar überschwemmt eine Sturmflut große Teile Hamburgs. 315 Menschen sterben, rund 20.000 werden evakuiert.

1967 Hamburg beschließt, den Hafen zum Containerhafen auszubauen. Der Bau des neuen Elbtunnels beginnt (bis 1975).

1989 Hamburg feiert den 800. Hafengeburtstag.

1997 Eine vierte Röhre des Elbtunnels entsteht (bis 2000). Gegraben hat sie die größte Tunnelbohrmaschine der Welt, genannt TRUDE (»Tief Runter Unter Die Elbe«).

2008 Der erste Teil der HafenCity wird fertig.

2015 Hamburgs erstes Weltkulturerbe: Speicherstadt und Kontorhausviertel samt Chilehaus werden Teil der UNESCO-Welterbeliste.

Wappen, Flagge, Schutzpatrone

Das Hamburger Wappen geht auf mittelalterliche städtische **Siegel** zurück. Das älteste erhaltene Stadtsiegel von 1241 zeigt bereits die drei charakteristischen Türme. Der mittlere Turm ist von einem Kreuz gekrönt und symbolisiert den ➢ Mariendom. Die Sterne über den beiden anderen Türmen gelten als »Mariensterne«. Mauer und Türme bedeuten, dass Hamburg eine wehrhafte Stadt ist.

Das **Große Staatswappen** gibt es seit dem 16. Jahrhundert. Zwei Löwen mit rot gereckten Zungen halten das Wappenschild. Oben sprießen Fähnchen und Pfauenfedern. Dieses Wappen darf nur von Senat und Bürgerschaft verwendet werden.

Das **Landeswappen** zeigt die silberne Burg vor rotem Hintergrund. Das **Tor** wurde im Laufe der Jahrhunderte unterschiedlich dargestellt: mal offen, mal geschlossen. Das geschlossene Tor soll bedeuten, dass Hamburg keinem Herrscher untertan ist: Hier kommt niemand gegen den Willen der Bürger hinein.

Hamburgs Landesfarben sind Weiß und Rot. Die heutige Form der hamburgischen **Landesflagge** geht auf einen Ratsbeschluss von 1751 zurück.

Vor dem Groß-Hamburg-Gesetz von 1937 waren Altona, Wandsbek und Harburg-Wilhelmsburg eigenständige Städte. Sie besaßen, wie auch Bergedorf, eigene Wappen:

Das **Altonaer Wappen** von 1664 zeigt eine dreitürmige Burg mit geöffnetem Tor über einem Fluss. Das offene Tor symbolisiert die Hoheit des dänischen Landesherrn und sein Recht auf jederzeitigen Zutritt und nicht, wie vielfach angenommen, Altonas Offenheit und Toleranz, die es tatsächlich gab (➢ Einwanderung).

Auf dem **Harburg-Wilhelmsburger Wappen** von 1931 sind eine dreitürmige Burg, zwei blaue Lilien und ein blauer Löwe zu sehen.

Das **Wandsbeker Wappen** von 1870/90 zeigt u.a. die Tasche des »Wandsbecker Bothen« von Matthias Claudius (➢ Medien) und einen Schwan (➢ Wasservögel).

Das aus dem Mittelalter stammende **Bergedorfer Wappen** zeigt drei auf einem Berg wachsende Eichen.

Das **Hamburg-Logo** wurde 1998 von dem Hamburger Designer Peter Schmidt entworfen. Es ähnelt dem Hamburg-Wappen, zeigt aber ein geöffnetes Tor und eine blaue Welle. Es darf nur von städtischen Einrichtungen verwendet werden.

Hast du eine Idee für dein eigenes Hamburg-Logo? Dann zeichne es hier hin:

Bis zur Reformation galt **Maria** als Stadtpatronin Hamburgs. Ihr war der große Dom geweiht (➢ Mariendom). **Apostel Petrus** fungierte daneben als Stadtpatron der Bürger und Kaufleute (➢ Hauptkirche St. Petri).

Im 18. Jahrhundert entstand dann die Idee einer **weltlichen Schutzgöttin**. Man nannte sie **Hammonia**. Meist wird sie mit Mauerkrone auf dem Kopf dargestellt, wie auf diesem Mosaik am Rathausturm. Der Hamburger Komponist Albert Methfessel (1785–1869) widmete ihr 1828 ein Lied, das zu einer Art **Stadthymne** wurde.

Der Beginn des **»Hammonia-Liedes«** lautet:
Stadt Hamburg an der Elbe Auen,
Wie bist du stattlich anzuschauen!
Mit deinen Türmen hoch und hehr
Hebst du dich schön und lieblich sehr!
Refrain: Heil über dir, Hammonia, Hammonia!
Oh wie herrlich stehst du da!

Der Schriftsteller **Siegfried Lenz** fantasierte 1968 über eine moderne Hammonia: »Ich meine die Frau im Wettermantel: vielleicht ist es Hammonia persönlich, die bürgerliche Göttin mit der Einkaufstasche. Unter ihrer durchsichtigen Plastikhaube, die helfen soll, die Frisur zu bewahren, werden erträgliche Gedanken gedacht, durch und durch gemäßigte Gedanken. Ein Geruch von strenger Sauberkeit, ein seltsam flatterndes Geräusch begleiten sie, ein Geräusch, das an flatternde Segel gemahnt, die sich mit einer Regenbö unterhalten, und ihr Blick erinnert an den Blick des wohlschmeckenden, zumindest aber nahrhaften Schellfischs. (...) Die Einkaufstasche trägt sie nicht aus Zerstreutheit oder Gewohnheit, sondern aus immerwährender Bereitschaft: es könnte ja sein, daß man an einem fliegenden Stand vorbeikommt, an dem Südfrüchte versteigert werden. (...) Die Göttin mit dem Schellfischblick und der Einkaufstasche kalkuliert in kleiner Münze: so werden alle Äußerungen des Lebens übersichtlich.«

Wie stellst du dir eine heutige Hammonia vor? Braucht Hamburg noch eine Schutzpatronin und wenn ja, wozu? Du kannst sie hier zeichnen: als Göttin, Fantasy-Heldin, ganz normale Frau oder ...

An vielen Orten der Stadt prangen **Löwen** als Symbol von Macht und Stärke. Hamburgs ältestes erhaltenes Kunstwerk (➢ St. Petri-Kirche) ist ein
____
Wie viele Löwen entdeckst du an den Eingängen zum ➢ Rathaus-Innenhof?
____ Und beim Mönckeberg-Denkmal? _____
Findest du weitere Löwen-Figuren in der Stadt?
Ein lebendiger Löwe war übrigens erstmals 1666 in Hamburg zu sehen.

Ein Rathaus wie ein Schloss

Das **Rathaus** ist das eindrucksvollste Gebäude Hamburgs, aber nicht das älteste: Es ist gerade über 100 Jahre alt. Erbaut wurde es von 1886 bis 1897. **Sieben Architekten** waren an der Planung beteiligt – unter der Führung von **Martin Haller**. Für den prachtvollen Bau gaben die Hamburger Bürger elf Millionen Goldmark (rund 80 Millionen Euro) aus.

Weil der Untergrund sehr sumpfig war, wurde das Rathaus auf 3800 Kiefernpfählen und einer 1,65 Meter dicken Betonplatte errichtet. Das Gebäude selbst besteht aus **Sandstein** und **Granit** und vereint in sich verschiedene Baustile: Du findest hier Elemente der Gotik, der Renaissance und des Barock.

Das **Alte Rathaus** war bedeutend älter. Es wurde um 1290 neben der ➢ Trostbrücke erbaut. Bis ins 17. Jahrhundert wurde es stetig erweitert. 1558 wurde in einem Anbau das **Niedergericht** untergebracht: Hier sprachen zwei Ratsherren und mehrere ausgewählte Bürger Recht. Dabei durfte jeder zusehen. Seit 1619 befand sich im Rathaus auch die neu gegründete **Bank** mit ihrem Silberkeller. In der Nacht zum 6. Mai 1842 wurde das Alte Rathaus gesprengt, in der Hoffnung, damit den Großen Brand aufhalten zu können – leider vergeblich. Das originale Rathausportal kannst du im ➢ Hamburg Museum besichtigen.

Rathaus-Rätsel*:

Das **heutige Rathaus** ist 112 Meter hoch und 111 Meter lang. Die Spitze des Rathausturmes schmückt ein 3,36 Meter hoher goldener

Am Turm prangt auch das Große

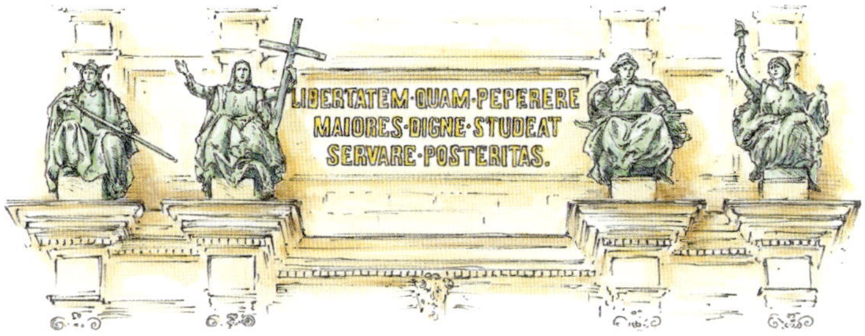

Über dem Balkon ist ein Mosaik der ➢ **Schutzgöttin Hammonia** angebracht, darüber die vier Hamburger **Bürgertugenden**: Tapferkeit, Frömmigkeit, Eintracht und

Die Fahnenmaste zieren zwei goldene

Die Dachgiebel werden von neun Schutzheiligen gekrönt, unter ihnen St. Katharina und St. der den Teufel bezwingt.

Die Fassade schmücken **20 Kaiser- und Königsfiguren** aus Bronze. Am Balkon steht links die Figur Karls des Großen, rechts die Figur Kaiser Friedrichs I., genannt

(zu deutsch: »Rotbart«).

* Die Antworten gibt's bei der Rathaus-Info.

… mit Prunksälen und Schatzkammer

Das Hamburger Rathaus ist riesig: Es hat **647 Räume**, sechs mehr als der Buckingham-Palast der britischen Königin. Der Eingangsbereich mit der **Rathausdiele** steht jedem Besucher offen. An 16 Säulen sind 64 Hamburger Persönlichkeiten auf Sandsteinplaketten bildlich dargestellt.

*Auf der **Eingangspforte** zum Senat kannst du mich und viele andere Tiere entdecken. Welche findest du?*

E ☐☐☐
S ☐☐☐☐☐☐☐
L ☐☐☐☐☐☐
K ☐☐☐☐☐
S ☐☐☐☐☐
Fr ☐☐☐☐
S ☐☐☐☐☐☐☐☐☐☐☐☐

Findest du die Porträts von
Friedrich Klop ☐☐☐☐☐, dem Dichter
Johannes B ☐☐☐☐☐, dem Musiker
Heinrich He ☐☐☐, dem Physiker

Im ersten Stock befindet sich eine Reihe prächtiger Säle, die meist für Empfänge genutzt werden. Der größte Saal des Rathauses ist der **Große Festsaal**. Die 46 Meter lange Halle bietet etwa 900 Gästen Platz und wird für Feiern genutzt. Die Wände schmücken fünf riesige **Gemälde**. Sie zeigen Hamburgs Urlandschaft, Vorgeschichte, Christianisierung, Hansezeit und den Elbhafen. Etwas seltsam wirkt das Bild der Christianisierung, denn es zeigt einen Bischof, dessen Hand ins Leere segnet. Vor ihm kniete ursprünglich ein Hamburger zur Taufe. Doch diese Szene missfiel dem Senat: Ein Hamburger dürfe vor niemandem knien, hieß es. So musste der Täufling übermalt werden.

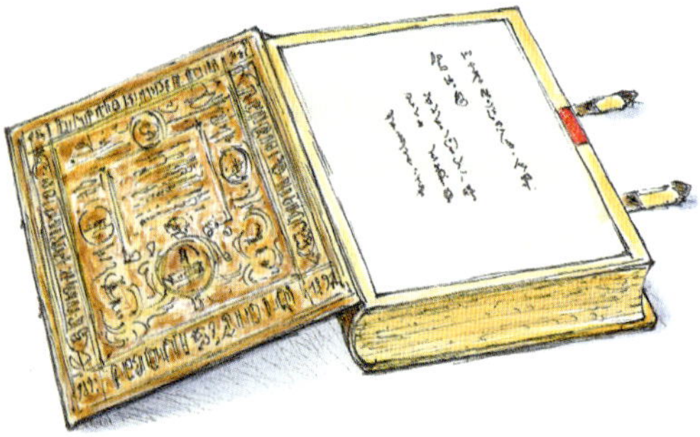

Im **Bürgermeistersaal** tragen sich Ehrengäste in das **Goldene Buch** der Stadt ein. Dabei handelt es sich um eine mit Blattgold verzierte Lederkassette mit losen Blättern.

Das **Waisenzimmer** ist nach 80 Hamburger Waisenkindern benannt, die die Kerbschnitzungen der Wände, Türen und Täfelungen in fünfjähriger Arbeit ausführten. Der **Phönixsaal** erinnert mit der Darstellung des sagenhaften Vogels über dem Bild der ➢ Stadtgöttin Hammonia an den raschen Aufstieg Hamburgs nach dem Großen Brand von 1842.

Übrigens ist im Rathaus ein echter **Schatz** versteckt. Hinter gepanzerten Türen lagern goldene und silberne Pokale, Schüsseln und Humpen, die Hamburg in den vergangenen 100 Jahren als Geschenk erhielt. Manche Kostbarkeiten sind sogar noch älter, wie der Nautilus-Pokal von 1652, der im ➢ Museum für Kunst und Gewerbe zu besichtigen ist.

Der **Kaisersaal** erhielt seinen Namen nach Kaiser Wilhelm II., der das Rathaus noch vor seiner Fertigstellung 1895 besuchte. An den Wänden hängen Porträts verschiedener Hamburger **Bürgermeister**. Sie sind in ihrer bis 1918 offiziellen **Amtstracht** mit spanischer Halskrause, Schnallenschuhen und großem Hut abgebildet.

Den kleinen achteckigen **Turmsaal** schmücken vier Wandgemälde der ältesten Stadtstaaten:

□ □ □ ■ □
■ □ □
□ □ □ □ □ □ □
□ □ □ □ □ ■ □ □ □

Viel zu entdecken gibt es auch im **Innenhof des Rathauses**.

An der dortigen **Rathausfassade** findest du berühmte Hamburger, darunter **Erzbischof Ansgar**.

Die dunkelblauen Buchstaben ergeben in der richtigen Reihenfolge den römischen Schutzgott der Kaufleute:

■ ■ ■ K ■ ■

Seine Statue steht im Treppenhaus der Handelskammer.

Der **Hygieia-Brunnen** ist nach der Göttin der □ □ □ ■ □ □ □ □ □ □ benannt. Er erinnert an die letzte Cholera-Epidemie von 1892, die sich wegen verschmutzten Trinkwassers in Hamburg stark ausbreitete. Früher diente der Brunnen zur Luftkühlung des Rathauses.

Durch das sogenannte **Brautportal** schritt nie eine Braut. Es ist mit den Figuren von □ □ □ ■ und □ □ □ geschmückt.

Woran leckt der Küchenjunge? An einem □ □ □ □ □ □ □

An den Innenhof schließt sich das Gebäude der **Handelskammer** an, in dem bis 2005 die Hamburger **Börse** untergebracht war. Die Nachbarschaft von Rathaus und Börse hat in Hamburg Tradition: Schon die erste Börse von 1558 befand sich neben dem Alten Rathaus. In dem prächtigen Gebäude sowie im Innenhof findet jeden September der **»hamburger familientag«** statt, mit vielen tollen Aktionen für Kinder.

Wer regiert den Stadtstaat?

Das Hamburger Rathaus ist der Sitz von **Senat** (Landesregierung) und **Bürgerschaft** (Landesparlament). Da Hamburg ein Stadtstaat ist, also ein eigenes Bundesland darstellt, befassen sich Senat und Bürgerschaft mit **kommunalen** (gemeindlichen) und **staatlichen Angelegenheiten**. Bürgerschaft und Senat arbeiten im Rathaus auf dem gleichen Stockwerk, allerdings voneinander getrennt: rechts der Senat und links die Bürgerschaft.

Heute darf sich jeder Hamburger und jede Hamburgerin ab dem 18. Lebensjahr zur Wahl stellen. Das war nicht immer so. Im ***Mittelalter*** *hatte man nur die Wahl zwischen wenigen vermögenden (männlichen) Hamburger Bürgern. Auch durften nicht alle Einwohner Hamburgs wählen: Dies war den* ***Bürgern*** *vorbehalten, jenen Männern, die reich genug waren, um das* ***Bürgerrecht*** *zu erwerben. Die Bürger mussten nämlich für die Steuern und die Stadtverteidigung (➢ Festung) aufkommen. Das war eine kostspielige Sache. Das Bürgerrecht für alle Hamburger (und Hamburgerinnen!) gibt es erst seit 1919.*

Was macht die Bürgerschaft?
Die Hamburger Bürgerschaft besteht aus **121 Abgeordneten**, die alle vier Jahre gewählt werden. Ihre Aufgaben sind vielfältig: Sie wählen den **Ersten Bürgermeister**, kontrollieren den Senat und beschließen **Gesetze**. Außerdem prüfen und genehmigen sie die **Finanzen**, also den Haushalt des Stadtstaates.

Die Bürgerschaft tagt im **Plenarsaal**: jeden zweiten Mittwoch und einmal im Monat donnerstags. Hamburg hat ein »Feierabendparlament«: Die Abgeordneten kommen erst nachmittags, also erst nach ihrer normalen Arbeit, ins Rathaus. Die Bürgerschaftssitzungen leitet der **Bürgerschaftspräsident**. Er wird ebenso wie die Vizepräsidenten und Schriftführer von den Abgeordneten für vier Jahre gewählt. Diese Sitzungen sind **öffentlich**: Ihre Termine hängen in der Rathausdiele aus. Infos auch unter
☞ www.hamburgische-buergerschaft.de oder Tel. 42831-2406. Jedes Jahr können 121 Jugendliche zwischen 15 und 21 Jahren die Arbeit der Bürgerschaft genauer kennenlernen, Anmeldung ebenda. Bei der Bürgerschaft erhältst du auch kostenlos die **Pixi-Bücher** »Politik und Demokratie« und »Ich hab eine Freundin, die ist Abgeordnete«.

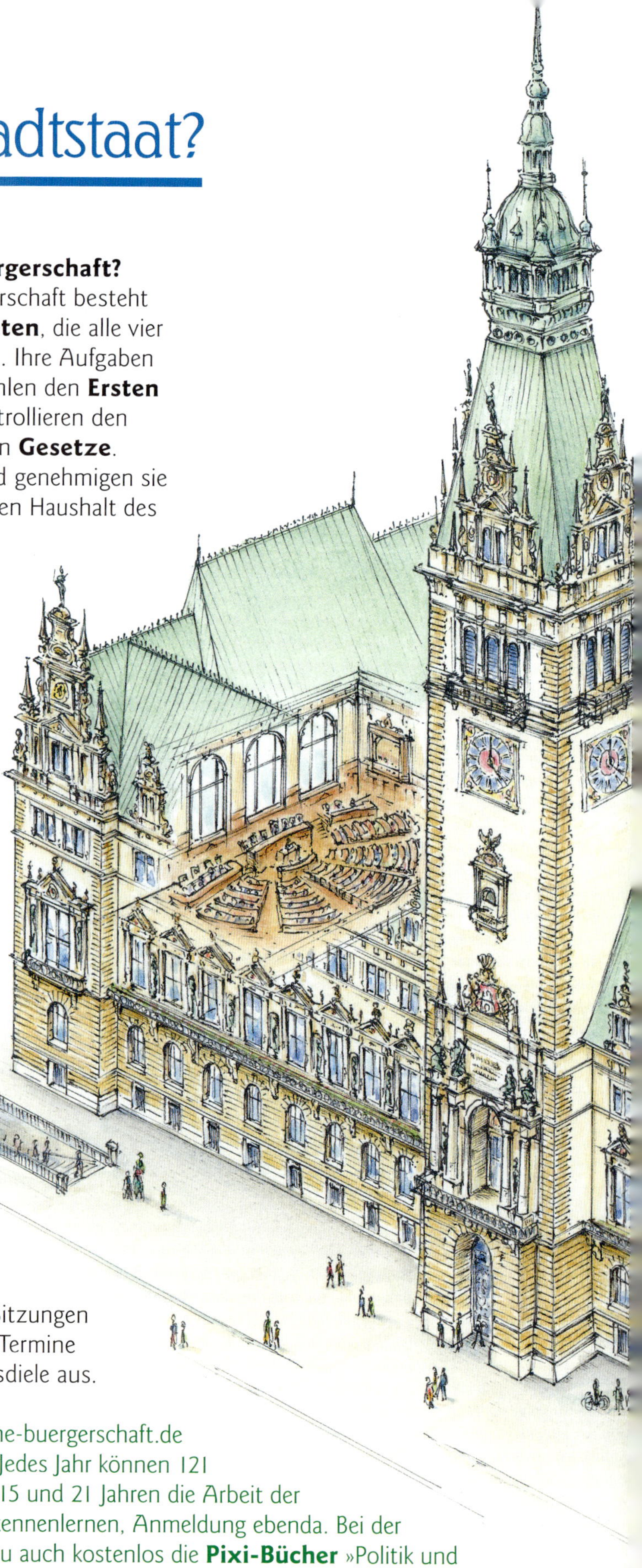

In anderen Bundesländern und in der Bundespolitik heißen die **politischen Gremien** anders als im Stadtstaat Hamburg. Weißt du, wie?

Senatoren nennt man in anderen Bundesländern und in der Bundespolitik □□□□□□□□

Der Senat heißt □□□□□□□□

Die Bürgerschaft bezeichnet man in anderen Bundesländern als □□□□□□□ und in der Bundespolitik als □□□□□□□□□

Der Chef der Landesregierung ist in anderen Bundesländern der □□□□□□□□ präsident und in der Bundespolitik der □□□□□□□□□□□□□

Wenn du die Buchstaben in der vorgegebenen Reihenfolge einfügst, erfährst du den Namen des ältesten noch begangenen Festmahls der Welt (seit 1356), zu dem der Senat jeden Februar einlädt:

das □□□□ H □□□ -Mahl

Was macht der Senat?

Der Senat ist die **Regierung** des Landes; er führt und beaufsichtigt die **Verwaltung**. Geleitet wird der Senat vom **Ersten Bürgermeister**, der für vier Jahre von der Bürgerschaft gewählt wird. Er beruft einen Stellvertreter, den **Zweiten Bürgermeister**, sowie die **Senatoren**, die er auch wieder entlassen kann. Ebenso kann der Erste Bürgermeister entlassen werden – von der Bürgerschaft, falls diese mit seiner Arbeit unzufrieden ist. Offizielle Empfänge finden oft im **Bürgermeisteramtszimmer** statt.

Die **Senatoren** sind die Leiter der Verwaltungsbehörden: Es gibt einen Senator für die Justizbehörde, für die Finanzbehörde, für die Behörde für Soziales und Familie usw.

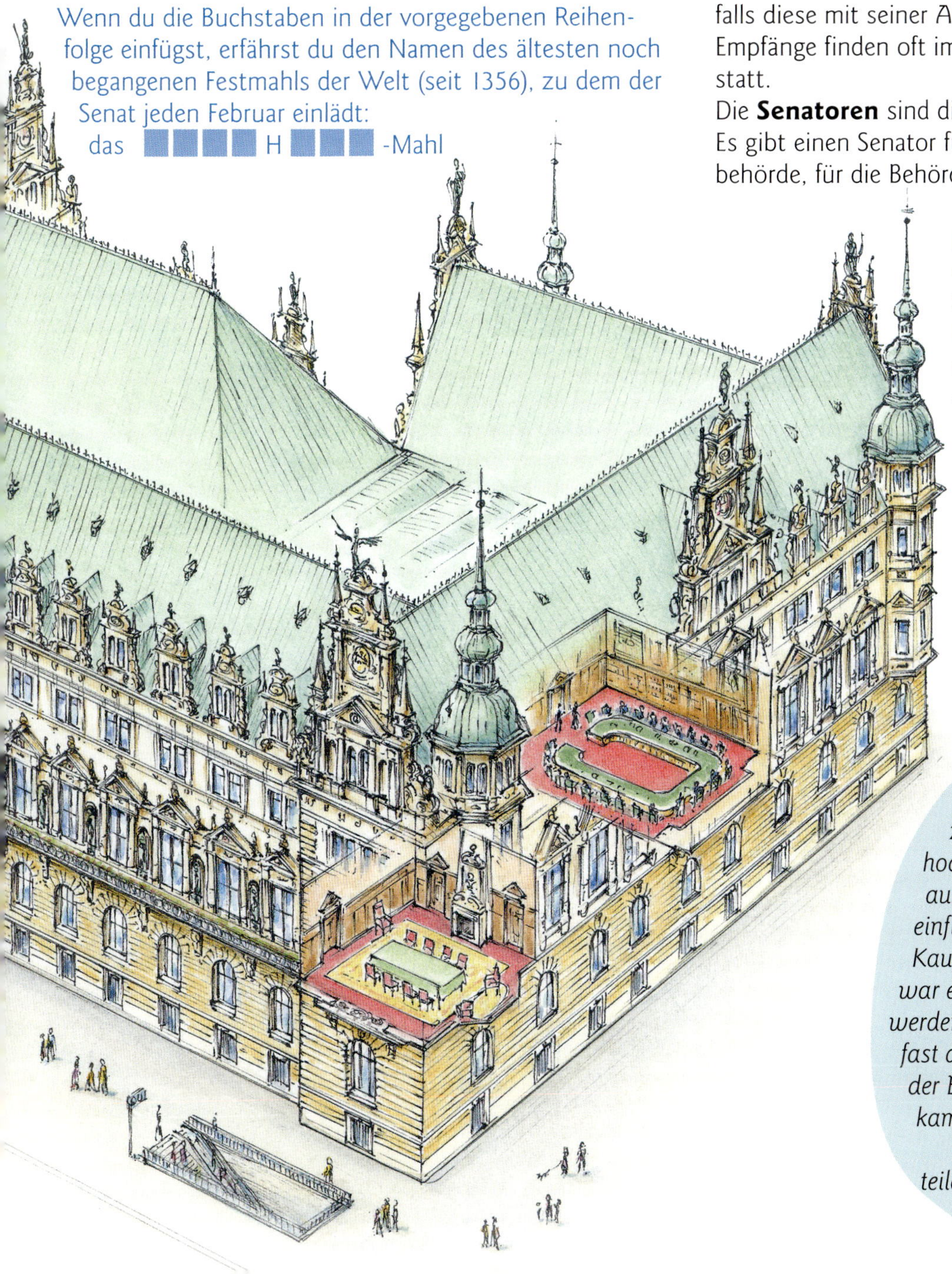

Jeden Dienstag um 11 Uhr treffen sich die Bürgermeister und Senatoren zur **Senatssitzung** in der **Ratsstube**. Die beiden Bürgermeister sitzen dabei unter einem samtgrünen Baldachin, einem kostbaren Dach aus Stoff, auf Stühlen mit erhöhter Lehne. Die Wände sind mit Büffelleder bespannt. Der Raum besitzt keine Fenster nach draußen, und die Sitzung ist nicht öffentlich. Hier werden die Arbeit der verschiedenen Behörden diskutiert und viele wichtige Entscheidungen getroffen.

Einen ***Senat*** *gibt es seit 1216. Er hieß zunächst »hochedler und hochweiser Rat« und bestand aus 20 bis 60 Männern der einflussreichsten Hamburger Kaufmannsfamilien. Frauen war es verboten, Senatorin zu werden. Damals besaß der Rat fast das alleinige Sagen, was der Bürgerschaft missfiel. Es kam mehrfach zu blutigen Unruhen. Seit 1712 teilen sich Rat und Bürgerschaft die Macht.*

Die fünf Hamburger Hauptkirchen

Fünf **Hauptkirchen** prägen das Stadtbild: St. Petri, St. Jacobi, St. Katharinen, St. Nikolai und St. Michaelis. Sie wurden mehrfach durch Brände oder Krieg zerstört, doch immer wieder neu aufgebaut. Nur St. Nikolai wurde nach dem Zweiten Weltkrieg als Ruine belassen – als Mahnmal gegen die Schrecken des Krieges.

Bis 1860 gehörte zu jeder Hauptkirche ein **Kirchspiel**. Diese hatten nicht nur kirchliche, sondern auch politische Aufgaben. Sie waren städtische Verwaltungseinheiten, vergleichbar den heutigen Stadtbezirken. Im 13. Jahrhundert gab es in Hamburg vier Kirchspiele. Mit dem Ausbau der **Neustadt** entstand 1647 St. Michaelis als fünftes Kirchspiel. Es blieb das ärmste: »St. Michaelis de Armen, daröber mag sick Gott erbarmen«, lautet ein bekannter Spruch. Die wohlhabenden Einwohner bevölkerten die Kirchspiele St. Petri und St. Nikolai.

Die **Reformation Martin Luthers** setzte sich in Hamburg 1529 durch: Alle Kirchen der Hansestadt wurden nun **evangelisch-lutherisch**.

Luther hatte vor allem die Ablassbriefe kritisiert, mit deren Hilfe die mittelalterlich-katholische Kirche Sünden ge-

In Vollmacht aller Heiligen und in Erbarmung gegen Dich, absolvire Ich Dich von allen Sünden und Missethaten und erlasse Dir alle Strafen auf zehn Tage.
Johannes Tietzel.

gen Geld erließ. Ebenso hatte er sich gegen die Marien- und Heiligenverehrung, die Autorität des Papstes und die Lesung der Messe in lateinischer Sprache gewandt. Luthers Freund **Johannes Bugenhagen** (1485–1558) förderte die Hamburger Reformation: 1529 formulierte er eine neue Kirchen- und Schulordnung und gründete das **Johanneum**, das erste Gymnasium Hamburgs.

Erst 1785 gestattete der Rat wieder den Bau **katholischer** Kapellen im Stadtgebiet. In den Verfassungen von 1848/49 und 1860 bekamen dann endlich alle Hamburger die gleichen Rechte zugesprochen – unabhängig von ihrer Religionszugehörigkeit.

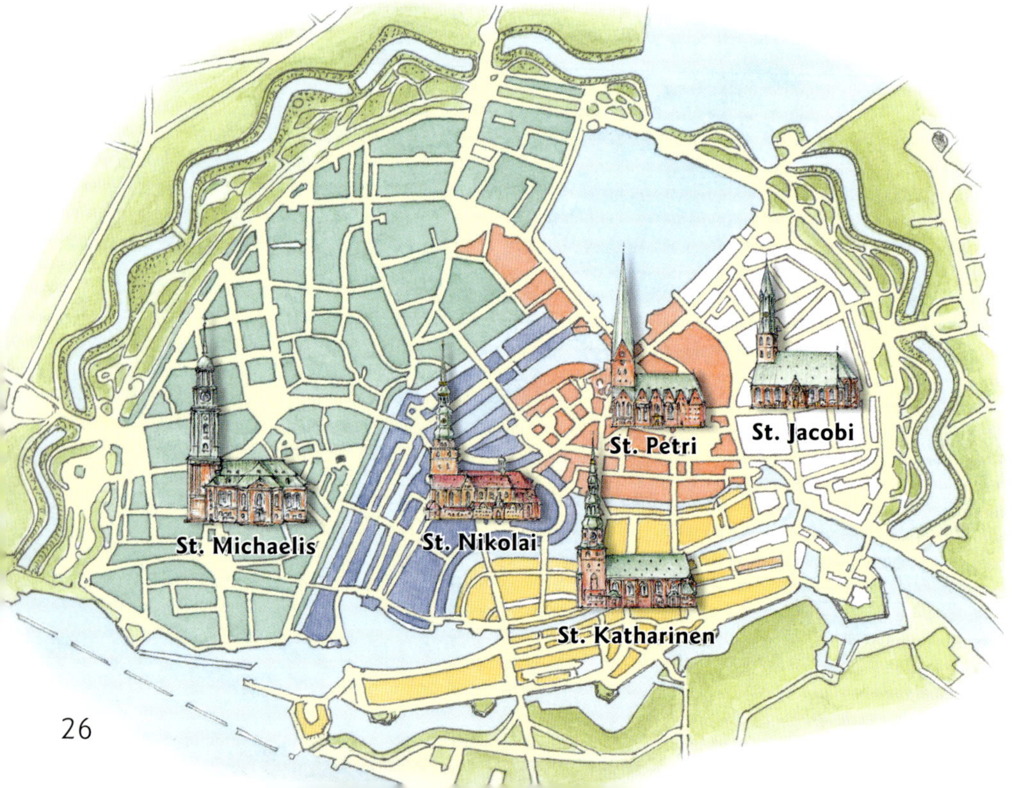

St. Petri – die älteste Kirche

Die älteste Hamburger Hauptkirche, die **St. Petri-Kirche**, wurde 1195 erstmals urkundlich erwähnt: als »Marktkirche«. Die spätere gotische Hallenkirche von 1310–20 wurde beim Großen Brand 1842 völlig zerstört. 1844–49 wurde St. Petri im neugotischen Stil wieder erbaut.

Für St. Petri schuf **Meister Bertram** 1383 einen **Hochaltar**, u.a. mit Szenen der Schöpfungsgeschichte. Das berühmte Werk befindet sich heute in der ➢ Kunsthalle.

Hast du schon einmal **Pferde** in der Kirche gesehen? Das war in St. Petri im Winter 1813/14 der Fall. Die französischen Truppen Napoleons, die Hamburg besetzt hatten, nutzten damals mehrere Hauptkirchen als Ställe.

In der Kirche gibt es zwei Darstellungen von **Erzbischof Ansgar**: ein Bild von 1450 sowie eine Statue aus Eichenholz von 1480.

St. Petri ist nicht nur die älteste Kirche Hamburgs, sie beherbergt auch das **älteste erhaltene Kunstwerk** der Stadt: einen bronzenen Türzieher von 1342 mit ▢▢▢▢▢▢▢▢▢▢

Das Original befindet sich auf der ▢▢▢▢▢▢ Seite des **Hauptportals**.

Den 132 Meter hohen **Turm** von St. Petri kannst du besteigen: Bis zum höchsten **Aussichtspunkt** sind es 123 Meter bzw. 544 Stufen! ☞ Mo–Sa bis 16:30, So bis 15:30 Uhr; Kirchenführung jeden Samstag 15 Uhr

Wie finanzierten die Menschen im Mittelalter die riesigen Kirchen, Frau Meier?

Durch die Spenden der Hamburger Bürger. Die wohlhabenden Kaufleute und Handwerker wollten in ihrem Viertel jeweils eine eigene Kirche haben. Für deren Bau und Ausstattung spendeten sie große Summen. So sind Hamburgs Hauptkirchen eigentlich ***»Bürgerkirchen«****, in denen die Bürger auch mitbestimmen konnten – im Gegensatz zum alten ➢ Mariendom. Auch heute benötigen die Hauptkirchen die tatkräftige Unterstützung der Hamburger: Für 29 Millionen Euro müssen sie in den nächsten Jahren renoviert werden.*

St. Jacobi, St. Katharinen und St. Nikolai

Der dreischiffige Kirchenbau von **St. Jacobi** geht auf das Jahr 1350 zurück. Dreischiffig bedeutet, dass die Kirche einen großen Hauptraum hat, das Mittelschiff, und zwei kleinere Seitenschiffe. Benannt wurde die Kirche nach Apostel _______, dem Schutzheiligen der Pilger und Schiffer. Findest du seine Eichenholz-Statue im Nordschiff?
Was hält er in der Hand? __________

St. Jacobi beherbergt die prächtigste **Barockorgel** Nordeuropas. Der berühmte Orgelbauer **Arp Schnitger** fertigte sie 1689–93 an. Sie verfügt über 4000 Pfeifen, 60 Register und vier Manuale. ☞ Öffentliches Orgelkonzert jeden Donnerstag, 12 Uhr

Neben dem Hauptaltar gab es im Mittelalter etwa **20 Nebenaltäre**, die von verschiedenen Berufsvereinigungen gestiftet wurden. Es gab den Altar der Elbfischer, der Schollenfänger, der Hauszimmerer, der Kohlenträger usw. Der heutige Hauptaltar, der **St. Trinitatis-Altar**, wurde 1518 von den Böttchern in Auftrag gegeben. Den **St. Petri-Altar** stiftete 1508 das Fischeramt. Im Südschiff befindet sich ein weiterer kostbarer Schnitzaltar, der **Lukas-Altar**. Er stammt aus dem abgerissenen ➢ Mariendom. Gestiftet hatten ihn 1499 die Maler, Bildschnitzer und Glaser, deren Schutzpatron Lukas ist. (Der Legende nach soll Lukas die Mutter Jesu gemalt haben.)

Was hält Lukas (im mittleren Bild) in den Händen?
_______ und ______

Auf **St. Jacobis Turm** wurde 1769 der erste **Blitzableiter** Deutschlands errichtet. 1827 erhielt die Kirche einen neuen Turm, den die Hamburger **»Bleistift«** nannten. Im Zweiten Weltkrieg zerstört, wurde 1962 wieder ein neuer Turm errichtet. Er ragt 128 Meter in die Höhe und beherbergt ein **Turmcafé**.
☞ Mai bis Okt, jeweils am ersten Samstag im Monat, 12–18 Uhr

Im 17. und 18. Jahrhundert platzte St. Jacobi aus allen Nähten: Obwohl es sonntags vier Gottesdienste gab, reichten die vorhandenen 900 Sitzplätze nicht aus. Mehrere neue Emporen wurden gebaut, um den Kirchgängern Platz zu bieten. Später wurden sie wieder abgerissen.

Als schönster Kirchturm Hamburgs gilt der Turm von **St. Katharinen**. Seine Spitze ist vergoldet, ebenso die Krone, die ihn schmückt. Um die Herkunft des **Goldes** rankt sich eine Legende: Man glaubte, dass es aus dem **Seeräuberschatz** von ➢ Klaus Störtebeker stammte. Den eleganten Turm kannst du besteigen: Nach knapp 300 Stufen erreichst du in 62 Metern Höhe eine **Aussichtsplattform**. ☞ Turmführungen Sa um 11 Uhr (unregelmäßig), mit Voranmeldung, Tel. 30374730

Als die **dreischiffige Backsteinkirche** im 14. Jahrhundert errichtet wurde, war das Gebiet noch eine sumpfige Insel. Als Fundament nutzte man Findlinge und Eichenstämme. Benannt ist die Kirche nach der sagenhaften zyprischen Königstochter **Katharina**, die schön, mutig und klug gewesen sein soll. Im ägyptischen Alexandria habe sie, so erzählt man, bei einer öffentlichen Diskussion 50 Gelehrte und Philosophen zum Christentum bekehrt – weil sie die besseren Argumente hatte. Obwohl Katharina wahrscheinlich nie gelebt hat, wurde sie im Mittelalter fast so verehrt wie Maria.

Die **Sturmflut**, die 1962 Hamburg überschwemmte, schwappte auch in die Katharinenkirche. Eine Tafel zeigt dir den damaligen Wasserstand an. Findest du sie?

Die frühere Hauptkirche **St. Nikolai** ist heute ein Mahnmal gegen Krieg und Faschismus. Benannt ist sie nach St. Nikolaus, dem Schutzpatron der Seefahrer und Kaufleute. Bis 1353 wurde sie zu einer großen Hallenkirche ausgebaut. Diese wurde beim Großen Brand 1842 ein Opfer der Flammen. Die neu errichtete Kirche (1846–74) wurde durch Bombenangriffe 1943 zerstört. Nach dem Zweiten Weltkrieg wurde die Hauptkirche St. Nikolai in Harvestehude neu erbaut.

Von der alten Kirche ist heute nur noch der Turm erhalten: Mit 145 Metern Höhe ist er der **dritthöchste Steinkirchturm** Deutschlands. Ein gläserner Lift bringt dich zu einer **Aussichtsplattform** in 75 Metern Höhe. ☞ tgl. 10:30–18:30 Uhr

Im Dokumentationszentrum des Mahnmals finden häufig Vorträge und Ausstellungen statt. ☞ Öffnungszeiten: Mo–Fr 10:30–18:30, Sa/So 10–18:30 Uhr

St. Michaelis – Hamburgs Wahrzeichen

Als die Feuerwehr gegen halb drei anrückte, quoll dicker schwarzer Rauch aus dem Turm. Sekundenschnell breiteten sich die Flammen aus. Den Feuerwehrmännern war klar: Der **Turm von St. Michaelis** war nicht mehr zu retten. Um 15:07 Uhr ging ein Aufschrei durch die Menschenmenge: Der 132 Meter hohe Turm neigte sich und stürzte krachend in sich zusammen. Umliegende Fachwerkhäuser wurden von Trümmerteilen getroffen, eine Glutwelle quoll durch die Straßen. Auch das Kirchendach begann zu brennen und stürzte ein. Altar, Kanzel und Orgel wurden von Schutt begraben. Auslöser des verheerenden Brandes am **3. Juli 1906** war ein kleines Feuer, das bei Reparaturarbeiten am Turm entstanden war.

Dass die Hauptkirche St. Michaelis trotzdem noch immer als **schönste Barockkirche Norddeutschlands** und ihr Turm als Wahrzeichen Hamburgs gilt, ist der Tatkraft und Spendenbereitschaft der Hamburger – sowie Menschen aus aller Welt – zu verdanken: Weitgehend originalgetreu konnte der **»Michel«** 1906–12 wieder aufgebaut werden.

Dabei war dies nicht der erste Brand: Schon der **Vorgängerbau** (1648–61) war im Jahr 1750 den Flammen zum Opfer gefallen – ausgelöst durch einen Blitzschlag.
Den heutigen Bau entwarfen 1750 die Baumeister Johann Leonard **Prey** und Ernst Georg **Sonnin**.
Letzterer war ein genialer Erfinder und Eigenbrötler. Schon durch seine Kleidung fiel er auf: Neben Kniehosen und schwarzen Strümpfen trug er einen selbst gemachten Dreispitz sowie einen Galanterie-Degen. Um die verkohlten Mauerreste von St. Michaelis abzutragen, konstruierte er eine raffinierte Abbruchmaschine.

Sonnins **Backsteinbau** wurde 1750–62 in **Kreuzform** errichtet. Der schöne Innenraum ist in den Farben Weiß, Grau und Gold gehalten. Er bietet 2500 Menschen Platz. Kanzel und Taufstein sowie der 20 Meter hohe Altar sind aus

Sonnin stiftete den eisernen **»Gotteskasten«** im Eingangsbereich der Kirche. Es ist ein Spendenkasten für die Armen.

St. Michaelis besitzt **drei Orgeln**. Die größte stammt von 1961 und verfügt über 6665 Pfeifen, 85 Register und fünf Manuale. Bei der täglichen Mittagsandacht von 12 bis 12:15 Uhr sind alle drei Orgeln zu hören.

Spannend ist es, in das **Gruftgewölbe** hinabzusteigen. Das gesamte Kirchenschiff ist **unterkellert** – eine damals revolutionäre Idee von Sonnin. Früher wurden in den 268 Grüften Tote bestattet, was eine wichtige Geldquelle für die Kirche darstellte. Insgesamt 2145 Menschen fanden hier ihre letzte Ruhe, unter ihnen Carl Philipp Emanuel Bach († 1788) sowie Sonnin selbst († 1794). 1812 verboten die französischen Besatzer dann Beerdigungen innerhalb der Kirchen. In der **Dauerausstellung »Michaelitica«** sind einige Überreste des verbrannten Michel ausgestellt. ☞ tgl. 11–16:30 Uhr, Nov–Apr Di und Do geschlossen

Über dem Haupteingang der Kirche wacht seit 1912 der kupferne **Erzengel Michael**. Mit dem Schwert in der Hand bezwingt er den ______

Vom heiligen Michael heißt es, dass er die himmlischen Bücher führt und die Gerichtsurteile vollstreckt. Er ist der **Schutzpatron** vieler Berufsgruppen, u.a. der Ritter, Soldaten, Bäcker, Apotheker und Vergolder.

Der markante **Turm** des Michel wurde nach dem Brand nicht mehr aus Holz, sondern aus Stahl und Eisen errichtet. Außen ist er mit Kupferplatten verkleidet.

Die **Turmuhr** ist mit acht Metern Durchmesser die größte Uhr Deutschlands: Ihr großer Zeiger misst fünf Meter. Zu Fuß oder mit dem Fahrstuhl kannst du zur **Aussichtsplattform** in 82 Metern Höhe gelangen. ☞ Mo–Sa 9–18 Uhr, So 12:30–17:30 Uhr (im Winter 1 Std. früher)

Von hier bläst der **Türmer** täglich einen Choral in alle vier Himmelsrichtungen. ☞ Mo–Sa 10 und 21 Uhr, So 12 Uhr

An der Nordseite des Turms steht ein bronzenes Denkmal des Reformators **Martin Luther**. Die 3,90 Meter hohe Statue wurde 1912 hergestellt. In der linken Hand hält Luther eine _____

Etwa 100 Meter entfernt steht das Denkmal der ➢ Zitronenjette.

Der alte Mariendom

Eine erste **hölzerne** Kirche errichtete wohl schon Erzbischof Ansgar um 834 nahe der Hammaburg. Sie war vielleicht zwölf Meter lang und sechs Meter breit.
Die erste **steinerne** Marienkirche entstand um 1035.
Der große **Mariendom** aus Backstein wurde im 13. Jahrhundert erbaut, als eine dreischiffige Hallenkirche. Er hieß bald einfach nur noch **»Dom«**.

Vor dem Dom und in seiner großen Halle wurden im Mittelalter Märkte abgehalten. Auch Gaukler führten ihre Kunststücke vor. Der Name »Dom« wurde auf diese **Volksfeste** übertragen. Noch heute heißt der große Hamburger Jahrmarkt **Dom**, auch wenn er nun auf dem Heiligengeistfeld stattfindet (➢ Feste). Hier kannst du mit Achterbahn, Riesenrad oder Kettenkarussell fahren.

In den Jahren 1804–07 wurde der Mariendom **abgerissen** und seine **Kunstschätze verscherbelt**. Das kam so: Der Dom und der Dombezirk gehörten seit jeher nicht der Stadt Hamburg. Der Rat besaß hier keine Gerichts- und Steuerhoheit, was ihn sehr störte.
Auch als der Mariendom nach der Reformation 1529 evangelisch wurde, durfte der Rat nicht über ihn verfügen.
Dies änderte sich erst 1803, als der Dom seine Eigenständigkeit verlor. Nun fürchteten die **Ratsherren**, dass die katholische Kirche Anspruch auf den ehemals katholischen Dom erheben könnte, und handelten schnell: Sie erklärten den Dom für baufällig und ließen ihn abreißen. 25.000 Leichen mussten vom Domfriedhof auf den Michaelisfriedhof beim Dammtor umgebettet werden. Die Kunstschätze und Urkunden des Doms wurden verkauft.

Selbst der **Marienaltar von 1499** wurde versteigert und galt lange als verschollen. Erst 1945 wurde er zufällig im Keller des Warschauer Nationalmuseums entdeckt und restauriert.
Die Hamburger protestierten damals nicht gegen den Abriss, da ihnen der Dom »düster« und »unmodern« erschien. Ein Zeitgenosse beschrieb ihn gar als »dunkle fürchterliche Höhle«. Auf dem Platz wurde später das **Johanneum** errichtet. Es fiel 1943 Fliegerbomben zum Opfer.
Seit 2009 befindet sich hier eine **Grünanlage**: In der Nacht leuchtende Bänke (mit Energiesparlampen!) zeigen die einstige Anordnung der Mariendom-Säulen. Einst stand hier der Wall um die **Hammaburg**, wie Archäologen 2014 herausfanden (nachdem sie frühere Grabungen ausgewertet hatten).

Ansgar war ein Benediktiner-Mönch aus Frankreich. Im Alter von 33 Jahren wurde er von Papst Gregor IV. zum ersten Bischof von Hamburg berufen, kurz darauf zum Erzbischof. Nach dem Wikingerüberfall 845 floh Ansgar nach Bremen. Von dort leitete er das neue Erzbistum Bremen-Hamburg. Mehrere Reisen führten ihn nach Skandinavien, wo er viele Menschen zum Christentum bekehrte – daher sein Beiname »Apostel des Nordens«. Nach seinem Tod 865 wurde Ansgar heiliggesprochen; sein Gedenktag ist der 3. Februar. Jedes Jahr findet an diesem Tag in St. Petri eine ökumenische Feier statt.

Binnenalster und Jungfernstieg

Die heutige **Binnen-** und **Außenalster** waren früher ein riesiger Mühlenteich. Sie entstanden, als man im Mittelalter den Alsterfluss zum Betrieb von Mühlen durch zwei **Dämme** aufstaute. Einen originalen Eichenpfahl des Reesendamms findest du auf dem Bahnsteig der Linie U1 (Jungfernstieg).

Das Becken der **Binnenalster** ist so groß wie 25 Fußballfelder. Unter ihm verlaufen mehrere U- und S-Bahn-Linien. Einen schönen Blick auf die Alster und die rund 35 Meter hohe Fontäne hast du vom **Alsterpavillon** (gebaut 1953) sowie von der großen **Freitreppe**, vor der die Alsterdampfer starten.

Nach welchem berühmten ➢ Reeder ist der Ballindamm benannt? □□□□□□ □□□□□□
1899 wurde er Generaldirektor der HAPAG-Reederei.
Das **HAPAG-Gebäude** stammt von 1903. Im Eingangsbereich steht das Modell des Dampfers □□□□□□□□□
Er wurde 1912 in Hamburg gebaut und war mit 277 Metern Länge das größte Schiff der Welt. ☞ Ballindamm 25

Eine schöne Jugendstilfassade besitzt das 1903 errichtete **Heine-Haus**. ☞ Jungfernstieg 34 In dem Vorgängerbau lebte der Bankier Salomon Heine (➢ Juden).

Wie heißt das bekannte Kaufhaus, das 1911/12 am Jungfernstieg 15 erbaut wurde?
□□□□□□□□□□
Am Ballindamm, Nr. □□ steht ein Haus gleichen Namens.
In der Nähe zweigt die Straße **Brandsende** ab (➢ Stadtgeschichte). Findest du sie?

Um 1665 wurden der alte Reesendamm gepflastert und eine Promenade mit 200 Lindenbäumen angelegt. Man nannte sie **Jungfernstieg**: wegen der unverheirateten Töchter, die dort mit ihren Familien entlangspazierten.

Bis Januar 2011 grub der gigantische **Tunnelbohrer VERA** die Trasse für eine neue U-Bahn: die U4 zur HafenCity. Etwa zehn Meter schaffte das 61 Tonnen schwere Schneidrad am Tag. Ende 2012 begann der reguläre Betrieb der U4. »Vera« steht für ☐☐☐ ☐☐☐ ☐☐☐☐ Richtung ☐☐☐☐☐☐

Viele Berühmtheiten übernachten im **Hotel Vier Jahreszeiten**. Hausverbot bekamen einst die Rolling Stones, nachdem sie im Hotel randaliert und sich an die Kronleuchter gehängt hatten. ☞ Neuer Jungfernstieg 9–14

Die **Kleine Alster** früher und heute

An der Treppe zur **Kleinen Alster** steht seit 1931 eine **Stele**, die an die Hamburger Kriegstoten des Ersten Weltkriegs erinnert. An der Rückseite ist ein Relief des berühmten Wedeler ➣ Bildhauers **Ernst Barlach** zu sehen. Da es den Nationalsozialisten zu wenig kriegerisch war, zerstörten sie es. 1949 wurde es rekonstruiert.

Zwischen Jungfernstieg und Rathaus liegt die Kleine Alster mit den malerischen **Alsterarkaden**. Ihre weißen Bogengänge erinnern an Venedig. Entworfen hat sie der Architekt **Alexis de Chateauneuf** nach dem Großen Brand von 1842. Die **Rathausschleuse** am Ende der Kleinen Alster wurde von 1970 bis 1973 errichtet. Per Boot kannst du von hier durch eine weitere Schleuse zur Elbe gelangen.

Rätselrallye durch die Innenstadt

Zwischen **Hauptbahnhof** und **Gänsemarkt** gibt es viele kleine und große **Sehenswürdigkeiten** zu entdecken. Anfang des 20. Jahrhunderts wurde die Innenstadt völlig neu gestaltet: Die alten Fachwerkhäuser wurden abgerissen, mächtige ➢ Kontorhäuser erbaut. Statt enger Gassen entstanden breite Straßen, und 1906 wurde der Hauptbahnhof errichtet. Seit den 1970er Jahren kamen viele **Einkaufspassagen** hinzu.

Die meisten **Straßennamen** der Innenstadt geben dir Hinweise auf ihre frühere Nutzung: Die Großen und Hohen Bleichen waren einst Wiesen, auf denen Wäsche gebleicht wurde. Neuer und Alter Wall dienten der Verteidigung. Manche Namen führen aber auch in die Irre: Am Gänsemarkt gab es nie einen Markt und wohl noch nicht einmal Gänse.

Bei dieser **Rätselrallye** sind dein detektivischer Spürsinn und deine genaue Beobachtungsgabe gefragt. Vielleicht geben dir auch Passanten den einen oder anderen Tipp. Schreibe die gesuchten Wörter ohne Bindestrich und Leerzeichen in das Rätsel. Viel Spaß!

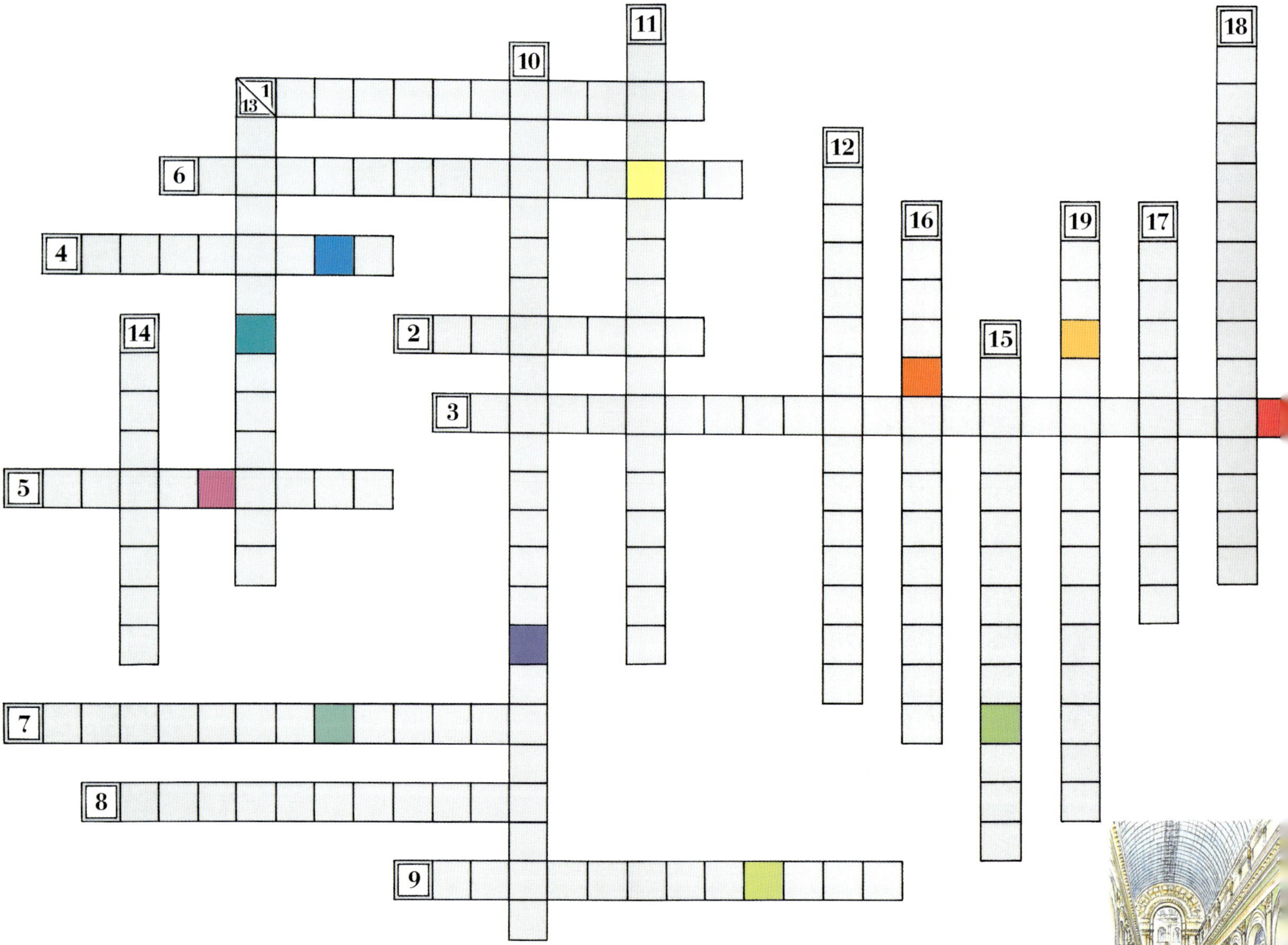

Die bunten Buchstaben ergeben den Namen der ersten Hamburger Passage von 1843.

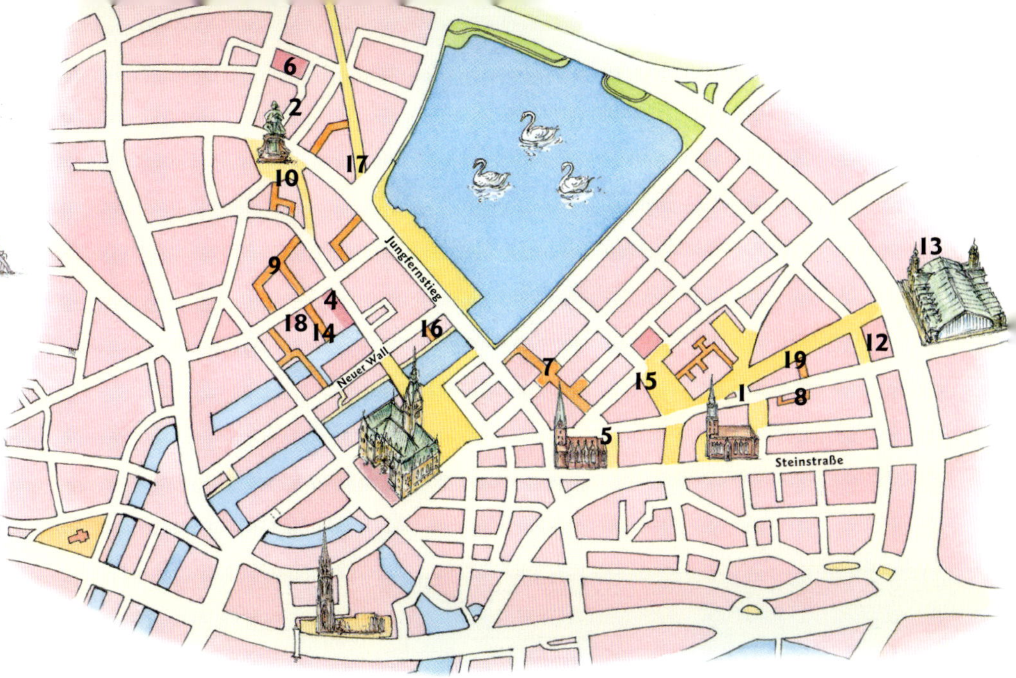

Waagerecht:

1. Findest du das Denkmal des langjährigen Hamburger Bürgermeisters Mönckeberg (1839–1908)? Wie lauten seine Vornamen?
2. Im 17. Jahrhundert wurde ein wichtiges Baumaterial beim Gänsemarkt gelagert. Noch heute ist eine Seitenstraße nach dem Lagerplatz benannt.
3. Zwischen zwei Musikern kam es 1704 auf dem Gänsemarkt zu einem Degenduell. Einen von ihnen findest du auf der Seite der ➢ Musiker.
4. Wie heißt das helle Backsteingebäude, das Alexis de Chateauneuf 1845–47 im Stil italienischer Paläste entwarf?
5. Wie heißt das Gebäude, das 1910/11 im niederländischen Stil erbaut wurde?

9. In welcher Passage sind bronzene Bilder in den roten Klinkerboden eingelassen, die an die Hansezeit erinnern? Sie sehen toll aus!

14. Wie heißt diese schöne Ladenpassage von 1983?
15. Die Skulptur deutet darauf hin, dass hier einst ein Pferdemarkt war. Welches Theater befindet sich auf der anderen Straßenseite?

16. Wo findest du diese Deckenmalerei?

6. In welcher Straße befindet sich die Staatsoper?
7. Wie heißt die Passage, die erst 2006 eröffnet wurde und in der du über 120 Läden findest?
8. Über dem Eingang welcher Passage erhebt sich dieser Zentaur?

Senkrecht:

10. Wessen Denkmal steht auf dem Gänsemarkt?
11. 1770 wurde am Gänsemarkt erstmals Zahlenlotto gespielt. Das Lotto-Gebäude errichtete der ➢ Michel-Erbauer. Wie heißt er?
12. Auf dem Dach welchen Kaufhauses gibt es einen Sportplatz mit Tartanbahn?
13. Welcher Hamburger Bahnhof besitzt mit 37 Metern Höhe, 73 Metern Weite und 121 Metern Länge die größte Bahnhofshalle Deutschlands?

17. Diese Fußgängerzone war einst eine Privatstraße reicher Hamburger Unternehmer.
18. Welches Theater in den Großen Bleichen ist für seine plattdüütschen Volksstücke berühmt?
19. In welcher Straße steht dieser Superman? Achtung: in die Höhe schauen!

Stadt der Brücken

Keine europäische Stadt hat so viele Brücken wie Hamburg: Mit etwa 2500 besitzt Hamburg mehr Brücken als Venedig und Amsterdam zusammen. Neben 880 Straßenbrücken und 457 Fußgängerbrücken gibt es noch mehr als 1000 Eisenbahn-, Hochbahn- und Hafenbrücken. Im Mittelalter wurden alle Brücken aus **Holz** gebaut, erst seit dem 15. Jahrhundert entstanden einige in massiver **Steinbauweise**. Heute gibt es auch Brücken aus Eisen und Stahlbeton sowie Stahlseilbrücken.

Auf hölzernen Pfählen gründet die **Ellerntorsbrücke**, Hamburgs zweitälteste erhaltene Brücke aus dem Jahr 1668. Jahrhundertelang diente sie als direkte Verbindung zwischen Hamburg und Altona.

An der **Trostbrücke** befand sich das alte Stadtzentrum. Sie stellte einst die Verbindung zwischen Alt- und Neustadt dar, zwischen der bischöflichen und der gräflichen Stadt. Dies symbolisieren die Statuen von Erzbischof und Graf Adolf III. Sie wurden 1881/82 errichtet.

Die höchste Brücke Hamburgs ist die 1974 eröffnete **Köhlbrandbrücke**. Ihre Fahrbahn verläuft 54 Meter über dem Wasser; ihre beiden Pfeiler, die Pylonen, ragen 135 Meter hoch. Mit 88 Stahlseilen hängt die Brücke an diesen Pfeilern. Getragen wird die vierspurige Fahrbahn zudem von 75 Stahlbetonpfeilern, die auf Pfählen errichtet wurden.

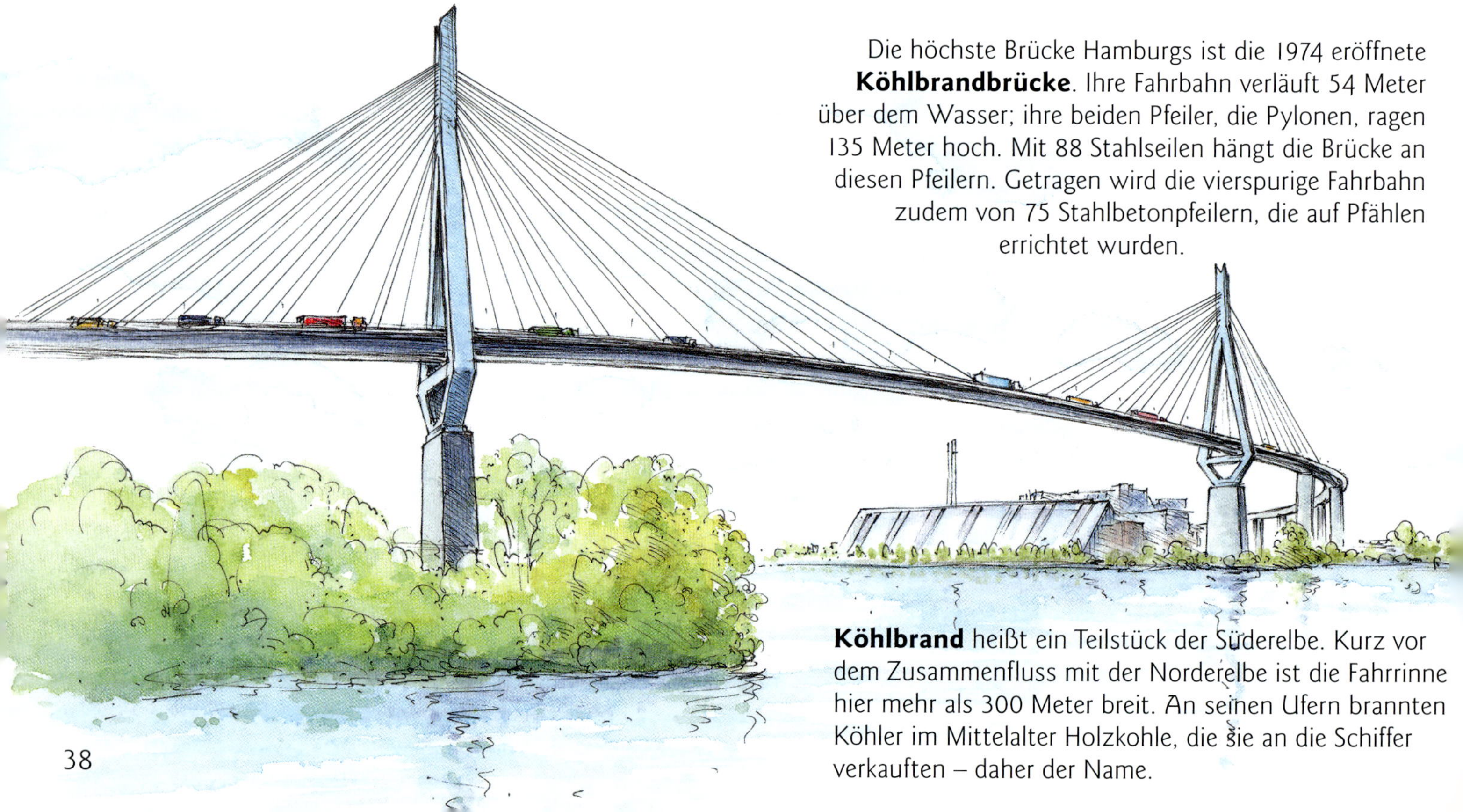

Köhlbrand heißt ein Teilstück der Süderelbe. Kurz vor dem Zusammenfluss mit der Norderelbe ist die Fahrrinne hier mehr als 300 Meter breit. An seinen Ufern brannten Köhler im Mittelalter Holzkohle, die sie an die Schiffer verkauften – daher der Name.

*Vor dem Bau der **Norderelbbrücke** gab es in Hamburg keine Brücke über die Elbe! Die Reise von Hamburg nach Harburg war sehr aufwendig, wie ein Reisender 1861 erzählte: »Die Fahrt mit dem Dampfer dauert ein bis zwei Stunden. Wenn die Fähren im Winter nicht mehr durch das Treibeis kommen, muss man übers Eis laufen. Das Gepäck wird dann auf Eiskähnen mit Schlittenkufen transportiert.«*

Die **Lombardsbrücke** war zunächst eine schmale Holzbrücke. Sie wurde um 1616 erbaut, als ein Damm für die neue ➢ Stadtbefestigung zwischen Binnen- und Außenalster errichtet wurde. Benannt ist die Brücke nach einem ehemals dort gelegenen Leihhaus (Lombard). Wer knapp bei Kasse war, konnte darin Edelsteine, Silber oder Kleidung hinterlegen und erhielt dann fünf Prozent des Wertes ausgezahlt. 1868 wurde die Holzbrücke durch eine steinerne Brücke ersetzt, die mit Ornamenten und besonderen Leuchten, den Kandelabern, geschmückt ist.

Über dem Mittelpfeiler begrüßte eine riesige Möwe die Ankommenden.

1887 wurde die **Norderelbbrücke** eingeweiht. Sie besaß zwei imposante **Portale**, die an mittelalterliche Stadttore erinnerten. Ihre Türme waren rund 20 Meter hoch. Bereits 1872 war eine **Eisenbahnbrücke** über die Norderelbe errichtet worden, die Hamburg an das neue Eisenbahnnetz anschloss. 1957 wurden beide Brücken abgerissen und bis 1960 neu erbaut.

Die schmiedeeiserne **Brooksbrücke** von 1888 überspannt den Zollkanal und führt in die ➢ Speicherstadt.

Zukunftsmusik: Wenn das Projekt genehmigt wird, wird die Norderelbe in einigen Jahren von einer ganz besonderen Brücke überspannt, der sogenannten **Living Bridge** (etwa: »lebendige Brücke«). Das 750 Meter lange Bauwerk soll aus zwei Ebenen bestehen: Über der Straßenbrücke sind Wohnhäuser, Einkaufsläden, Restaurants, Museen und ein Park geplant.

Kannst du diese Details der richtigen Brücke zuordnen?

-brücke

-brücke

-brücke

Kreuz und quer auf der Außenalster

Wie ein See liegt die **Außenalster** inmitten der Stadt. Hier kannst du im Sommer segeln, rudern, paddeln oder Tretboot fahren. Du kannst sie aber auch zu Fuß oder mit dem Rad umrunden: Der Weg ist 7,4 Kilometer lang.

Ja, sehr viele. Aufgrund der guten Wasserqualität gibt es zahlreiche Fischarten, u.a. Barsche, Aale, Zander und Schleien. Sie lauern oft an Brücken und Seerosenfeldern. Auch gedeihen hier mächtige Karpfen. Sie fressen vor allem Muscheln und werden bis zu zehn Kilo schwer. Zudem räubern Hechte hier. Sie können bis zu 1,25 Meter lang werden.

Im **Mittelalter** war die Außenalster wenig beliebt, ihre Ufer waren unwegsam und häufig überschwemmt. In der **Neuzeit** änderte sich dies: Aus dem Jahr 1794 heißt es, dass »Menschen aus allen Ständen« mit Booten die Alster befuhren. Die **Mietboote** mit Verdeck und Tisch nannte man »Spielschüten« oder »Lustschüten«. 1859 eröffnete das Dampfboot »Alina« den regelmäßigen Fährverkehr. 1984 wurde die Linienschifffahrt eingestellt.

Moin, Frau Meier, gibt es viele Fische in der Außenalster?

Heute bietet die **Alster-Touristik** mit ihren 17 Schiffen viele Ausflugsfahrten in die umliegenden Kanäle (➢ Bootstouren). Seit Sommer 2008 betreibt sie den weltweit ersten **Brennstoffdampfer**, genannt »Alsterwasser«. Das Boot ist sehr umweltfreundlich: Es bläst nur Wasserdampf in die Luft.

An der Alster und den umliegenden Kanälen kannst du Kanus, Ruderboote, Tretboote usw. mieten (➢ Bootsverleih). Aber Achtung: Alsterdampfer haben immer Vorfahrt!

Wenn die bis zu 2,8 Meter tiefe Außenalster im Winter zufriert, strömen viele Menschen auf das Eis. Eine alte Faustregel lautet: Nach zehn Tagen bei -10° C kann man das Eis betreten.

Der Elbe Schifffahrt macht uns reicher, die Alster lehrt gesellig sein!

FRIEDRICH VON HAGEDORN
Hamburger Dichter 1708–1754

Ausflüge in die Kanäle

Von der Außenalster kommst du per Boot in viele Kanäle (➢ Wasserkarte). Über den **Goldbekkanal** gelangst du sogar bis zum Stadtparksee. Unterwegs kann man in mehreren Cafés einkehren, wie dem »Bootsmann« beim **Goldbekhaus**, einem beliebten Stadtteilzentrum, oder dem »Cafe Canale« im Mühlenkampkanal, das sogar einen »Drive-in« hat (➢ süße Seite).

An die Alsterausbuchtung **Langer Zug** schließt sich der **Osterbekkanal** an. Von hier kannst du durch altes Industriegebiet bis zum ➢ Museum der Arbeit nach Barmbek schippern.

Auf der Alster fährt noch ein echter alter Dampfer: die **»St. Georg«** von 1876 (➢ Bootstouren).

Vogelparadies Außenalster

Nicht nur Menschen, auch Tiere schätzen das städtische Wasserparadies. Weiden, Erlen und der Röhrichtstreifen bieten einen reichhaltigen Lebensraum. Besonders **Wasservögel** finden zwischen Schilf, Binsen und Rohrkolben ideale Brutplätze. Auch ohne Fernglas kannst du sie gut beobachten.

Die Liebe der Hamburger zu den **Schwänen** hat Tradition. Bereits im 11. Jahrhundert zierte ein kampfeslustiger, gekrönter Schwan das ➢ Wappen der Schauenburger Grafen. Als Hamburg um 1400 zur selbstständigen Stadt wurde, nahm sie für sich das Halten von Schwänen in Anspruch – ein Privileg, das damals nur Herzögen, Grafen und Königen zustand. Im Jahr 1664 stellte der Hamburger Rat die **Höckerschwäne** unter besonderen Schutz: Ihre »Beleidigung, Verletzung oder Tötung« wurde bei Strafe verboten.

Auch **Singschwäne** leben hier. Allerdings sind sie selten auf der Außenalster zu sehen, denn sie brüten an den nördlichen Alsterläufen. Typisch sind ihre lauten, trompetenartigen Rufe.

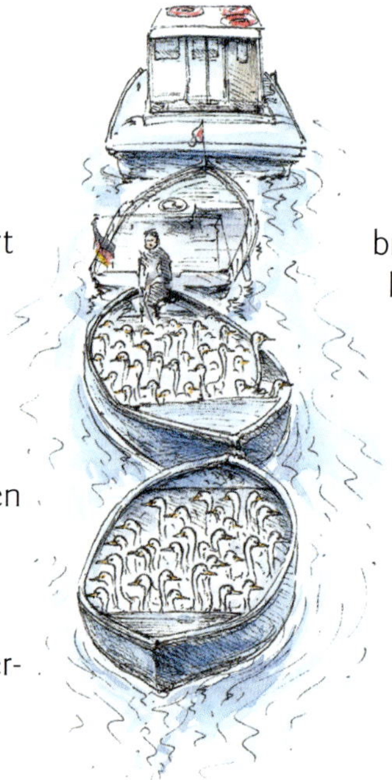

Im 19. Jahrhundert wurde das Amt eines **Schwanenwarts** eingeführt. Noch heute kümmert sich der »Schwanenvater« im Auftrag der Stadt um die etwa 120 Schwäne. Mithilfe mehrerer Boote fängt er sie im November ein und bringt sie ins **Winterquartier** zum Eppendorfer Mühlenteich, der für sie eisfrei gehalten wird. Stimmungsvoll ist ihre Freilassung im Frühjahr, wenn sie in einer langen Reihe ihrer Freiheit entgegenschwimmen.

Doch nicht alle Höckerschwäne, die du im Sommer siehst, sind geborene Alsterschwäne. An den Alster-Ufern rasten auch Schwäne aus anderen europäischen Ländern – als Touristen auf der Durchreise sozusagen.

1904 verankerten die Hamburger inmitten der Binnenalster ein schmuckes **Futterhaus**. Es brannte allerdings bald ab.

Haubentaucher sind sehr gute Taucher und jagen kleine Fische. Obwohl die Jungvögel ab ihrem ersten Lebenstag schwimmen können, lassen sie sich gerne auf dem Rücken der Eltern nieder. Selbst zur Unterwasserjagd werden sie so mitgenommen.

Die **Kanadagans** war ursprünglich nur in Nordamerika verbreitet. Nach Europa wurde sie im 17. Jahrhundert eingeführt. Sie ernährt sich von Gräsern und Wasserpflanzen.

Ein sehr guter Taucher ist der **Kormoran**. Durch sein ungefettetes, nicht wasserabweisendes Gefieder hat er wenig Auftrieb und kommt unter Wasser schnell voran. Allerdings wird er bei seinen Tauchgängen richtig nass und muss danach die Flügel ausgebreitet trocknen lassen.

Blässrallen, auch **Blässhühner** genannt, fressen fast alles: Gras, Algen, Muscheln und Schnecken. Ihre Küken sehen sehr lustig aus: Mit ihrem roten Kopf und ihrem zauseligen »Haarkranz« erinnern sie fast an einen Clown.

Das **Teichhuhn** besitzt gelbgrüne Beine mit erstaunlich langen Zehen, mit denen es gut über Schwimmpflanzen laufen kann.

Die häufigste heimische Entenart ist die **Stockente**. Sie besitzt etwa 10.000 Daunen und Deckfedern, die sie vor Nässe und Kälte schützen.

Der **Graureiher** verspeist nicht nur Fische und Frösche, sondern auch Mäuse und Maulwürfe, an die er sich langsam heranpirscht.

Die recht zutraulichen **Graugänse** zeigen Familiensinn: Grauganspaare bleiben ein Leben lang zusammen, und die Jungen verlassen ihre Eltern erst bei der nächsten Brut.

Rallye rund um die Außenalster

Diese Rallye führt dich einmal um die Außenalster, und zwar entgegen dem Uhrzeigersinn. Im Norden liegt der **Eichenpark**. Dort erinnert ein Denkmal an den Hamburger ➢ Dichter

__________ von __________

Viele Bäume des Eichenparks sind mehr als 250 Jahre alt. Eine der ältesten Eichen Hamburgs steht auf dem nahen **Licentiatenberg**: Sie ist über 400 Jahre alt, ihr Stammumfang beträgt sieben Meter.

Entlang des Nordwestufers erstreckt sich der 1953 angelegte **Alsterpark**. Hier sind mehrere Kunstwerke aufgestellt, darunter die »Drachensteigenlassenden Kinder« (1963). Aus welchem Material sind sie? ______

Wenn du die steil ansteigende **Milchstraße** hinaufgehst, gelangst du zur ➢ Jugendmusikschule, wo des Öfteren Kinderkonzerte stattfinden. Die Straße hat ihren Namen von den früher hier lebenden Milchhändlern.

Welche Farbe haben die Brillengläser des **Raben**?

____

Die **Wasserschutzpolizei** patrouilliert regelmäßig mit ihrem 13 Meter langen **Streifenboot WS 19** auf der Alster. Wie heißt das Kommissariat nahe dem Fähranleger **Rabenstraße**?

__________________ kommissariat

Um 1800 begannen reiche Hamburger Bürger, entlang der Außenalster **große Landsitze** zu bauen. Die älteste erhaltene Villa ist die **»Sloman-Burg«** von 1848, benannt nach ihrem ersten Besitzer, einem englischen ➢ Reeder. ☞ Harvestehuder Weg 5–6

Findest du im Buch den Namen des Reeders?

______ Miles ______

Auch Hamburg hat sein **»Weißes Haus«** – beinahe wie in Washington. Wenn du genau hinschaust, erkennst du, dass es sich eigentlich um zwei Häuser handelt. Martin Haller errichtete sie Ende des 19. Jahrhunderts. Von 1950 bis 2016 wurden sie von den **USA** als Generalkonsulat genutzt. Der 1950 ergänzte **Säulenvorbau** erinnert an den Regierungssitz des US-Präsidenten. Die diplomatischen Beziehungen Hamburgs zu den USA gehen auf das Jahr 1790 zurück. ☞ Alsterufer 25–27

● =Bootsvermietung

Die iranisch-schiitische **Moschee** wurde 1963–69 errichtet. Hier liegt einer der größten Rundteppiche, der je in Iran gefertigt wurde. ☞ Schöne Aussicht 36
Wie heißt die Moschee?

Am Ufer vor dem Mundsburger Kanal steht in luftiger Höhe eine **Bronzegruppe** (1953) von Edwin Scharff.
Wie heißt die Skulptur?

Rund 100 Meter weiter nördlich findest du mehrere **Schaukeln** mit einem tollen Blick auf Hamburg.

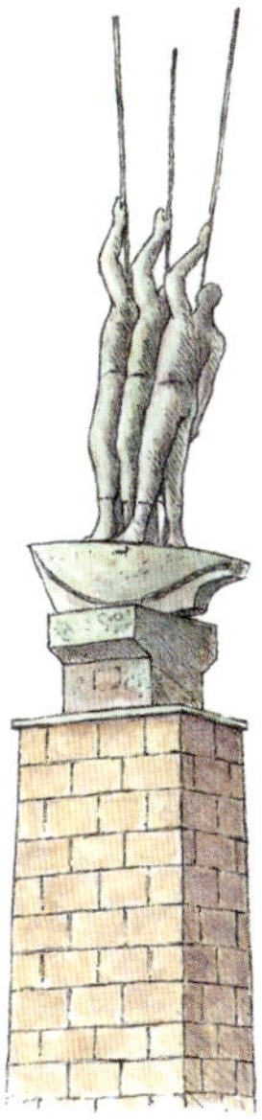

In einem prachtvollen Stadthaus aus dem Jahr 1868 ist das ➢ **Literaturhaus** untergebracht. Hier finden auch Veranstaltungen für Kinder und Jugendliche statt. In welcher Straße steht es?

Seit 1993 steht nahe der Hohenfelder Brücke ein **Mann auf dem Wasser** (außer im Winter). Gefertigt hat ihn der Bildhauer Stephan Balkenhol aus einem Eichenstamm.

Nahe dem Café Alsterperle und dem Literaturhaus steht dieses Denkmal. Welchem Hamburger ➢ Dichter ist es gewidmet?

Vor der Gurlittinsel steht ein **Fahrradzähler**. Die blaue Säule zählt jedes vorbeifahrende Fahrrad – im Sommer sind es werktags bis zu 11.000 Räder.

Das noble **Hotel Atlantic** eröffnete 1909. 1997 diente es als Kulisse für den James-Bond-Film »Der Morgen stirbt nie«. ☞ An der Alster 72–77

Wenn du die Buchstaben richtig ergänzt, erfährst du den Namen der **chinesischen Stadt**, die von Hamburger Architekten völlig neu erbaut wird – mit einem der Außenalster nachempfundenen See in ihrer Mitte.

L _ N _ _ _ G
_ _ _ _ _ _ y

Auf dem Weg zur Alsterquelle

Die Alster entspringt etwa 24 Kilometer Luftlinie von Hamburg entfernt in einem **Moor**, rund drei Kilometer südlich von Henstedt-Ulzburg. Dort befindet sich eine Bronzescheibe mit der Aufschrift **»Quellgrund der Alster«**. Auf ihrem Weg nach Hamburg legt die Alster ganze 56 Kilometer zurück, da sie sich kurvenreich durch Wiesen, Moor und Heide schlängelt.

Seit dem Mittelalter war die Alster für Hamburg ein wichtiger **Verkehrsweg**. Damals besaßen Wasserwege eine große Bedeutung, da es noch keine befestigten Straßen gab – Regen und Tauwetter machten die Wege häufig unpassierbar. Zunächst diente die Alster zum **Flößen** des Holzes, das an den damals noch dicht bewaldeten Ufern geschlagen wurde.
Später transportierten flache **Lastkähne** (»Alsterschuten«) u.a. Kalk, Glas, Torf und Schnaps zum Hamburger Binnenhafen. Die Fahrtzeit von Stegen nach Hamburg betrug etwa zwei bis drei Tage.

Die Alster für Schiffe nutzbar zu machen war nicht leicht: Um eine genügende Wassertiefe zu erreichen, baute man zahlreiche **Schleusen**. Da sie aus Holz waren, mussten sie ständig repariert werden. Die Bedienung der Schleusen überwachten die Schleusenwärter, die dafür von den Alsterschiffern Abgaben erhielten.

Stromabwärts fuhren die Lastkähne durch die Strömung oder den Wind. Stromaufwärts mussten sie durch Menschen oder Zugtiere an Seilen (= *Leinen*) gezogen werden. Diese Tätigkeit nannte man **treideln**; sie wurde häufig von Frauen ausgeführt.

Die Wege, die für die Treidler am Flussufer angelegt wurden, hießen **Leinpfad** – diesen Namen trägt noch heute eine Hamburger Straße.

Auf dem **Alsterwanderweg** kannst du von der Quelle bis zur Binnenalster wandern oder radeln. Auf Hamburger Gebiet führt der Weg meist direkt an der Alster entlang. Paddeln oder Kanu fahren ist auch möglich. Der nördlichste Punkt, wo du ein Boot einsetzen kannst, ist eine Straßenbrücke an der B 432 zwischen Kayhude und Nahe – wenn es der Wasserstand erlaubt. Von hier kannst du, mit entsprechender Muskelkraft, durch insgesamt **zehn Schleusen und Wehre** bis zur Elbe gelangen.

Von den bis heute erhaltenen Alsterschleusen wurde nur die **Mellingburger Schleuse** rekonstruiert und aus Holz wieder aufgebaut. Sie stammt von 1528/29. Wie an allen großen Alsterschleusen kannst du hier eine **Fischtreppe** bestaunen. Es gibt auch eine Gastwirtschaft. ☞ Mellingburgredder 1

Idealer Ausgangspunkt für Spaziergänge und Bootstouren ist die **Poppenbütteler Schleuse**, wo es einen ➢ Bootsverleih gibt. Im reetgedeckten **Schleusenmeisterhaus** von 1823 befindet sich ein Restaurant.

In **Duvenstedt** gibt es zwei Kinderbuchverlage (➢ Medien). Sie veröffentlichen die Bücher von Astrid Lindgren und Erich Kästner. Auch das »Sams« und »Petterson und Findus« erscheinen hier.

Ab **Ohlsdorf** ist die Alster **kanalisiert**.

Sehr malerisch liegt das **Gut Wellingsbüttel**. Sein **Torhaus** von 1757 diente einst als Pferdestall und Wohnstätte für Bedienstete. Heute ist hier das ➢ **Alstertal-Museum** untergebracht. Das weiße Herrenhaus von 1750, dessen Fassade Martin Haller umgestaltete, ist nicht zu besichtigen. Das Gut wurde im Jahr 1296 erstmals urkundlich erwähnt.

Die Fleete: auf Wasserstraßen durch Hamburg

Im Mittelalter sah Hamburg ähnlich aus wie Venedig oder Amsterdam: Es war von zahlreichen **Wasserstraßen** durchzogen. Diese **Fleete** waren direkt mit der Elbe und dem Hafen verbunden. Deshalb schwankt ihr Wasserstand mit der Tide – sofern er nicht durch Schleusen reguliert wird. Die Fleete wurden seit dem 9. Jahrhundert aus den Mündungsarmen von Alster und Bille angelegt.

Bis ins 19. Jahrhundert wurde fast der gesamte Hamburger **Waren-** und **Marktverkehr** auf den Fleeten abgewickelt. Befahren wurden sie mit Ewern und Schuten. **Ewer** sind etwa zwölf Meter lange, flache Frachtsegler. Sie brachten zum Beispiel Gemüse, Obst und Blumen aus den ➣ Vierlanden und dem ➣ Alten Land nach Hamburg.

Schuten sind breite Boote ohne Kiel und Motor. Früher handelte es sich meist um abgetakelte Ewer, deshalb nannte man die Führer einer Schute auch **»Ewerführer«**. In flachem Gewässer stakt der Ewerführer die Schute mit einem **Peekhaken**. Sonst wird die Schute von kleinen Hafenschleppern gezogen. Eine 1913 erbaute Kastenschute kannst du im **Nikolaifleet** von Mai bis Oktober besichtigen.

*Ein **Fleet** ist ein schiffbarer Wasserlauf im Bereich einer Stadt. Im 18. Jahrhundert gab es in Hamburg **29 Fleete**. Die Qualität des Wassers, das auch als **Trinkwasser** genutzt wurde, war sehr schlecht, denn die Hamburger ließen einfach ihren Müll und den Inhalt ihrer Nachttöpfe in die Fleete fallen. Auch die Abfälle der Knochenhauer landeten dort. Dennoch gab es im Jahr 1517 an Hamburgs Fleeten 531 **Bierbrauereien**. Bei der Bierherstellung wird das Wasser allerdings abgekocht, sodass es weniger Keime enthält. Deshalb bekamen sogar Kinder damals Bier zu trinken!*

Die **Fleetenkieker** hatten die Aufgabe, Fahrwassertiefe und Sauberkeit der Fleete zu überwachen. Auffällig waren ihre langen Watstiefel. Später nannte man so auch die privaten Müllsammler, die bei Ebbe den Fleetgrund nach Verwertbarem absuchten. Sie waren meist sehr arm. ***Fleeten*** ist übrigens plattdüütsch und heißt □□□□□□□□ ***kieken*** bedeutet □□□□□□

Seit 1875 wurden die meisten Fleete **zugeschüttet**. Die neu entstandenen Flächen nutzte man für den Straßen- und Häuserbau und für den Bau der neuen U-Bahn (1906–12). Auf dem Bild sieht man, wie Arbeiter das Fleet am Rödingsmarkt auffüllen (1886).

Heute existieren in der Innenstadt nur noch wenige Fleete. Mit flachen Booten kannst du sie erkunden (➢ Bootstouren).

Im 19. Jahrhundert übernahm ein modernes **Siel-** und **Wasserversorgungswerk** die Aufgabe der Fleete. Damals waren Fahrten durch die neuen Abwasserkanäle äußerst beliebt. Sielwärter spendeten den unterirdisch Reisenden Licht; zu besonderen Gelegenheiten hallten Männergesänge in den dunklen Gängen wider. Heute bietet das ➢ Abwasser- und Sielmuseum Führungen durch Teile des insgesamt 5000 Kilometer langen Sielnetzes an.

Das **Nikolaifleet** ist eines der letzten historischen Alsterfleete. Hier befand sich im Mittelalter Hamburgs **Hafen**. Bei Ebbe fällt das Fleet weitgehend trocken. Sehenswert sind auch die Fassaden der historischen ➢ Kaufmannshäuser (Deichstraße).

Seit 1994 hält der Verein **»De Fleetenkieker«** Alster und Fleete sauber. Auf seinen flachen Holzbooten kann deine Schulklasse mitfahren und mit Käschern und Greifern helfen, Unrat einzusammeln – das **»Alstergold«**.
☞ De Fleetenkieker e.V., Großheidestraße, Ecke Kaemmererufer, Tel. 0162-5934542

Festung und Stadttore

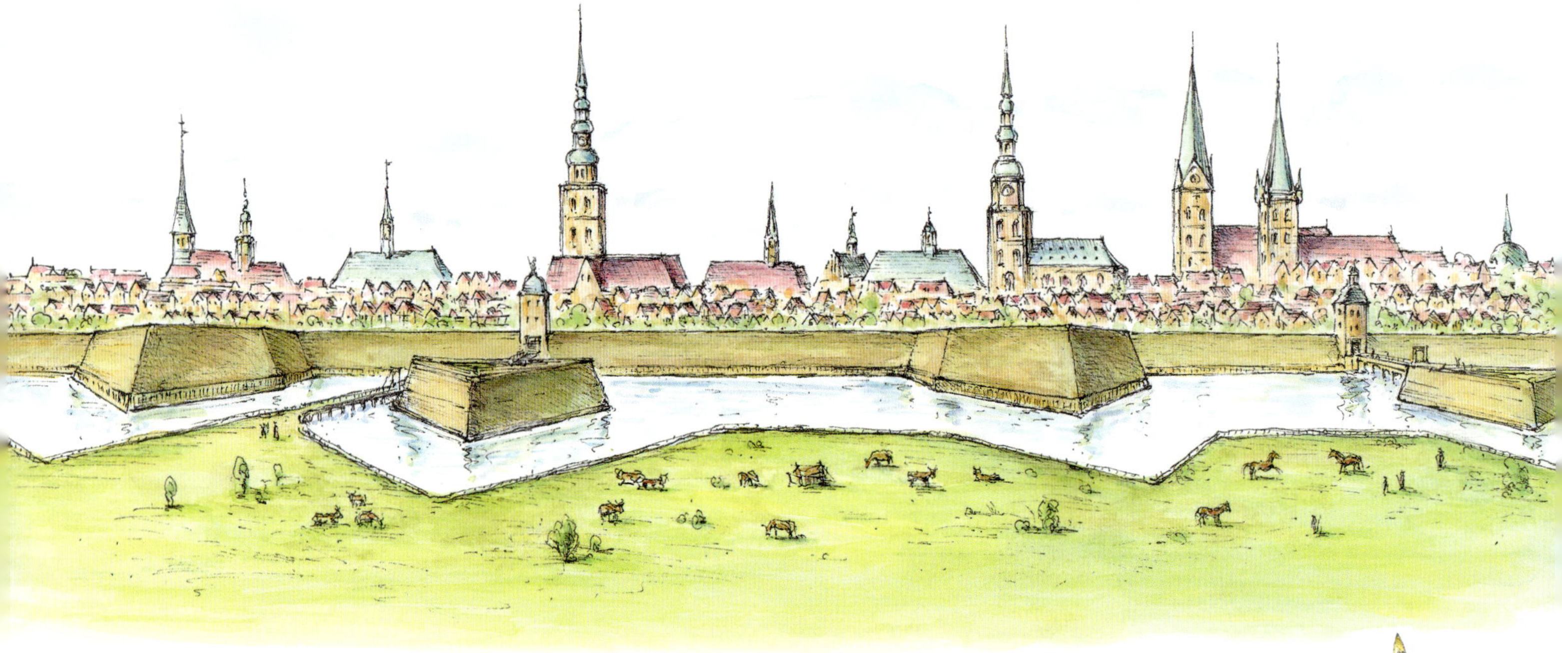

Im 17. Jahrhundert war Hamburg von einer gewaltigen **Festung** umgeben. Ihre **Erdwälle** waren acht bis zehn Meter hoch. 21 **Bastionen** ragten aus ihnen hervor: Sie dienten dazu, Angreifer von der Seite oder von hinten beschießen zu können. Mehrere **Vorwerke** (Ravelins) und 260 **Kanonen** verstärkten den Schutz. Von der Stadt aus waren Bastionen und Wälle befahrbar: Im Kriegsfall konnten die Geschütze schnell auf die Festung gebracht werden. Entworfen hat die Festung der niederländische Baumeister **Johan van Valckenburgh**. Er wählte die St. Nikolai-Kirche als Mittelpunkt und schlug wie mit einem Zirkel einen Halbkreis um sie, mit einem Radius von etwa 1150 Metern. Der Bau dauerte von 1616 bis 1628.

Bewacht wurde die Festung von der Hamburger **Bürgerwehr**. Alle Bürger waren zur Bewachung und Verteidigung der Stadt verpflichtet. Das war nicht billig, da jeder Bürger selbst für seine Bewaffnung aufkommen musste. Ein reicher Hamburger musste Harnisch, Spieß, Muskete, Gewehr, Pulver, Kugeln und sechs lederne Feuerlösch-Eimer besitzen.

Organisiert wurde die Bürgerwache durch die ➣ Kirchspiele. Jedes besaß ein eigenes **Regiment** mit eigener **Kirchspielfahne**. Als Paradewaffe trugen die Bürger einen **Sponton**, einen langen Stab mit lanzenförmiger Spitze. Sie war mit dem jeweiligen Schutzheiligen verziert, wie du im ➣ Hamburg Museum sehen kannst. Dort findest du auch Reiterharnische sowie die Antwort auf die Frage:

Welche Farben hatten die Kirchspielfahnen von St. Nikolai und St. Michaelis?

Im **Dreißigjährigen Krieg** (1618–48) blieb Hamburg wegen seiner Festung **unzerstört**. Zu Beginn des 19. Jahrhunderts hatten sich die Waffen jedoch so sehr weiter entwickelt, dass die Anlage keinen Schutz mehr bot: Sie wurde abgebaut. Den französischen Truppen Napoleons wurde die Stadt 1806 kampflos übergeben.

In Mittelalter und Neuzeit konnte man nur durch **Stadttore** nach Hamburg gelangen. Ihre Zahl wurde aus Sicherheitsgründen stetig verringert: Während es im 14. Jahrhundert noch zehn Stadttore gab, waren es im 17. Jahrhundert nur noch sechs: **Millerntor**, **Dammtor**, **Steintor**, **Deichtor**, **Brooktor** und **Sandtor**. Das **Spitaler Tor**, das einst zu einem Krankenhaus führte, war nach dem Vorbild des Lübecker Holstentores mit zwei mächtigen Türmen ausgestattet.

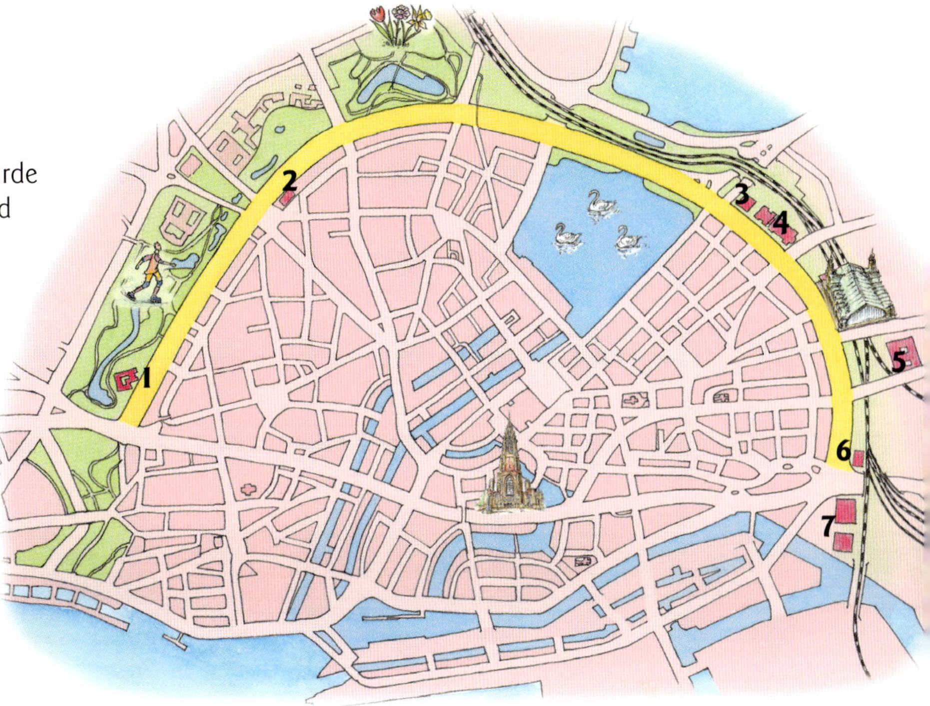

Bei **Sonnenuntergang** wurden die Tore **geschlossen**. Die Abendglocken riefen die Bewohner auf, ihre Arbeit zu beenden und nach Hause zu gehen. Eine Straßenbeleuchtung gab es nicht. Um Räuber abzuschrecken, patrouillierten **Nachtwächter** mit Laternen durch die Straßen. Aufmerksamkeit verschafften sie sich mit einer Holzratsche. Bewaffnet waren sie mit Pike und Muskete.

Im Jahr 1798 wurde die **Torsperre** eingeführt: Steintor, Dammtor und Millerntor wurden nach Sonnenuntergang noch einige Stunden **offen** gehalten, da viele Menschen nun außerhalb des alten Stadtkerns wohnten. Auch waren die Tore nicht mehr aus Stein, sondern schmiedeeisern.

Doch noch immer musste man für eingeführte Waren **Zoll** bezahlen. Erst 1860 wurde die Torsperre aufgehoben. Hamburg dehnte sich nun stark aus.

Von den Stadttoren ist heute nichts mehr zu sehen, nur Straßennamen weisen noch auf sie hin.

Das Wall-Rätsel

Wenn du den Stadtplan betrachtest, kannst du den Verlauf der ehemaligen Festung noch erkennen. Im Westen wurden die Wallanlagen bepflanzt, hier kannst du spielen, skaten und im Winter Schlittschuh laufen (➣ Spielplätze). Im Alten Botanischen Garten gibt es sogar einen Rest des Wassergrabens, einen kleinen See. Im Osten nutzt die Eisenbahn den ehemaligen Festungsring für ihre Gleise.

Wie heißen die **Straßen** entlang der früheren Festung?

H
G
G
S
K

Wenn du die Buchstaben richtig einfügst, erfährst du, mit welchem Slogan Hamburg heute wirbt:

Z

Viele ➣ **Museen** befinden sich heute hier. Kannst du sie benennen?

1.
2. Das
3.
4. Hamburger
5. Museum für
6. Der
7.

Wo die reichen Kaufleute wohnten

Eine typische Hamburger Wohnform war seit dem Mittelalter das **Kaufmannshaus**, auch »Althamburger Bürgerhaus« genannt. Wohn- und Arbeitsräume befanden sich darin unter einem Dach. Hier wohnte die Kaufmannsfamilie, wie auch ihre Lehrlinge, Diener und Mägde.

Viele Kaufmannshäuser hatten ihre Front zur Straße und ihre Rückseite zum Fleet hin. Diese **Binnendeichhäuser** (rechts) waren meist dreigeteilt: Das bis zu 20 Meter hohe **Vorderhaus** besaß eine große Diele, ➢ Kontor, Wohnräume und Speicherböden; im **Mittelteil** befanden sich Gesellschafts- und Wohnräume samt Garten; der hohe **Warenspeicher** lag am Fleet. Mithilfe von Seilwinden konnten die Waren so direkt aus den ➢ Schuten auf die Speicherböden gebracht werden. Das **Außendeichhaus** (links) war kleiner: Ihm fehlten die Hofflügel und der Speicheranbau.

In beiden Häusertypen spielte die große **Diele** eine besondere Rolle: Hier wurden die Waren gemustert und verpackt, hier spielten die Kinder, hier wurden Feste gefeiert.

Als Schüler arbeitete **Johann Michael Hudtwalcker** (1747–1818) im Kontor seines Vaters, dessen Firma mit Fischtran handelte. Hier erzählt er von seiner Arbeit: »*Um 9 Uhr begannen meine Laufdienste. Der Hauptzweck war die Eincassierung der ausstehenden Gelder, welches mir bey meiner Furchtsamkeit das unangenehmste Geschäft war. Man verkaufte damals fast alles auf vierwöchigen Credit, und 6 Wochen nachher fing man an zu fragen, ob man gelegen käme. Es gab viele reiche Kaufleute, die sich, ohne sonderlich dabey an ihrem Credit zu leiden, vielfältig mahnen ließen. Gewöhnlich war ich um 11 rund, lief dann zu meiner Mutter, erzählte ihr die kleinen Stadtneuigkeiten und lief dann in die Küche, um mir eine Schnitte Roggenbrod mit Sierob oder Gänseschmalz bestrichen geben zu lassen. Nach dieser Pause ging ich wieder ins Comtor. Hier hatte ich die eingeholten Gelder abzuliefern. Dann holte ich die Briefe von der Post, notirte das Porto und hatte so bis 12 1/2 Uhr zu thun, wann mein Vater zur Börse ging. Während der Börsenstunde wurde mein Unterricht in Religion, im Englischen und Französischen fortgesetzt.*«

Nur wenige der ehemals rund 2000 althamburgischen Kaufmannshäuser blieben nach dem Zweiten Weltkrieg erhalten. In der **Deichstraße (1)** westlich des Nikolaifleets kannst du noch einige entdecken. Den ältesten Speicher Hamburgs besitzt **Haus Nr. 27**, das um 1780 errichtet wurde.

In **Haus Nr. 37** aus dem Jahr 1686 gibt es eine große Diele, eine Prunktreppe, eine bemalte Balkendecke und Möbel aus dem 17. bis 19. Jahrhundert. In **Haus Nr. 42** brach am Morgen des 5. Mai 1842 der Große Brand aus. Hier befindet sich heute das Restaurant »Zum Brandsanfang«.

In der **Peter-** und **Neanderstraße (2)**, gegenüber vom ➢ Hamburg Museum, wurden zwischen 1967 und 1970 mehrere Kaufmannshäuser im Althamburger Stil neu erbaut. Die Backstein- und Fachwerkhäuser haben zum Teil prunkvolle barocke Fassaden. In Wahrheit standen hier nie derart vornehme Häuser: Hier befand sich früher ein ➢ Gängeviertel.

Wie lebten die anderen Hamburger?

Die Hamburger, die nicht so reich waren wie die mächtigen Kaufleute, lebten in kleineren Wohnformen: im Wohnhaus oder in der Bude. Bis ins 19. Jahrhundert wurden diese Häuser in der **Fachwerkbauweise** errichtet.

Das **Wohnhaus** war typisch für die soziale Mittelschicht. Es war zunächst ein- oder zweigeschossig, später bis zu fünfgeschossig. Da viele Menschen nach Hamburg zuwanderten und Wohnraum benötigten, wurde es üblich, »Einliegerwohnungen« zu vermieten. Ihr Eingang war deutlich schlichter gestaltet als die repräsentative Haupttür.

Zu den letzten Beispielen der Fachwerkbauweise gehören die fünf **Wohn- und Speicherhäuser** in der **Reimerstwiete (3)**. Sie stammen aus den Jahren 1761 bis 1824.

Direkt beim ➢ »Michel« kannst du einige zweistöckige Fachwerkhäuser entdecken, die **Krameramtsstuben (4)**. Sie stellen die letzten erhaltenen Häuser aus dem 17. Jahrhundert dar – und die älteste Reihenhaussiedlung der Welt. Seit 1796 wohnten hier die Witwen der Kramer. Eine historische **Witwenwohnung** mit Möbeln aus der Zeit um 1850 kannst du besichtigen. An den Maßen des Bettes siehst du, wie viel kleiner die Menschen damals waren. ☞ Krayenkamp 10–11

*Fiete, was war das **Krameramt**?*

*Das Krameramt war seit 1375 der zunftmäßige Zusammenschluss der Kleinhändler, der **»Krämer«**. Ihr Zunftzeichen, Balkenwaage und Elle, siehst du auf einer Tafel im Hof der Wohnanlage.*

Sehr einfache Wohnhäuser nannte man **Buden**. Sie waren ein- oder zweigeschossig und meist recht baufällig. Im Laufe der Zeit wurden die Buden so dicht aneinandergebaut, dass ein wahres **Labyrinth** aus engen, lichtlosen Straßen und Hinterhöfen entstand: das **Gängeviertel**. Hier lebten die Armen, die Hafen- und Gelegenheitsarbeiter.

Dem berühmten **Wasserträger Hummel** (➣ Originale) wurde 1938 im Rademachergang/Ecke Breiter Gang ein Denkmal gesetzt. **(5)**

Letzte Reste des Gängeviertels findest du im **Bäckerbreitergang (6)**. An der Pflasterung erkennst du, wie schmal die Gänge früher waren. Das **Haus Nr. 49/50** ist das älteste erhaltene Wohnhaus in der Neustadt. In **Haus Nr. 6–7** wohnte bis zu ihrem Tod 1964 **Bertha Keyser**. Der »Engel von St. Pauli« setzte sich unermüdlich für die Armen der Stadt ein und verteilte bis zu 600 Essensportionen täglich.

Da ein Verkehr mit Fuhrwerken unmöglich war, versorgten **Wasserträger** die Bewohner mit Trinkwasser. Diese Arbeit verrichteten meist Frauen. Insgesamt waren die hygienischen Verhältnisse katastrophal: Dreckwasser und Abfälle landeten direkt auf der Straße. In diesen Vierteln wütete die Cholera-Epidemie 1892 dann auch besonders schlimm. Der Arzt **Robert Koch** schrieb damals an Kaiser Wilhelm II.: »Eure Hoheit, ich vergesse, dass ich in Europa bin. Ich habe noch nie solche ungesunden Wohnungen, Pesthöhlen und Brutstätten für jeden Ansteckungskeim angetroffen wie hier.« Aufgrund dieser schlimmen Zustände wurden die Gängeviertel nach und nach **abgerissen**.

1680 wurden an der St. Jacobi-Kirche die **Lübschen Buden** erbaut. Unten waren Läden, die Dachgeschosse waren bewohnt. 1881 wurden sie **abgerissen**.

Wie Burgen und Schiffe: die Kontorhäuser

Südlich der Mönckebergstraße entstand in den 1920er Jahren das Kontorhausviertel. Die **Kontorhäuser** sind meist sehr groß und mit dunkelrotem ➢ Klinker verziert. Im Gebäude-Inneren gibt es häufig großzügig gestaltete **Treppenhäuser** und **Paternoster**. Diese türlosen Aufzüge halten nicht an: Man muss während der Fahrt schnell ein- und aussteigen und dabei gut aufpassen. Von den früher 344 Paternostern sind 44 erhalten. Im mächtigen Klinkerbau der Finanzbehörde am ☞ Gänsemarkt sowie im Bezirksamt Eimsbüttel, ☞ Grindelberg 66, sind noch einige in Betrieb.

Eines der ersten Kontorhäuser war das **Klöpperhaus**, das der Architekt Fritz Höger 1912/13 für den Wollhändler Heinrich Adolf Klöpper entwarf. **Bronze-Schafe** am Hauptportal des **Klinkerbaus** weisen auf das Geschäft des Bauherrn hin. Zwei Elefanten über dem Portal symbolisieren seinen weitreichenden Handel. Für den James-Bond-Film »Der Morgen stirbt nie« (1997) wurde das Gebäude vorübergehend in eine Autovermietung verwandelt. ☞ Mönckebergstraße 3, heute »Galeria Kaufhof«

*Im Juli 2015 wurde das Kontorhausviertel Weltkulturerbe: als Europas erstes reines Büroviertel. Im modernen **Zürich Haus** befindet sich ein Foucault'sches Pendel. ☞ Eingang: Treppenhaus C, Ecke Domstraße, Willy-Brandt-Straße*

Wie ein steil aufragender **Schiffsbug** wirkt das **Chilehaus**, das Fritz Höger 1922–24 für den Hamburger Henry B. Sloman erbaute – den damals reichsten Mann Hamburgs. Er war ein Sprössling der weitverzweigten ➢ Reeder-Familie Sloman und hatte seinen Reichtum durch den Salpeter-Handel in Chile gewonnen. Das zehnstöckige Kontorhaus ist ein Haus der Superlative: Es gibt über 2800 Fenster und insgesamt 3,5 Kilometer Dachrinnen. Seine Fassaden sind mit **4,8 Millionen Klinkern** verkleidet.

Wenn du von Südosten auf die spitz zulaufende Ecke des Chilehauses schaust, wirkt es wie ein Schiff in rauschender Fahrt. Sogar eine Galionsfigur gibt es: einen **Kondor**, das chilenische Wappentier. In den schönen Eingangshallen befinden sich noch die Tafeln mit den Namen der ursprünglich dort angesiedelten Firmen. ☞ Fischertwiete 2

Das größte Kontorhaus ist der **Sprinkenhof**, der 1927–43 über eine Straße hinweg gebaut wurde. Der Klinkerbau ist mit vielen Ornamenten geschmückt, die wie Stempel aussehen: Sie zeigen Symbole des Handels, der Seefahrt und der Industrie. Wenn du in den Sprinkenhof hineingehst, kannst du eine tolle **Wendeltreppe** sehen. Der Turmeingang ist mit einem **Hermes-Kopf** geschmückt (Hermes war der griechische Gott der Diebe und Kaufleute). ☞ Burchardstraße 6–14

*Ein Kontor ist das **Büro** eines Kaufmanns. Der Begriff stammt vom französischen Wort **Comptoir** (»Zahltisch«). Hier werden u.a. Geschäfte abgeschlossen und Büroarbeiten erledigt. Während sich im ➣ Kaufmannshaus Kontor und Wohnung unter einem Dach befanden, enthält das Kontorhaus nur die Büros einer oder verschiedener Firmen.*

Nahe der ➣ Trostbrücke stehen zwei weitere beeindruckende Kontorhäuser: der **Globushof** und der **Laeiszhof**. Während der Globushof (erbaut 1907/08) mit Schiffsmodellen und einem Neptun geschmückt ist, krönt den Laeiszhof (erbaut 1897/98) ein **Pudel**. Er erinnert an den Spitznamen von Sophie Laeisz, der Ehefrau des ➣ Reeders Carl Laeisz: Wegen ihrer hoch aufgetürmten Frisuren nannte man sie »Pudel«.

Backstein (auch Ziegel genannt) wurde in Hamburg seit dem Ende des 12. Jahrhunderts als Baumaterial verwendet. Es handelt sich dabei um **künstlich** hergestellte Steine, im Gegensatz zum Naturstein (wie Granit oder Marmor). Da es in Norddeutschland wenig Naturstein gibt, benutzte man im Mittelalter vor allem Backstein und Holz zum Bau der Gebäude. Eines der ersten Ziegelbauwerke Hamburgs war der ➣ Mariendom (ab 1248).

Klinker sind ebenfalls Ziegelsteine. Sie werden aus einem besonders kalkarmen Ton hergestellt. Aufgrund ihrer höheren Brenntemperatur ist ihre Oberfläche leicht **glasiert**, sie sind wasserabweisend und farbenfest. Wenn man sie aneinanderschlägt, haben sie einen hellen Klang (niederländisch *klinken*: »klingen«).

Zum Ausbau des Kontorhausviertels verwendete man zahlreiche verschiedenartige Klinker. Der Architekt **Fritz Höger** (1877–1949), der viele dieser Bauten entwarf, bezeichnete den Klinker als seinen »Bauedelstein«. Er selbst wurde »Klinkerfürst von Hamburg« oder auch scherzhaft »Klinker-Sticker« genannt. Seine Stilrichtung, die von Hamburgs Oberbaudirektor **Fritz Schumacher** (1869–1947) gefördert wurde, nannte man den norddeutschen **Klinker-Expressionismus**.

Die expressionistische **Architektur** der 1920er Jahre ist sehr spielerisch; sie ist von eckigen, kantigen und gezackten Formen geprägt. Typisch ist die Einbeziehung von **Skulpturen** und **Ornamenten**. Auch die Betonung der senkrechten Linien sowie die hohen Fenster sind Merkmale des expressionistischen Stils.

Die Elbe

Die Elbe entspringt im tschechischen **Riesengebirge** und legt bis zu ihrer Mündung in die Nordsee rund 1100 Kilometer zurück. Von Hamburg sind es noch 108 Kilometer. Ihr Name stammt von *elfr* ab, dem altnordischen Wort für Fluss. Als **Unterelbe** bezeichnet man den Abschnitt von Geesthacht bis zur Mündung. In Hamburg bildet sie ein **Binnendelta**, indem sie sich für etwa 15 Kilometer in die **Norder-** und **Süderelbe** aufteilt. Durch ihre Verbindung mit der Nordsee ist sie – bis zur Staustufe Geesthacht – gezeitenabhängig, unterliegt also der Tide (Ebbe und Flut). Ihre Wassertemperatur schwankt im Jahresverlauf zwischen 0 und 26 Grad Celsius.

Früher war die Elbe einer der **fischreichsten Flüsse** Europas. Bis zu drei Meter lange Störe lebten hier und so viele Lachse, dass sich die Hamburger Mägde und Knechte angeblich beschwerten: Täglich müssten sie Lachs essen! Seit dem 19. Jahrhundert gingen die Fischbestände stark zurück, viele Fischarten starben aus. Schuld waren Ausbaumaßnahmen, Uferbefestigungen und industrielle Abwässer. Letztere verringerten den Sauerstoffgehalt der Elbe massiv; die Fische erstickten.

Mitte des 20. Jahrhunderts schrieb der ➣ Dichter **Wolfgang Borchert**: »Und die Elbe? Die stinkt. Stinkt, wie eben das Abwaschwasser einer Großstadt stinkt: nach Kartoffelschale, Seife, Blumenvasenwasser, Steckrüben, Nachttöpfen, Chlor, Bier und nach Fisch und nach Rattendreck. (...) Sie läßt keinen Gestank aus, der auf der Erde vorkommt.«

Seit der deutlichen **Verbesserung der Wasserqualität** um 1990 erholen sich die Fischbestände. An der Unterelbe leben heute wieder mehr als **90 Fischarten**, unter ihnen Aal, Hecht, Stint, Meerforelle und Karpfen. Auch **Seehunde** und Schweinswale lassen sich hin und wieder im Hamburger Hafen blicken.

Wie heißen diese Fische?

Heute ist die Elbe wieder so sauber, dass man darin **baden** kann. Wegen der starken **Strömung** und der plötzlichen Wellen vorbeifahrender Schiffe ist es trotzdem sehr gefährlich. Geht daher nie ohne Aufsicht ins Wasser!

Noch bis zum Zweiten Weltkrieg gab es am Elbufer zahlreiche **Badestellen**. Zehntausende Hamburger erfrischten sich hier im Sommer. Für Frauen war es im 19. Jahrhundert unschicklich, sommerlich gekleidet am Strand entlangzuspazieren oder gar in der Öffentlichkeit zu baden. Daher kamen **Badekarren** in Mode: In ihnen zogen sich die Damen um. Über eine Strickleiter stiegen sie von einem Verdeck verborgen ins Wasser.

*Ein tolles Ausflugsziel ist die Insel **Neuwerk**. Obwohl 140 Kilometer vom Stadtkern entfernt, gehört sie seit dem Mittelalter zu Hamburg. Ihr **Leuchtturm** von 1310 ist das älteste erhaltene Bauwerk der Hansestadt. Du erreichst Neuwerk von Cuxhaven aus: Bei Ebbe zu Fuß oder mit dem **Pferdewagen**, bei Flut mit dem Schiff.*

Hanse, Koggen und Piraten

Im 13. Jahrhundert schlossen sich viele Handelsstädte zu einem Bund zusammen, den sie **Hanse** nannten. Sie gewährten einander Schutz und Rechtssicherheit sowie Zollvorteile und Lagerrechte. Hamburg profitierte sehr von diesem Bündnis und stieg bald zur **Handelsmetropole Norddeutschlands** auf.

Hamburgs Hafen war nun Umschlagplatz für viele Güter: Eisen aus Schweden, Pelze aus Finnland, Holz und Fische aus Norwegen, Wolle und Weizen aus England, Leder und Schmuck aus Irland, Wein aus Frankreich oder Gewürze aus dem Orient. Von ihren Neidern wurden die Hamburger Kaufleute als **»Pfeffersäcke«** verspottet – nach dem Gewürz, auf dem ein Teil ihres Reichtums beruhte.

Das **Hauptexportgut** war lange Zeit das **Bier**, was der Stadt den Namen »Brauhaus der Hanse« einbrachte.

Transportiert wurden die Waren auf **Koggen**, den größten **Handelsschiffen** jener Zeit. Die 30 Meter langen, dickbauchigen Schiffe konnten rund 200 Tonnen Ladung über See tragen. Angetrieben wurden sie von einem großen quer stehenden Segel. Vorn und hinten waren die Koggen mit erhöhten Verteidigungsplattformen ausgerüstet. Verstaut wurde das Frachtgut in **Fässern**, den »Containern des Mittelalters«. Die **Böttcher**, die die Fässer herstellten, waren gefragte Handwerker.

Im 17. Jahrhundert waren es Piraten aus dem ***Mittelmeerraum****, die die Schifffahrt bedrohten. 1662 kaperten algerische Seeräuber acht Hamburger Schiffe an der* ***Elbmündung****. 119 Seeleute brachten sie als Sklaven nach Nordafrika. Die Heimatländer mussten die Seeleute stets teuer freikaufen: 7000 Mark kostete ein Kapitän, 2400 ein Matrose.*

So stellte man sich früher Störtebeker vor. Doch vermutlich zeigt das Bild einen Hofnarren.

Die kostbare Ladung der Koggen lockte **Piraten** an, die unter dem Namen **Vitalienbrüder** an Nord- und Ostsee ihr Unwesen trieben. Man nannte sie auch **»Likedeeler«** (Gleichteiler), weil sie angeblich ihre Beute fair untereinander aufteilten. Die hohen Piratenschiffe waren den niedrigen Koggen meist überlegen. Die Piraterie war für die norddeutsche Wirtschaft verheerend. Um sich zu wehren, fuhren nun auf jeder Handelskogge Bewaffnete mit. Hochgerüstete **Kriegsschiffe** jagten zudem die Seeräuber.

Der Kampf um ein Schiff war brutal: Wer den Enterkampf überlebte, wurde von den Piraten über Bord gestoßen. Umgekehrt machten die Hanseaten mit gefangenen Seeräubern kurzen Prozess: Sie wurden enthauptet. Dieses Schicksal ereilte auch die berühmten Piraten **Klaus Störtebeker** und **Gödeke Michels**, die nach ihrer Gefangennahme auf der Elbinsel Grasbrook hingerichtet wurden (1400 bzw. 1401). Störtebeker (niederdeutsch: »Stürz den Becher«) soll seinen Namen aufgrund seiner Trinkfestigkeit erworben haben. Um sein Leben ranken sich viele Legenden.

Zwei berühmte **Piraten-Jäger** waren Ditmar Koel (1500–1563) und Berend Karpfanger (1622–1683). **Koel** besiegte 1525 mit vier Schiffen den gefürchteten dänischen Piraten Klaus Kniphoff. Er wurde mit 162 seiner Männer gefangengenommen. 1548 wurde Koel zum Bürgermeister gewählt. Ob es noch eine Stadt gibt, die einen Seeräuber-Fänger zum Bürgermeister hatte?

Mach dich auf die Suche nach einem jahrtausendealten Schatz! Beginne beim Fähranleger »Neumühlen (Museumshafen/Oevelgönne)«, Hafenlinie 62. Gehe dann zum Strand und folge diesen Zeichen. Siehst du den riesigen Schatz? Er wurde 1999 mit einem Schwimmkran aus der Elbe geborgen. Wie lautet sein Spitzname?

Der **Konvoi-Kapitän Karpfanger** war ebenfalls sehr mutig: Er gilt als Hamburgs größter Seeheld. Mit seinen Kriegsschiffen begleitete er die Handelsschiffe, um sie vor Überfällen zu schützen. Zunächst fuhr Karpfanger auf dem Konvoischiff »Leopoldus Primus«. Es war mit 54 Kanonen bestückt. Die Heckfigur kannst du im ➢ Hamburg Museum sehen. 1678 wehrte er den Angriff von fünf französischen Kaperschiffen in der Elbmündung ab. Sie hatten es auf 50 Schiffe abgesehen, die mit Walen und Robbenfell beladen aus Grönland kamen. Karpfanger starb 1683, als sein zweites Schiff, die »Wapen von Hamburg«, in Spanien explodierte.

Auswandererhafen Hamburg …

Für viele Deutsche wurde **Nordamerika** im 19. Jahrhundert zum Land der Hoffnung. »Amerika, du hast es besser als unser Kontinent, der alte«, schrieb Johann Wolfgang von Goethe 1827. Rund **sieben Millionen Deutsche** wanderten seither in die USA aus. Sie flohen vor Armut, Arbeitslosigkeit, religiöser und politischer Unterdrückung sowie ungerechten sozialen Verhältnissen. Manchen trieb auch die pure Abenteuerlust, wie den in Hamburg geborenen Reiseschriftsteller **Friedrich Gerstäcker** (1816–1872). Er schiffte sich 1837 nach Übersee ein – angeregt durch die Lederstrumpf-Romane des US-Autors James Cooper.

Seit 1836 entwickelte sich Hamburg zu einem wichtigen **Auswandererhafen**. Das war für viele ein einträgliches Geschäft: für Wirtshausbesitzer und Zimmervermieter, für Unternehmer, die die Schiffe mit Proviant versorgten, und natürlich für die großen Reedereien (Schifffahrtsgesellschaften). Um die Auswanderer nach Hamburg zu locken, bauten sie eigens **Auswanderungsagenturen** in den Nachbarländern auf. Bis 1914 wanderten auch über eine Million **russischer Juden** über Hamburg aus, unter ihnen die Vorfahren des Filmregisseurs Woody Allen.

Fünf Millionen Menschen wanderten über Hamburg aus. Doch nicht jeder, der wollte, durfte auch auswandern: Die USA weigerten sich, Menschen mit ansteckenden Krankheiten einreisen zu lassen. So wurden alle Auswanderer vor der Abfahrt **medizinisch untersucht**.

Welche fünf Dinge würdest du unbedingt mitnehmen, wenn du auswandern würdest?

Zur Zeit der **Segelschiffe** herrschten katastrophale Zustände für die Reisenden an Bord. Damals gab es noch keine Passagierschiffe, sondern nur umgebaute Handelsschiffe. Die Auswanderer wurden im engen, dunklen **Zwischendeck** direkt über der Ladung zusammengepfercht. Es gab keine Waschmöglichkeiten, und auf 50 Passagiere kam nur eine Toilette. Der Proviant war häufig unzureichend und verdorben. Viele Passagiere überlebten die etwa 43 Tage dauernde Überfahrt nicht. Im ➣ Hamburg Museum kannst du den nachgebauten Raum eines Zwischendecks sehen.

Das Aufkommen der **Dampfschiffe** um 1870 verbesserte die Verhältnisse: Die Fahrt dauerte nur noch 14 Tage, was der Frische der Lebensmittel und der Hygiene zugutekam. Auch war jetzt ein Schiffsarzt an Bord. Doch noch immer blieben die Auswanderer strikt von den wohlhabenden Reisenden der Oberdecks getrennt.

Im Schnelldampfer »Deutschland« reisten um 1900 noch 1000 Passagiere im Zwischendeck – und rund 700 Personen, die sich eine Fahrt in der I. Klasse leisten konnten.

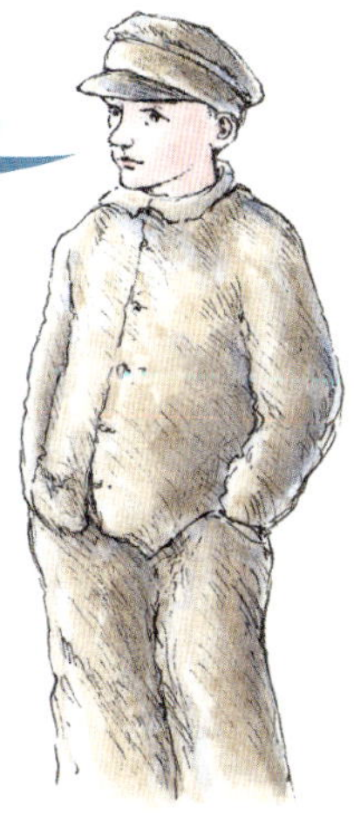

… und der Aufstieg der großen Reedereien

Das Auswanderergeschäft trug wesentlich zum Aufstieg der großen Hamburger Reedereien bei, z.B. der 1847 gegründeten **HAPAG**, auch Hamburg-Amerika Linie genannt. Seit 1970 heißt sie Hapag-Lloyd AG (➢ Binnenalster).
Unter Generaldirektor **Albert Ballin** (1847–1918) entwickelte sie sich zur weltweit größten Schifffahrtsgesellschaft. Fast 200 Ozeandampfer waren für sie auf den Weltmeeren unterwegs, vor allem Richtung USA. Auf der Rückfahrt brachten sie Baumwolle, Tabak oder Fleisch mit.
Ballin war für sein Organisationstalent sehr geachtet. Sein Motto »Mein Feld ist die Welt« wurde viel zitiert.

Die Hamburger **Sloman-Reederei** ist die älteste noch bestehende Reederei Deutschlands. Gegründet wurde sie 1793 vom Vater des englisch-deutschen Reeders Robert Miles Sloman (1783–1867). 1836 eröffnete sie den ersten Liniendienst nach New York. Heute ist das wichtigste Standbein der Sloman-Neptun Schiffahrts AG der Betrieb von Flüssiggas-Tankschiffen.

Ab 1900 ließ HAPAG-Chef Ballin die **»Auswandererhallen«** auf der Veddel errichten. Weitab vom Stadtzentrum entstand ein eigenes Quartier für die Ausreisewilligen, mit Speise- und Schlafsälen, Bädern, Kirche und Synagoge. Die hygienischen Verhältnisse waren hier wesentlich besser als in den früheren Auswandererbaracken. Dennoch mussten die Auswanderer bis zu 14 Tage in Quarantäne leben, um den Ausbruch von Krankheiten an Bord zu verhindern.

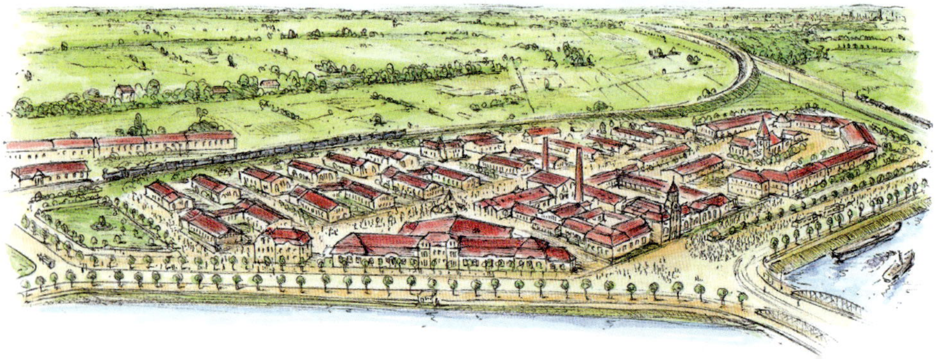

Heute befindet sich auf dem Gelände das ➢ Museum **BallinStadt**. In drei rekonstruierten Wohn- und Schlafpavillons erfährst du viel über das Leben der Auswanderer. Für Kinder gibt es Mitmachangebote, z.B. kannst du an Bildschirmstationen die Reise eines Auswanderers nacherleben, der deine Gesichtszüge trägt! Im Eingangsgebäude kann man zudem kostenlos **Familienforschung** betreiben.

Auch die Reederei **F. Laeisz** (sprich: Leiß) existiert noch. Im 19. Jahrhundert war sie für ihre schnellen und robusten Großsegler bekannt, die **Flying P-Liner**. 1902 baute sie mit der **»Preußen«** das einzige Fünfmastvollschiff der Seefahrtsgeschichte. Es war 124 Meter lang und besaß 48 Segel. Der Schiffsbauch fasste die Ladung von 18 Güterzügen. Gegründet hatte die Reederei **Ferdinand Laeisz** (1801–1887). Heute besitzt sie Container-, Kühl- und Forschungsschiffe, auf denen man sogar mitreisen kann. Welches Gebäude stiftete die Familie, das am heutigen Johannes-Brahms-Platz steht?

*Beim Anblick der **Freiheitsstatue** in New York waren die Auswanderer glücklich. Sie hofften, dass Verfolgung und Hunger nun vorbei wären. Viele Orte in den USA tragen seither den Namen Hamburg.*

Fragen für Seefahrts-Detektive*

Wofür stehen die Buchstaben HAPAG?

- - - -Gesellschaft

Wie heißt das erste Dampfschiff, das 1850 von Hamburg nach Amerika fuhr?

Welcher Schnelldampfer benötigte für die Fahrt von Hamburg nach New York 1892 nur 6 Tage, 11 Stunden und 44 Minuten?

Welche Reederfamilie beherrschte im 19. Jahrhundert den Afrikahandel? Ihr ➢ Kontorhaus, das Afrika-Haus (☞ Große Reichenstraße 27), ist sehr sehenswert.

Wie heißt das HAPAG-Schiff, das im Jahr 1900 das Blaue Band für die schnellste Dampferüberquerung des Atlantiks erhielt?

Welcher 1872 in England gebaute Dampfer verfügte neben Dampfmaschinen auch über Segel? (Sie dienten nicht der Schnelligkeit, sondern der Stabilisierung des Schiffes.)

Der Schnellsegler »Sovereign of the Seas« transportierte Gold aus Kalifornien und Kupfer aus Australien. Welcher Hamburger Reeder erwarb das Schiff 1894?

Johann

Wenn du die farbigen Buchstaben in die richtige Reihenfolge bringst, kannst du ein Geheimnis lüften: Welcher berühmte deutsche Abenteuerautor benutzte die Texte von Friedrich Gerstäcker als Vorlage?

Dieser schrieb seine Geschichten nämlich, bevor er 1908 selbst die USA bereiste.

* Die Antworten findest du alle im ➢ Hamburg Museum (oder im Internet).

Hafenberufe: Schauerleute, Lotsen, Kedelklopper

Im 20. Jahrhundert hat sich die Arbeit im Hafen enorm verändert. Viele traditionelle Hafen- und Schifffahrtsberufe sind ausgestorben, andere Berufsfelder wie der Containerfahrer sind neu entstanden.

Sie mussten vor allem stark sein: die rund 3000 **Schauerleute** bzw. Schauermänner, die für das Löschen und Laden der Säcke, Fässer, Ballen und Kisten zuständig waren. Das war reinste Knochenarbeit. Ihre Bezeichnung kommt denn auch von *sjouwen* (hart arbeiten). Pro Kran arbeiteten sechs Schauerleute, die nach dem englischen Ausdruck **Gang** hießen. Das korrekte Stauen kontrollierte der **Vize** (auch: Stauervize). Wegen der geringen Entlohnung und der mehr als zwölfstündigen täglichen Arbeitszeit kam es 1896/97 zum großen Streik der Schauerleute. Heute ersetzen Maschinen weitgehend die menschliche Muskelkraft: Der Gabelstapler löste die Sackkarre ab, der **Hafenfacharbeiter** den Schauermann.

Noch weniger als die Schauerleute verdienten die **Kedelklopper** (Kesselklopfer). Dabei erledigten sie zu Zeiten der Dampfschifffahrt eine regelrechte »Schietarbeit«: Sie mussten mit Hammer und Meißel die festgebrannten Ablagerungen im Innern der Dampfkessel entfernen. Weil sie dabei wenig sauber aussahen, wurden sie auch **Schwarze Gang** genannt.

Doch sie waren kreativ: Um 1850 entwickelten sie eine eigene plattdüütsche Sprache, die **Kedelkloppersprook**. Mit ihr konnten sie sich bei dem großen Lärm besser verständigen. Sie wurde später von Jugendlichen als **Geheimsprache** benutzt (und »Barmbeker Latein« genannt). Die Hauptregel lautet: Jedes Wort beginnt mit einem Vokal, die Anfangskonsonanten wandern ans Wort- oder Silbenende, wobei zusätzlich ein »i« angehängt wird. So wird aus *Hamborg* »Amborghi«, aus *Klopper* »Opperkli« (➢ Lieder). Anzgi ielvi Asspi eimbi Edelki-Oppernkli!

Die **Tallymänner** waren für die Ladung verantwortlich, solange sie sich an **Bord** befand. Beim Löschen und Laden zählten sie die Säcke und Kisten, um sie später mit den Ladepapieren zu vergleichen. Zu ihren Arbeitsinstrumenten gehörten der **Faulenzer** (ein Kubiktabellenbuch) und der **Tally-Stab**, in den die Anzahl der Ladungsstücke eingekerbt wurde. »To tally« bedeutet im Englischen »eine Kerbe machen«.

> *Farbspiele: Während der* ***Weiße*** *Schauermann Säcke trug, lud der* ***Schwarze*** *Schauermann Kohlen. Wurde ein zusätzlicher Arbeiter benötigt, kam der* ***Graumann****, auch »Leberwurst« genannt.*

Hier noch ein Döntje: An einem heißen Augusttag machten die Schauerleute gerade Fofftein (Pause) und dösten vor sich hin. Der Vize kam vorbei und fragte spaßhaft: »Wer is de fuulste vun ju? De fuulste kriegt vun mi fief Mark!« Im Nu waren alle auf den Beinen und beanspruchten die fünf Mark. Nur einer blieb liegen: Tetje. »Du hest vunnen«, sagte der Vize, »dor sünd de fief Mark. Nu foot se doch an!« – »Ick kann mi nich reugen«, sagte Tetje, »steek se mi man in de Tasch.«

Von den großen Dampfern wurden die Waren in Schuten umgeladen. **Ewerführer** brachten sie in die Speicherstadt, wo die ➢ Quartiersleute sie in Empfang nahmen.

Damit die Manöver der großen Schiffe klappen, kommt ein **Hafenlotse** an Bord. Er kennt den Hafen genau: Auf der Kommandobrücke berät er den Kapitän und gibt den Schleppern per Funk Anweisungen. In Hamburg arbeiten 61 Hafenlotsen. Neben vielem anderen müssen sie gut klettern können: Vom **Lotsenboot** erklimmen sie die riesigen Pötte über eine frei an der Bordwand hängende Leiter, die sogenannte

Auf der Reeperbahn arbeiteten einst die **Reepschläger**. Sie brauchten für das Winden der Taue (Reeps) lange, überdachte Bahnen. Daher stammt die schnurgerade Straßenführung.

Der **Fastmoker** (Festmacher) sorgt für das korrekte Anbinden der Schiffe an Pollern und Dalben. Wenn ihm die Festmacherleine nicht zugeworfen werden kann, nimmt er die schweren Trossen im Motorboot entgegen.

Gegen Schmuggel und Produktpiraterie kämpfen die **Zöllner**. Unter der ➢ Köhlbrandbrücke steht der größte Röntgenapparat der Welt. Mit ihm werden ganze Lastwagen und Container durchleuchtet. 2006 gelang den Fahndern ein großer Coup: Sie stellten 117 Container mit gefälschten Markenwaren sicher. Über zwei Millionen Sportschuhe, 70.000 Uhren, Tausende Modellautos und Spielzeugpistolen mussten geschreddert werden. Die Zöllner, die die Schmuggler auf dem Wasser jagen, nennen sich ebenfalls **»Schwarze Gang«** (➢ Deutsches Zollmuseum).

In den **Hafenkneipen** (auch Kaffeeklappen genannt) trafen sich alle: Schauerleute, Tallymänner, Matrosen und Kedelklopper. Konkurrenz machten den Klappen die **Fleegenweerte** (Fliegenwirte): Sie waren im Hafen umherfahrende Schnaps- und Bierverkäufer. Die letzte noch existierende Kaffeeklappe ist die **Oberhafen-Kantine**.
☞ Stockmeyerstraße 39

Auch eine **»Weiße Gang«** ist im Hafen unterwegs: Rund 60 **Tierärzte** kontrollieren die Lebensmittel vor ihrer Weiterverladung auf Schadstoffe. Bei starker Schadstoffbelastung landen Fleisch, Fisch und Gemüse in der Müllverbrennung.

*Ein **Elbsegler** ist übrigens kein Freizeitkapitän, sondern eine flache Mütze.*

Der Hafen: neun Millionen Container

Der Hamburger Hafen ist einfach **riesig**: Er nimmt gut ein **Zehntel** der Stadtfläche Hamburgs ein und ist Deutschlands größter Hafen. Rund 12.000 Schiffe legen hier jährlich an, unter ihnen Container- und Kühlschiffe, Stückgutfrachter, Tank- und RoRo-Schiffe sowie berühmte Kreuzfahrtschiffe. Insgesamt gibt es 41 Kilometer Kaimauern!

Jedes Jahr im Mai ist **Hafengeburtstag**. Zum größten Hafenfest der Welt kommen Schiffe aus vielen Ländern zu Besuch, auch Großsegler. Besonders spektakulär sind die Ein- und Auslaufparaden. Sehenswert ist auch das Wasserballett der 6000 PS starken wendigen **Schlepper**.
Wenn sie nicht gerade tanzen, helfen die Schlepper mit ihren starken Motoren und Stahlseilen, die Ozeanriesen an die Kais zu ziehen. Denn große Schiffe können nur gesteuert werden, wenn Wasser vom Schiffspropeller auf das Ruderblatt strömt. Bei langsamer Fahrt sind sie kaum steuerbar und auf Hilfe angewiesen.

Im Hafen wird **rund um die Uhr** gearbeitet. Das Löschen und Laden der Schiffe muss schnell gehen, da für jede Stunde, die ein Schiff im Hafen liegt, hohe Gebühren anfallen. Kaum ein Schiff bleibt länger als 36 Stunden. Die meisten Waren sind heute in **Containern** verpackt. Das sind gut stapelbare Metallkisten. Voll beladen wiegen sie so viel wie vier Elefanten: 28 Tonnen. Insgesamt 9,7 Millionen Container wurden 2014 im Hafen umgeschlagen!

Zurzeit ist Hamburg der achtgrößte Containerhafen der Welt. Für den Warenumschlag stehen mehrere **Containerterminals** zur Verfügung, wie Burchardkai, Tollerort und Eurokai. Riesige Kräne, **Containerbrücken** genannt, laden die Container zum Weitertransport auf Lastwagen oder Waggons. Der weltweit modernste Containerterminal ist **Altenwerder**. Hier arbeiten nur noch wenige Menschen, fast alle Arbeitsvorgänge werden über Computer gesteuert: auch die Fahrzeuge, die die Container transportieren, und die Kräne, die sie aufstapeln.

Ein Dorf ist verschwunden: Da die Fläche von **Altenwerder** für die Hafenerweiterung benötigt wurde, mussten seit den 1970er Jahren alle Bewohner den Ort verlassen. Anschließend wurden die Häuser, Höfe und Obstgärten zerstört. Allein die St. Gertrud-Kirche steht noch: neben Autobahn, Containerterminal und einer Dorfstraße, die ins Nirgendwo führt.

Lecker! Nach Amsterdam ist Hamburg der größte Rohkakaohafen Europas. Rund 125.000 Tonnen Kakao kommen hier jährlich an: als loses Schüttgut oder in Säcken.

Der Hafen: Werften, Bagger und ein »Willkomm«

Von den St. Pauli-Landungsbrücken gut sichtbar sind die **Schwimmdocks 10** und **11** sowie das **Trockendock Elbe 17**. Es ist eines der größten Trockendocks Europas. Hier erhalten Kreuzfahrtschiffe wie »Freedom of the Seas« oder »Queen Mary 2« ihren neuen Schliff.

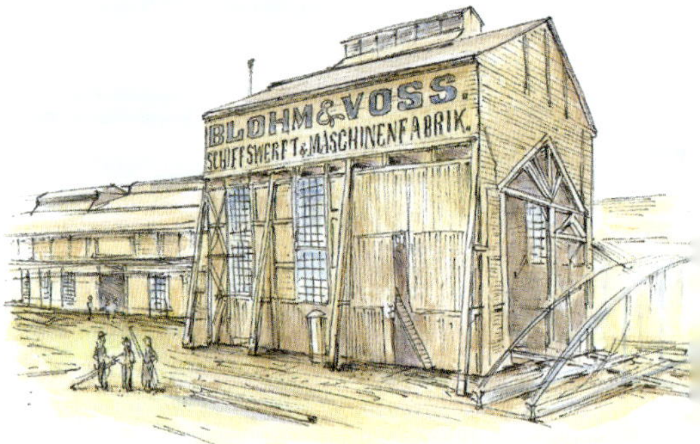

Früher gab es am Südufer der Elbe zahlreiche **Werften**. Heute sind es nur noch wenige, unter ihnen die Werft **Blohm + Voss**. Sie besteht seit 1877. Ihr gehört auch das Trockendock Elbe 17.

Saugbagger und **Eimerkettenbagger** wie »Odin« müssen das Hafenbecken ständig von Schlick säubern. Darüber hinaus soll die Elbe weiter vertieft werden. Zurzeit erreichen Containerschiffe mit einem Tiefgang bis zu 13,5 Meter den Hafen. Da die Pötte jedoch weltweit immer größer werden, wollen Senat und Hafenwirtschaft die Fahrrinne so weit ausbaggern lassen, dass auch Schiffe mit einem Tiefgang von 14,5 Meter einlaufen können. Umweltschützer befürchten die weitere Zerstörung von Wattgebieten und des wichtigen Deichvorlands, das zur Sicherheit der Deiche beiträgt.

Alle großen Pötte, die Hamburg ansteuern, werden begrüßt: von der Schiffsbegrüßungsanlage **WillkommHöft** in Wedel. Seit 1952 vollzieht sich das gleiche Ritual: Nach dem Senken (seemännisch: *dippen*) der Hamburg-Flagge erschallt ein »Willkommen in Hamburg« sowie das Hammonia-Lied (➣ Wappen), anschließend die zur Schiffsflagge gehörende Nationalhymne. Durch das Dippen seiner Flagge grüßt das Schiff zurück. Im nahe gelegenen **Schulauer Fährhaus** befindet sich ein Restaurant sowie ein ➣ **Buddelschiff**- und **Muschelmuseum**.

Hafenrätsel

Eine schwimmende Anlegestelle heißt

Am ehemaligen Fischereihafen steht seit 2005 ein ➢ Kontorhaus, auf das du hinaufklettern kannst (140 Stufen). Seine Form erinnert an einen Schiffsbug. Im Innern gibt es zwei echt schräge Lifte: Mit 2,5 Metern pro Sekunde zählen sie zu den schnellsten Schrägaufzügen weltweit. Wie heißt das Gebäude, das der Hamburger Architekt Hadi Tehrani entwarf?

Von 1876 bis 1934 existierte auf dem Kaiserspeicher (➢ HafenCity) eine **Zeitball-Anlage**. Jeden Mittag wurde ein großer schwarzer Lederball an einem Gestell hochgezogen und pünktlich um 12:00 Uhr (Greenwicher Zeit) drei Meter tief fallen gelassen. Alle Schiffer konnten nun ihre Chronometer auf die exakte Zeit nach Greenwich einstellen. Gesteuert wurde der Zeitball direkt von der Hamburger Sternwarte (➢ Wissenschaftler). Welches Gebäude wird gegenwärtig an diesem Ort errichtet?
die

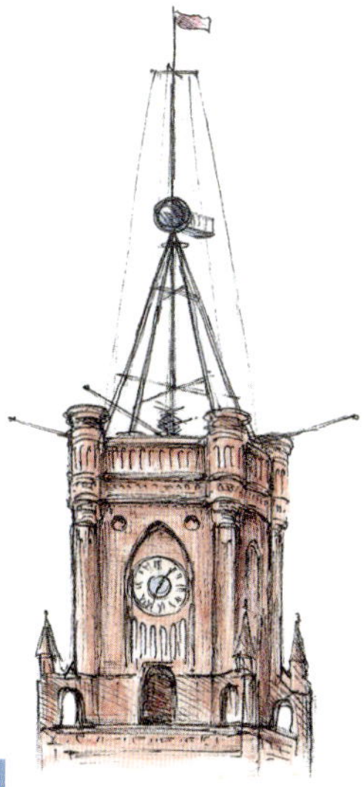

Das Entladen eines Schiffes nennt man

sind Schutzkissen, die den Schiffsrumpf beim Anlegen schützen.

An diesem Fluss lag Hamburgs Hafen viele Jahrhunderte:

Die Pfähle, die in den Grund gerammt werden, damit Schiffe an ihnen festmachen können, nennt man
Duck -

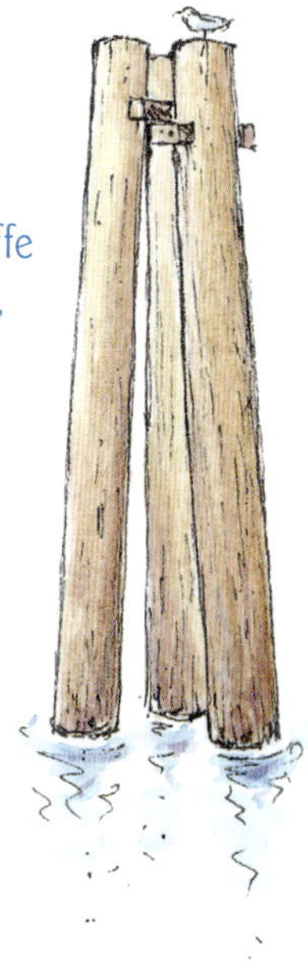

Die kurzen pilzförmigen Metallpfähle, an denen Seile befestigt werden, heißen

Ein Seeunfall wird als bezeichnet.

Ein Schiff im Hafen an einen anderen Liegeplatz bringen nennt man

Zum Hafen gehören natürlich auch die Fischer. Den Hochseefischern und ihren harten Arbeitsbedingungen setzte der Autor **Gorch Fock** (1880–1916) 1913 ein Denkmal: in seinem Roman »Seefahrt ist not!«. Hinter dem Pseudonym verbirgt sich der Finkenwerder Fischersohn Johann Kinau, der im Ersten Weltkrieg als Matrose diente. Mehrere Schiffe wurden nach Gorch Fock benannt, u.a. zwei Segelschulschiffe der Deutschen Marine. Wenn du die farbigen Buchstaben richtig ergänzt, erfährst du, wie eine berühmte Gedichtzeile von Gorch Fock lautet:
Mit der H ______ im H __ Z __ die W ___ umfassen.

St. Pauli-Landungsbrücken und Museumsschiffe

Herzstück des alten Elbhafens sind die **St. Pauli-Landungsbrücken**. 1839 entstand hier erstmals ein Landungsplatz für Dampfschiffe: Wegen Feuergefahr durften diese nämlich nicht nach Hamburg hineinfahren. 1909 erhielten die Landungsbrücken ihr heutiges Aussehen. Zwei Ecktürme und zwei Kuppeln schmücken das imposante Tuffstein-Gebäude. Der Uhrenturm am Ostende zeigt den aktuellen Wasserstand an.

Von den Landungsbrücken starten zahlreiche Boote zur ➢ **Hafenrundfahrt**. Zudem fährt die **HADAG-Fähre 62** alle 15 Minuten nach Finkenwerder; für sie gilt ein HVV-Ticket. Die Barkassen-Linie **Maritime Circle Line** startet von 10 bis 18 Uhr alle zwei Stunden zur BallinStadt und zum Hafenmuseum (Abfahrt Brücke 10).

Über welcher **Brücke** findest du diese Figur?
Brücke ▢

Ein echter **Windjammer** ist das ➢ Museumsschiff **Rickmer Rickmers**. 1896 erbaut, umsegelte der Dreimaster mehrfach Kap Hoorn. Aus Hongkong brachte er Reis und Bambus mit. Zur Besatzung zählten neben Kapitän, Matrosen und Segelmachern auch vier Schiffsjungen. Im Maschinenraum kannst du Dampfmaschine und Dieselmotor bestaunen. Somit verfügte das Schiff über drei Antriebsarten: Wind, Dampf und Diesel. Benannt ist der Großsegler nach dem damals vierjährigen Enkel des Firmengründers. Seine Gestalt reiste als **Galionsfigur** mehrfach um die Welt.

An der Überseebrücke liegt der größte **seetüchtige ➢ Museumsfrachter** der Welt: die **Cap San Diego**, genannt »Weißer Schwan des Südatlantiks«. Der schnelle Stückgutfrachter wurde 1961 für die Reederei Hamburg Süd gebaut. Bis 1981 fuhr er rund 120 Mal nach Südamerika und transportierte dabei Maschinen, Chemikalien und Autos. Auf der Rückfahrt hatte er Kaffee, Fleisch, Textilien und Süßöle an Bord. Auch lebende Kühe wurden verschifft: hin und wieder wurden unterwegs sogar Kälber geboren! In den 1980er Jahren verdrängten die Containerschiffe die Stückgutfrachter; die Cap San Diego wurde zum Museumsschiff. Noch heute kann man an Bord übernachten. Jeden Samstag und Sonntag gibt es **Funkvorführungen** (10–16 Uhr).

Das englische **Feuerschiff** war einst ein schwimmender Leuchtturm. Heute ist es ein Veranstaltungsschiff – Konzerte im Maschinenraum inklusive.

Manche Museumsschiffe, wie die von 1908 stammende **Schaarhörn**, fahren noch regelmäßig durch den Hamburger Hafen. Das elegante Zwei-Schrauben-Schiff diente den Senatoren früher als »Staatsyacht«. Es überwintert im ➢ Traditionsschiffhafen.

Ein weiteres Museumsschiff ist die 94 Meter lange **Bleichen**. Unter dem Namen Old Lady fuhr sie einst durchs Schwarze Meer. Heute liegt der 1958 erbaute Stückgutfrachter beim ➢ **Hafenmuseum** vor Anker, neben einem Dampfsaugbagger und einem schwimmenden Dampfkran. Hier finden viele tolle Kinder-Aktionen zum Thema Hafenarbeit statt, auch **Tauchvorführungen**.

Das größte Spionage-U-Boot der Welt ist das ➢ **Museums-U-Boot U-434**: Es ist 90 Meter lang und kann 500 Meter tief tauchen. Das ehemalige sowjetische **Spionage-Schiff** wurde 1976 für die U-Boot-Jagd gebaut. Eine spezielle Beschichtung machte es den westlichen Geheimdiensten schwer, das U-Boot zu orten.
Seit 2010 ankert es neben der ➢ Fischauktionshalle, um bei Hochwasser fast ganz »unterzutauchen«.

Rallye vom Alten Elbtunnel zum Fischmarkt

Auf dem **Stintfang**, oberhalb des U/S-Bahnhofs »Landungsbrücken«, befindet sich eine **Aussichtsterrasse**, genannt **Hafen-Balkon**. Von ihr hast du einen tollen Blick über den Hafen – und auf Deutschlands nördlichsten **Weinberg**. An gut 100 Reben reifen hier die Trauben für den »Stintfang Cuvée«, den die Bürgerschaft an besondere Gäste verschenkt. Je nach Jahrgang ergibt die Weinlese bis zu 50 Flaschen.

Welche Traubensorten gedeihen hier?

und

In einem schönen Kuppelbau westlich der Landungsbrücken befindet sich der Eingang zum **Alten Elbtunnel**. Als der Tunnel 1911 eröffnet wurde, galt er als technische Sensation: War er doch der erste Fahrstuhltunnel der Welt! Er ist 426 Meter lang und verbindet die Landungsbrücken mit Steinwerder und den Hafengebieten südlich der Elbe. In der Mitte des Bauwerks liegt die Tunneloberdecke nur sechs Meter unter der Elbe. Von Montag bis Freitag dürfen Autos den Tunnel befahren: Sie werden in vier Fahrkörben mit hydraulischem Antrieb hinabgelassen. Für **Fußgänger** und **Radfahrer** ist der Tunnel täglich geöffnet. Von Steinwerder hast du einen schönen Blick auf den Hafen. In den gekachelten Tunnelröhren kannst du viele Reliefs entdecken: mit Schollen, Krebsen, Seesternen, Delfinen – und alten Stiefeln.

Welche Tiere knabbern daran?

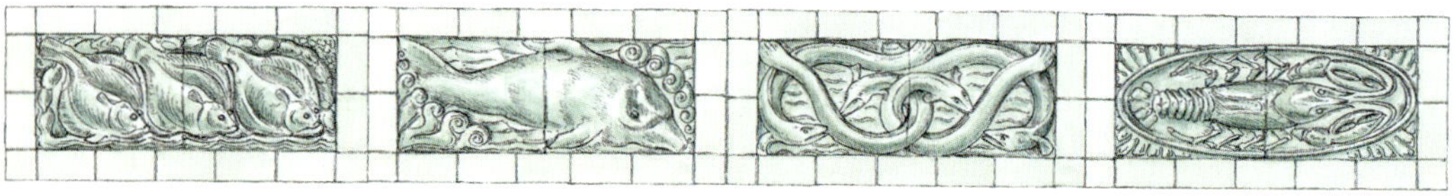

Nicht weit entfernt erhebt sich das **Bismarck-Denkmal**. Es wurde 1906 auf der alten Bastion Casparus errichtet. Die Figur des Reichskanzlers Otto von Bismarck (1815–1898) ist 14 Meter hoch. Insgesamt ist das Denkmal 34 Meter hoch und damit das größte Hamburgs. Im Laufe der Zeit hat sich im Inneren eine Tropfsteinhöhle gebildet.

Welcher mittelalterlichen Figur ist das Standbild nachempfunden?

\- Figur

Welche Vögel hocken wohl zu seinen Füßen?

Auf dem Weg zum Fischmarkt kommst du an den Häusern der **Hafenstraße** vorbei. 1981 wurden die Häuser Nr. 116–126 spektakulär besetzt – aus Protest gegen die Hamburger Wohnungspolitik. In den folgenden Jahren gab es hier häufig Krawall, und die **Bewohner** errichteten Barrikaden. 1987 schlossen Senat und Hausbesetzer Frieden und einigten sich auf einen Pachtvertrag. Die Häuser wurden saniert.

Kurz vor dem Fischmarkt liegt der kleine **Platz der Seefahrt**. Die **Statue** von 1985 trägt den Gedenkspruch: »Der unvergänglichen See / den Schiffen die nicht mehr sind / und den schlichten Männern deren Tage nicht wieder kehren.«
Von welchem Autor stammt er?
☐☐☐☐☐☐ ☐☐☐☐☐☐

Die Altonaer **Fischauktionshalle** von 1895/96 diente früher als Anlegeplatz für die deutsche Fischereiflotte. Bei Sturmflut steht der Eisen-Backsteinbau häufig ☐☐☐☐☐ Wasser.

Nach welcher römischen Göttin ist der Brunnen in der Mitte des Platzes benannt?
☐☐☐☐☐☐☐

Jeden Sonntag findet hier der **Fischmarkt** statt, wo es neben Hering, Lachs und Butt auch Blumen, Obst und Trödel gibt. Der Fischmarkt existiert seit 1730. Lauthals preisen Verkäufer ihre Waren an. Für einen Besuch musst du früh aufstehen!
☞ 5–9:30 Uhr (Okt–Mrz ab 7 Uhr)

Die beiden Figuren am Rande des Platzes haben ordentlich eingekauft!
Wie viele Fische und wie viele Bananen tragen sie? (in Buchstaben)
☐☐☐☐ Fische
☐☐☐☐☐☐☐☐ Bananen

Die dunkelblauen Buchstaben ergeben in der richtigen Reihenfolge den Kosenamen für einen echten »Hamborger Jung«:
B☐☐☐☐☐

Etwa 200 Meter westlich des Platzes, an der Großen Elbstraße, stehen zwei **Rollwippdrehkrane** aus dem Jahr 1939. Sie bewegten sich auf Schienen an der Kaimauer entlang und konnten Lasten vertikal *und* horizontal bewegen. Die Umstellung auf Container machte die Wippkrane überflüssig.

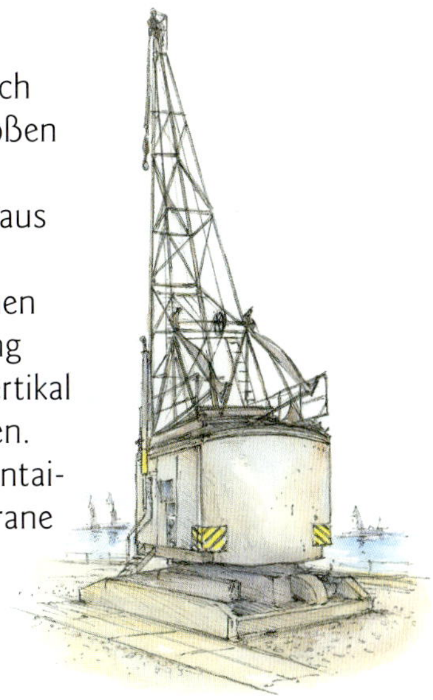

Speicherstadt: Tee, Kaffee, Kakao und ...

Die Hamburger Speicherstadt ist der größte Lagerhauskomplex der Welt und seit 2015 Weltkulturerbe. Die roten Backsteinhäuser strahlen mit ihren Türmen und Erkern eine ganz besondere Atmosphäre aus. Erbaut wurden die Speicher von 1885 bis 1927 auf Eichenpfählen. Und das kam so:

Früher durften die Kaufleute ihre Waren in ganz Hamburg zollfrei lagern. Dies änderte sich 1881, als Hamburg dem Deutschen **Zollverein** beitreten musste. Hamburg errichtete nun einen **Freihafen** mit einer **Speicherstadt**: Nur hier durfte noch zollfrei gelagert werden. Für den Bau der Speicher wurden zahlreiche prachtvolle Barockhäuser abgerissen, rund 20.000 Menschen mussten ihre Wohnungen aufgeben.

In den Speichern wurden Waren gelagert, die hohe Luftfeuchtigkeit brauchen und nicht gekühlt werden müssen, wie Kaffee- und Kakaobohnen, Tee, Baumwolle, Tabak, Gewürze und Teppiche. Mit der **Seilwinde** (Winsch) wurden die Säcke oder Kisten direkt von den Fleeten auf die Speicherböden gehieft. Das war sehr arbeitsintensiv: Unten mussten zwei Männer aufpassen, oben drei. Diese Art der Lagerung ist heute zu teuer. Zudem haben Container meist die Säcke als Transportmittel abgelöst. Heute lagern hier keine Kakaobohnen und Gewürze mehr.

Gebaut wurde die Speicherstadt von der »Hamburger Freihafen-Lagerhaus-Gesellschaft«, die 2005 in »Hamburger Hafen und Logistik AG« (HHLA) umbenannt wurde. Noch heute verwaltet sie die Speicher. Ihren Hauptsitz hat sie im **»Rathaus der Speicherstadt«**, einem prächtigen Gebäude in der Straße Bei St. Annen 1. An der Fassade kannst du Menschen, Tiere und Fabelwesen erkennen.

Die Aufsicht über die richtige Lagerung der Waren hatten die **Quartiersleute**. Ihr typisches Arbeitsinstrument ist der **Probenstecher**. Das abgeschrägte Rohr kann zur »Stichprobe« in einen Sack gedrückt werden, ohne ihn zu zerstören. Die Quartiersleute organisierten sich (seit 1693) meist in Vierergruppen. Einer gab der Firma seinen Namen, die anderen wurden zu Teilhabern, den »Consorten« (= & Cons.). Findest du die Firmen Eichholtz & Cons., Ockelmann & Cons. und andere?

Weißt du, von welchem Kontinent der Kaffeestrauch ursprünglich stammt?

Und der Kakaobaum?

*Die Speicherstadt ist **Überflutungsgebiet**: Bei Sturmflut steht sie unter Wasser. Auch an normalen Tagen kannst du das Sinken und Steigen des Elbwassers in den Fleeten gut beobachten. Entdeckst du den Höchststand des Wassers über Normalnull in der Speicherstadt? Achte auf die roten Plaketten, u.a. beim ➢ Speicherstadtmuseum. Die Innenstadt ist durch eine hohe Mauer längs des Zollkanals vor Überflutung geschützt.*

... fliegende Teppiche

Noch immer liegt ein Hauch von **1001 Nacht** in der Speicherstadt. Hier befindet sich das größte Orientteppichlager der Welt, mit Teppichen aus Iran, Afghanistan, Pakistan und Indien. Daneben gibt es orientalische Sitzkissen, Kameldecken und geschwungene afghanische Schuhe. In silbernen Samowars brodelt der Tee (persisch: Tschai), auch für die Lkw-Fahrer, die mit ihrer kostbaren Fracht oft viele Tage auf staubigen Pisten unterwegs waren.

Die **Woll-** und **Seidenteppiche** sind insgesamt mehrere Milliarden Euro wert. Die meisten werden von hier weiterverschifft: in die USA, nach Australien oder Südafrika. Wenn du an einem Werktag durchs Viertel gehst, kannst du die Teppiche sogar **fliegen** sehen – an einem Haken, der rund 750 Kilo Fracht tragen kann.

Manche Teppiche erzählen eine Geschichte, wie die vom persischen **König Bahram** und einer **Sklavin**. Die Sklavin wollte dem stolzen König eine Lektion erteilen. Eines Tages lud sie ein neugeborenes Kalb auf ihre Schultern und trug es herum. Dies tat sie viele Monate. Je größer und schwerer das Tier wurde, desto kräftiger wurde auch die Sklavin. Als König Bahram eines Tages sah, wie sie mit Leichtigkeit den schweren Stier schulterte, war er voller Bewunderung. Daraufhin sagte sie zu ihm:

کا ر به کردن از پر کردن است.

Wenn du wissen möchtest, was der persische Spruch bedeutet, musst du die farbigen Buchstaben der Speicherstadt-Rallye richtig ergänzen:

Ü _ _ _ _   _ _ _ _ _   _ _ _   M _ _ _ _ _ _

Auf alten Speicherböden: 1001 Museum

Auf vielen alten Lagerböden findest du heute spannende ➢ **Museen**. Einige bieten auch Kinderführungen an.

Im **Speicherstadtmuseum** erfährst du viel über die Geschichte des Viertels – inmitten von Teekisten, Peekhaken, Seilwinden, alten Fotos und Gummi arabicum. Tolle Kinder-Rallyes führen durchs Quartier.

Das **Miniatur Wunderland** ist wirklich ein Wunderland: Hier kannst du die größte **Modelleisenbahnanlage** der Welt bestaunen (im Maßstab 1:87). Mehr als 930 Züge sausen auf über 13.000 Meter Gleislänge durch Tag und Nacht, vorbei an Bergen, Höhlen, Burgen und »Knuffington Airport«. Über 200.000 Figuren bevölkern die Landschaften. Führungen ermöglichen einen Blick hinter die Kulissen.

In der »Geschichts-Geisterbahn« **Hamburg Dungeon** wird es gruselig: Piraten, Pest und Cholera erwarten dich. Die Show mit verkleideten Schauspielern ist nur für ältere Kinder geeignet!

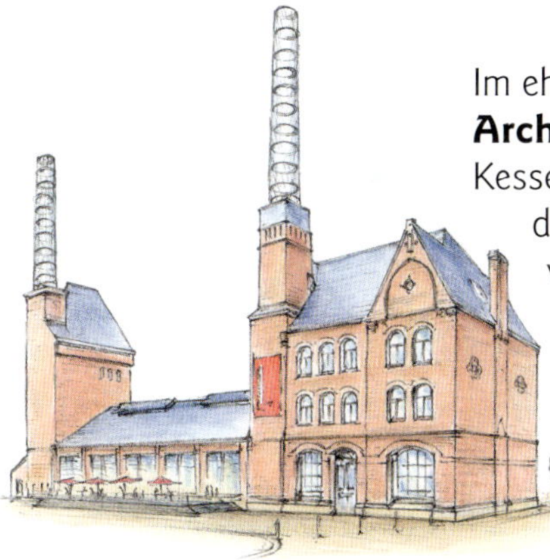

Im ehemaligen **Kesselhaus** findest du ein **Architekturmodell** der ➢ HafenCity. Das Kesselhaus war einst die Energiezentrale der Speicherstadt. In großen Kesseln wurde Kohle verfeuert. Die so gewonnene Dampfenergie lieferte den Wasserdruck für den hydraulischen Windenantrieb. Auch der Strom für die 4000 Glühlampen des Viertels stammte von hier. Die beiden Schornsteine wurden im Zweiten Weltkrieg zerstört.

Im **Deutschen Zollmuseum** kannst du die Tricks der Schmuggler kennenlernen. Denn eines muss man den Schmugglern lassen: Sie sind äußerst erfindungsreich. Doch auch die Zöllner sind gewieft: Sie fanden Schmuggelware in Golfbällen, Hüten, Broten und Mandeln! Bis 1985 diente das Gebäude dem Zoll als Orientteppich-Abfertigungsstelle. Die Zöllner schätzten hier den Wert der Teppiche: Knoten zählen war angesagt.

Vanille, Muskatnuss & Co.: In **Spicy's Gewürzmuseum** ist das Riechen, Schmecken und Anfassen der zahlreichen Gewürze ausdrücklich erlaubt.

In der Ausstellung **Dialog im Dunkeln** tappst du tatsächlich im Dunkeln! Doch keine Angst: Blinde Menschen führen dich, und du erlebst deine anderen Sinne viel stärker als sonst (nur mit Anmeldung).

Speicherstadt-Rallye

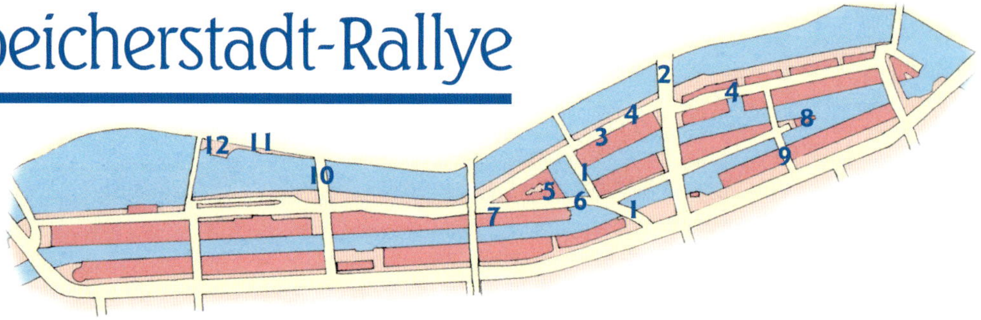

1. In der Speicherstadt gibt es viele schöne **Brücken**. Ihre Namen erzählen von der Geschichte des Viertels, wie
N _ _ erw _ _ _ brücke oder
K _ _ _ _ _ _ _ _ _ _ _ _ _ _ _ -brücke

2. Wen stellen die beiden Figuren an der **Kornhausbrücke** dar?
_ _ _ _ _ _ _ _ und
_ _ _ _ _   _ _   _ _ _ _

Das Kornhaus war ein wichtiger Getreidespeicher für Notlagen. Es wurde 1871 abgerissen.

3. Jeder Speicherblock ist durch einen Buchstaben gekennzeichnet. Welchen Buchstaben trägt der Speicher im Neuen Wandrahm, den diese **Sandsteinstatue** ziert?
Hier hat die erste Gruppe der TV-Serie »Die Pfefferkörner« ihr Hauptquartier (➢ Medien).
Block _

4. Im Spätmittelalter lebten hier niederländische **Tuchmacher**. Zum Spannen der Stoffe (Tuche, Wande) verwendeten sie hölzerne Rahmen, genannt »Wandrahmen«. Zwei Straßennamen erinnern daran:
A _ _ _ _ Wandrahm und
_ _ _ _ _ Wandrahm.

5. An welchem ➢ Kontorhaus mit sehenswertem Innenhof prangt dieser **Löwe**?
_ _ _ _ _ _ _ _ _ _ _ _ - Hof
Wie lautet wohl die moderne Schreibweise?
_ _ _ _ _ _ _ _ _ _ - Hof

6. Welcher Architekt bezeichnete die Speicherstadt als »liebevoll« und »lustig«? Eine Info-Tafel auf der **Pickhubenbrücke** gibt dir Auskunft:
_ _ _ _ _ _   _ _ _ _ _ _ _ _ _ _

Er ist auch der Erbauer des Kaispeichers A (➢ HafenCity).

7. Welcher **Tee** exportierende Staat hat sein Honorargeneralkonsulat in Pickhuben 9?
_ _ _   _ _ _ _ _
Sein früherer Name lautet:
C _ _ _ _ _
Hier befindet sich auch der erste Mieter der Speicherstadt: die Teehandelsfirma Hälssen & _ _ _ _ (seit 1887).

8. Die zweite bis fünfte Generation der TV-Serie »Die Pfefferkörner« hat ihr Quartier im **»Wasserschlösschen«**, in dem einst die Windenwächter wohnten. Heute birgt das »Wasserschloss« ein Café und einen Teekontor mit schwarzen, weißen, grünen und _ _ _ _ _ _ Teesorten.
Bis zu 4000 Tonnen Tee lagerten früher in der Speicherstadt, genug für zwei Milliarden Tassen.

9. In welcher Straße lebten einst die **Diener** des Rates?
In der _ _ _ _ _ _ _ _ _ _ _

10. In die **Brooksbrücke** fügte Kaiser Wilhelm II. 1888 mit drei Hammerschlägen feierlich den **Schlussstein** ein. Findest du ihn?
Die an den Brückenenden aufgestellten Bronzefiguren wurden im Zweiten Weltkrieg zerstört. 2003 und 2006 wurden sie neu errichtet.
Welche **Statuen** sind es?
E _ _ _ _ _ H _ _ _ _ _ _ _ _
Erzbischof _ _ _ _ _ _
Kaiser Friedrich I. _ _ _ _ _ _ _ _ _ _

11. Außerhalb der Speicherstadt erhebt sich der **Neue Kran** von 1858. Er wurde 1896 elektrifiziert und erst 1974 stillgelegt.

12. Nicht weit vom Kran entfernt steht ein zinnengeschmückter Backsteinbau. Es ist das ehemalige Wohn- und Dienstgebäude des
_ _ _ _ _ _ _ _ _ _ _ _
Er bediente drei Kräne.

Ausruhen und etwas essen kannst du in vielen Museumscafés. Auch im kleinen **Fleetschlösschen** ☞ Brooktorkaibrücke oder in der **Kaffeerösterei** ☞ Kehrwieder 5, schmeckt es lecker.

*Die Speicherstadt kannst du auch auf einer Barkassenfahrt kennenlernen, z.B. auf der **Schmuggelfahrt** (➢ Stadtführung). Wichtig ist nur, dass der Kapitän den Gezeitenkalender kennt: Denn vor einigen Jahren blieb mal eine Barkasse im Schlick stecken … Und das ist kein Seemannsgarn!*

Die HafenCity

Wenn du Krane, Bagger und riesige Baugruben magst, bist du hier richtig: auf Europas größter innerstädtischen Baustelle. Seit 2001 entsteht hier ein neuer Stadtteil: die **HafenCity**. Viele Häuser, Straßen, Brücken und Plätze sind bereits fertig, insgesamt 12.000 Menschen sollen hier leben.

Das spektakulärste Projekt ist die **Elbphilharmonie**, an der seit 2007 gebaut wird. Der 1966 errichtete **Kaispeicher A** wurde dafür völlig entkernt (links). Über seiner rot geklinkerten Fassade erhebt sich nun ein geschwungener Glaspalast mit Konzertsälen, Cafés und einer Aussichtsplattform (»Plaza«), die in 37 Meter Höhe einen Rundumblick erlaubt. Einmalig ist die 80 Meter lange, gewölbte Rolltreppe im Eingangsbereich. Ab 2017 finden in der Philharmonie Konzerte statt, im »Kaistudio« auch für Kinder.

Der Kaispeicher A hatte einen imposanten Vorläuferbau: den **Kaiserspeicher** von 1875. Hier lagerten Kakao, Tee und Tabak. Seeschiffe konnten direkt am Speicher anlegen.

Ein **Architekturmodell** der HafenCity findest du im Kesselhaus (➣ Speicherstadt).

Hamburgs ältestes künstliches Hafenbecken, der **Sandtorhafen** von 1866, wurde zu einem **Traditionsschiffhafen** umgestaltet. Bis zu 20 historische Schiffe liegen hier. Auf dem Schwimmkran Greif ist **Harry's Hafenbasar** zu besichtigen, mit Souvenirs aus aller Welt, die Seeleute früher von ihren Reisen mitbrachten (im Winter geschlossen).

Drei Windräder stehen auf dem Dach der **Greenpeace-Zentrale**. Drinnen informiert eine Dauerausstellung über Kampagnen. Zu sehen sind das

Im **Grasbrookpark** findest du den Schatzinsel-Spielplatz. Auch im **Lohsepark** gibt es Spielplätze und Picknicktische.

Greenpeace-Schiff MS Beluga und ein sechs Meter hoher Totempfahl, ein Geschenk des kanadischen Stammes ______. ☞ Di–Fr 10–17 Uhr

Die **Magellan-** und **Marco-Polo-Terrassen** laden zum Spielen und Verweilen ein.

Im schönen Kaispeicher B befindet sich das ➢ **Internationale Maritime Museum**. Tausende Schiffsmodelle gibt es hier zu sehen – und die Queen Mary 2 aus Lego. Aus wie vielen Steinen besteht sie? ca. ___.___

Eine Statue von **Klaus Störtebeker** (➢ Piraten) steht gegenüber dem Maritimen Museum.

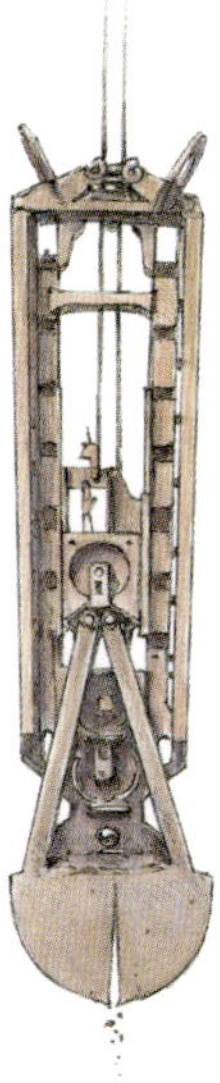

Die neue U4-Strecke wird nicht gebohrt, sondern ausgehoben: mit dem **Schlitzwandgreifer**. Er ist 11,5 Meter hoch, 25 Tonnen schwer und sein Maul einen Meter breit. Geführt wird er von einem Seilbagger. Die Schlitzwände stützen die Seiten der Tunnelgrube und schützen sie vor fließendem Wasser. Insgesamt entstehen 52.000 m² Schlitzwandfläche.

Neben der 170 Meter langen **Baakenhafen-Brücke** erhebt sich der **ViewPoint**. Der Turm ist 13 Meter hoch und blickt auf die HafenCity-Uni und viele Baugruben.

Im **U-Bahnhof HafenCity Universität** der U4 hängen zwölf **Leuchtcontainer** von der Decke. Wie die Metallplatten an den Wänden erinnern sie an den Hafen. Jeder Container ist sechs Tonnen schwer und besitzt 280 farbige LEDs. Diese ändern ständig ihre Farbe – am Wochenende zwischen 10 und 18 Uhr auch bei klassischer Musik (zur vollen Stunde).

Zeitreise: Kindheit und Jugend damals

Natürlich lebten Hamburger Kinder früher anders als heute. Es gab z.B. nur wenige Schulen. Arbeiten war im Mittelalter wichtiger als Rechnen, Schreiben oder Lesen lernen. Handwerkerkinder halfen schon früh im Betrieb ihrer Eltern. Andere Kinder verdienten bereits mit fünf Jahren ihr eigenes Geld. Die wenigen Schüler wurden meist zu Geistlichen ausgebildet. Sie taten in der Kirche Dienst und sangen bei Gottesdiensten. Mädchen durften erst ab dem 16. Jahrhundert die Schule besuchen – höchstens zwei Jahre lang. Erst 1870 wurde die allgemeine Schulpflicht eingeführt. Kinder spielten damals mit Puppen, Holzrittern, Knöpfen und Murmeln oder ließen Drachen steigen.

Für die **»Reise durch die Vergangenheit«** braucht ihr Papier, Stifte, einen Würfel und Spielfiguren. Wer beim Würfeln auf einem Text landet, notiert sich den Buchstaben. **Variante 1:** Wenn ein Spieler das Ziel erreicht hat, zählt jeder seine Punkte. Dabei hat jeder Buchstabe den Wert seines Platzes im Alphabet (A=1, Z=26). Wer hat die meisten Punkte? **Variante 2:** Hier ist eure Fantasie gefragt. Jeder bildet nach Spielende einen Satz, dessen Wörter mit den gesammelten Buchstaben beginnen, z.B. t, w, s, a »**T**ausend **W**asserträger **s**ammeln **A**ale«; oder t, h, s, j, a, n »**H**err **S**törtebeker **j**agt **a**bends **n**ie«.

1. Auf den Hamburger Jahrmärkten konnten Kinder seit 1350 **Gaukler** bestaunen. Der Legende nach war auch **Till Eulenspiegel** in Hamburg. **(T)**

2. Im Mittelalter trugen die Mädchen ihre Haare lang und offen. Wenn sie heirateten, bedeckten sie ihr Haar mit einer **Haube**. Daher rührt die Redensart »unter die Haube kommen«. **(H)**

3. Mädchen und Jungs trugen **Holztrippen** unter ihren Lederschuhen, um diese vor Straßenschmutz zu schützen. **(H)**

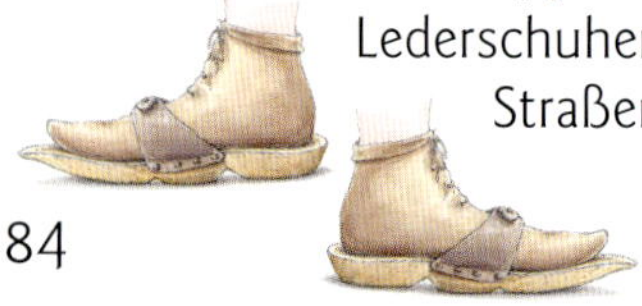

4. Ein beliebtes Kleidungsstück war der Kapuzenschal, genannt **Gugel**. **(G)**

5. 1604 wurde in Hamburg das erste **Waisenhaus** eröffnet, angeregt durch niederländische Zuwanderer. Bald wurden hier 300 Kinder betreut. **(W)**

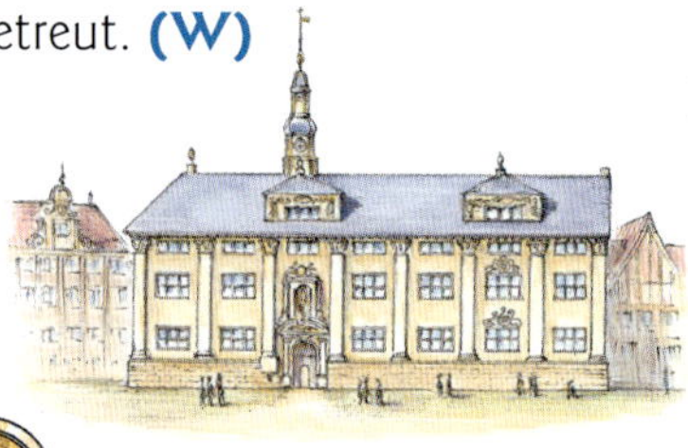

6. Der Philosoph und Mathematiker **Joachim Jungius** wurde 1629 Rektor des Johanneums. Er erzog seine Schüler zu selbstständigem Denken sowie zu eigenständiger Naturbeobachtung. Damit war er seiner Zeit weit voraus. **(J)**

7. Das **Volksfest Waisengrün** wurde zwischen 1633 und 1876 jeden Juli gefeiert. Dabei zogen Waisenkinder unter Musikbegleitung durch die Straßen und sammelten Geldspenden. **(V)**

8. 1638 bestaunten Hamburger Kids erstmals einen lebendigen **Elefanten**. **(E)**

9. Welche Tochter bekommt von ihrem Vater schon eine Insel geschenkt? Dies geschah Dorothea im Jahr 1672: Sie erhielt von ihrem Papa, einem Herzog, die größte Flussinsel Europas: **Wilhelmsburg**. Fortan durfte sie sich »Gräfin von Wilhelmsburg« nennen. **(W)**

10. Beliebt bei Kindern war der **Lämmermarkt**, auf dem man Tiere und Spielzeug kaufen sowie Karussell fahren konnte. Er fand zwischen 1722 und 1914 jedes Jahr statt. **(L)**

11. Seit dem 18. Jahrhundert liefen Kinder auf der zugefrorenen Alster **Schlittschuh**. Wer es sich leisten konnte, fuhr auf der zugefrorenen Elbe Pferdeschlitten. **(S)**

12. Das Altonaer Gymnasium Christianeum öffnete sich im 18. Jahrhundert erstmals auch für **jüdische Schüler**. **(J)**

13. Hamburger Kinder kannten viele **Abzählreime**, z.B. »Elleri-selleri-sibberi-sa-sibberi-sabberi-knull«. **(A)**

14. **Hamburger Speck** war stets ein beliebtes Naschwerk auf dem Dom. Er ist weiß und rot, wie die Hamburger Landesfarben. **(S)**

15. 1839 erfand der Theologe Johann Hinrich Wichern den **Adventskranz**. Zeit seines Lebens setzte sich Wichern für arme und vernachlässigte Hamburger Kinder ein. **(A)**

16. 1863 entstand am Dammtor Hamburgs erster **Zoo**. Direktor wurde Alfred Brehm. **(Z)**

17. Ab April 1900 gab es am Spielbudenplatz ein **Kino**: »Knopf's Lichtspielhaus«. **(K)**

18. 1910 wurden **Physik** und **Chemie** Pflichtunterricht an der Israelitischen Töchterschule (seit 1884), neben Englisch, Französisch, Hebräisch, Hauswirtschaft und Buchhaltung. **(P)**

19. Im Winter sausten Kinder mit einer **Kreek** die Elbhänge hinunter. Eine Kreek ist ein selbst gebauter Schlitten, der mit einer Stange gelenkt wird. Das Fahren nannte man **Rüschen**. **(R)**

20. Nicht nur der Zweite Weltkrieg, auch die **Nachkriegszeit** war für Hamburger Kinder bitter. Viele hungerten und froren. Hier klauen Jungen in der Nähe der Sternschanze Kohlen von einem vorbeifahrenden Güterzug (1946). **(N)**

21. Das erste Hamburger **Seifenkisten-Derby** fand im Juni 1950 statt: Drei Tage lang sausten Kinder in ihren selbst gebauten Kisten um die Wette. **(S)**

Buchstabenwerte:

A = 1	N = 14
E = 5	P = 16
G = 7	R = 18
H = 8	S = 19
J = 10	T = 20
K = 11	V = 22
L = 12	W = 23
	Z = 26

Einwanderung früher: Niederländer, Franzosen …

Im 16. Jahrhundert war Hamburg eine blühende Handelsstadt. Viele Menschen zogen hinzu. Manche kamen von weither, wie Niederländer und portugiesische Juden, die vor politischer und religiöser Unterdrückung flohen. Um 1650 stammte ein Viertel der Hamburger Bevölkerung aus dem Ausland.

Rat und Kaufmannschaft nahmen die Fremden gern auf – belebten sie doch mit ihren Handelskontakten die Wirtschaft. Die lutherische Geistlichkeit übte dagegen heftige Kritik. Denn die Einwanderer waren anderen Glaubens: Sie waren **Mennoniten**, **Katholiken**, **Reformierte** (Calvinisten) oder **Juden**. Ihnen wurde 1603 der Bau eigener Gotteshäuser verboten. Allein die englischen Kaufleute, die **Merchant Adventurers**, durften ihre Gottesdienste nach **anglikanischem** Ritus abhalten (seit 1611). Der Hamburger Rat überließ ihnen sogar ein eigenes Haus, das bald das **»Englische Haus«** hieß (rechtes Bild).

Im Nachbarort **Altona** war man toleranter, weshalb viele Migranten ihre Gotteshäuser dort erbauten: in einem »Freiheit« genannten Bezirk. Hier stand auch diese **Synagoge** von 1771.
Die Straßennamen _ _ _ _ _ _ Freiheit und _ _ _ _ _ _ Freiheit erinnern noch heute an diesen Freiraum.

Die **Niederländer** stellten mit Abstand die größte und wirtschaftlich erfolgreichste Einwanderergruppe dar. Um 1650 waren 32 der 42 großen Hamburger Handelshäuser im Besitz niederländischer Familien.
Die **Familie Roosen** gehört zu den ältesten mennonitischen Familien Altonas. Hier siehst du ein Bild des Reeders Berend Roosen in seinem ➢ Kontor.

Die brutale Durchsetzung der **Französischen Revolution** von 1789 trieb viele Franzosen außer Landes. Rund 10.000 Emigranten wurden von Hamburg und Altona bereitwillig aufgenommen.
Sie fanden Arbeit als Sprach- und Tanzlehrer, als Koch oder in der Parfümerie. Eine Gräfin arbeitete sogar als Wasserträgerin.

Der französische Landschaftsgärtner Daniel Louis Jacques gründete in Nienstedten ein Restaurant, das noch heute existiert: das berühmte **»Jacob«** mit seiner oft gemalten **Lindenterrasse** (hier von Max Liebermann, 1902).

… und Juden

Um 1600 siedelten erstmals Juden in Hamburg. Sie kamen aus anderen Teilen Deutschlands oder aus **Portugal** und **Spanien**, wo sie vor der Zwangschristianisierung geflohen waren. Mit ihnen schloss der Rat 1612 einen ersten **Vertrag**: Die Juden erhielten das Recht, sich in der Hansestadt niederzulassen. Religiöse Treffen wurden ihnen jedoch verboten. Auch durften sie die Stadt nur durch das Millerntor betreten oder verlassen. Viele Juden waren als Kaufleute tätig: Sie handelten mit Zucker, Kakao, Tabak oder Gewürzen.

Einen eigenen **Friedhof** gewährte ihnen zunächst nur Altona: Er entstand 1611 an der **Königstraße**. Bis 1869 wurden hier über 8000 Juden begraben. Wegen seines Alters und seiner Größe gilt dieser Friedhof als eines der bedeutendsten jüdischen Gräberfelder weltweit. Ungewöhnlich ist, dass viele Steine mit Engeln oder Totenköpfen verziert sind. Ein Besuch ist sehr beeindruckend.
☞ Di, Do, So 14–17 Uhr, Tel. 344293

Der jüdische Bankier **Salomon Heine** (1767–1844) war als 17-Jähriger mit nur 16 Groschen nach Hamburg gekommen. Später förderte er die Stadt als Mäzen mit seinem Geld. Er finanzierte den Bau des Israelitischen Krankenhauses und unterstützte den Wiederaufbau der Stadt nach dem Großen Brand 1842. Dennoch blieb ihm das Bürgerrecht verwehrt – wegen seines Glaubens. Erst 1849 beschlossen Rat und Bürgerschaft die **politische Gleichstellung** der Hamburger Juden.

Als junger Mann lebte der ➢ Dichter **Heinrich Heine** mehrere Jahre bei seinem Onkel Salomon. Sein Lieblingsplatz waren die Alstercafés: *»Da saß ich gut, gar manchen Sommernachmittag, und dachte, was ein junger Mensch zu denken pflegt, nämlich gar nichts, und betrachtete, was ein junger Mensch zu betrachten pflegt, nämlich die jungen Mädchen, die vorübergingen …«* Auf dem Rathausmarkt findest du Heines **Denkmal**. (Um frühere Denkmäler hatte es heftig Streit gegeben: Sie wurden von Antisemiten zerstört oder, zu ihrem Schutz, außer Landes gebracht.)

Im 19. Jahrhundert nannte man das **Grindelviertel** »Klein-Jerusalem«, die dortige Buslinie »Jerusalem-Expreß«. Denn hier lebte ein Großteil der nun rund 17.000 Hamburger Juden. 1906 wurde hier die erste große, frei stehende Synagoge der Hansestadt eingeweiht, die **Bornplatz-Synagoge**. Sie wurde am 9. November 1938 von Nazis verwüstet und 1939/40 abgerissen. An ihrem früheren Standort, dem heutigen **Joseph-Carlebach-Platz**, kannst du ihren Grundriss erkennen.

In den 1920er Jahren war das berühmteste Kaufhaus Eimsbüttels das **»Bucky«**. Jeder kannte den Werbeslogan »Selbst die Tante aus Kentucky geht zum Ausverkauf nach Bucky«. Die jüdischen Inhaber wurden später von den Nazis brutal verfolgt und vertrieben.

Mehr als 4700 **Stolpersteine** weisen in Hamburg auf die Vertreibung der Juden durch die Nazis hin. Du findest sie in vielen Gehwegen. Vor der früheren **Talmud Tora Realschule** am Grindelhof 30 erinnern Stolpersteine an die Ermordung von mehr als 300 jüdischen Schülern. ☞ www.stolpersteine-hamburg.de

»Frech wie Oskar« – Hamburger Originale

Einige Hamburger wurden im 19. und 20. Jahrhundert stadtbekannt: wegen ihrer flotten Sprüche *(Schnacks)* oder wegen ihrer besonderen Verhaltensweisen. Sie alle erhielten vom Volksmund *Ökelnamen*. Meist kamen diese **»Originale«** aus den unteren Gesellschaftsschichten. Auch manche erdachte Figur wurde berühmt, ebenso bestimmte Berufszweige und Nationalitäten: So wie man heute »zum Türken« geht, wenn man Gemüse einkauft, kam im 19. Jahrhundert »die Französin« in die Häuser wohlhabender Hamburger, um den Kindern Sprache und Anstand beizubringen. (Bevor sich hanseatische Türken auf den Gemüsehandel spezialisierten, ging man übrigens zum »Grünhöker«.)

*Ein **Ökelname** ist ein Spitzname. Besonders witzige Namen gaben sich die Droschkenkutscher und Ewerführer, z.B. »Appelsnuut«, »Hein Punschmuul«, »Kuddl« oder »Tetje Himmelblau«.*

Das bekannteste Hamburger Original ist der Wasserträger Johann Wilhelm Bentz (1787–1854), genannt **»Hummel«**. Seine Arbeit war schwer: Viele Liter Wasser musste er kilometerweit durch die Stadt tragen. Bentz war ein grimmiger Zeitgenosse, und die Straßenkids neckten ihn mit dem Ökelnamen »Hummel, Hummel«. Er antwortete darauf mit dem deftigen »Mors, Mors«, was auf Hochdeutsch so viel wie »Hintern« heißt. Der **»Hummelbrunnen«** befindet sich beim Rademachergang (➣ Gängeviertel). Das Autokennzeichen HH bedeutet übrigens nicht »Hummel, Hummel« …

Möglicherweise gehen die Figuren »Fiete/Fietje« und »Tetje« auf die **Gebrüder Wolf** zurück. Die bekannten Volkskomiker traten 1911 in einer Operette als Schauerleute »Fietje« und »Tetje« auf – im blau gestreiften Hemd. Die Gebrüder Wolf waren damals sehr beliebt (➣ Musiker). In den 1930er Jahren trieben die Nazis sie jedoch wegen ihrer jüdischen Herkunft außer Landes.

In großer Armut lebte die **»Zitronenjette«**, die eigentlich Johanne Henriette Marie Müller (1841–1916) hieß. Sie verdiente sich etwas Geld mit dem Verkauf von Zitronen: tagsüber auf der Straße und nachts in Kneipen. Ihr Ausruf »Zitroon, Zitroon!« wurde stadtbekannt. 1900 erschien ein nach ihr benanntes Theaterstück. Auch eine **Bronzestatue** in der Nähe des »Michel« erinnert an sie. Auf dem Sockel steht der plattdüütsche Text:

Dien Leben wer suur as de Zitroonen, sall sick dat Erinnern an di lohnen? Dien Schiksol wiest op all de Lüüd, for de dat Glück het gor keen Tiet.

Verstehst du ihn? Quiddjes finden die Übersetzung bei den ➣ Rätselauflösungen.

***»Missingsch«** nennt man eine Mischung aus Plattdüütsch und Hochdeutsch. Diese »Sprache« war im 19. Jahrhundert weit verbreitet. Dazu zählen Ausdrücke wie »wommasehn«, »gaanich« oder »stellimafoe«.*

Richtig berühmt wurden die markigen Sprüche von Fritz Krüger (1902–1969) alias **»Oskar vom Pferdemarkt«**. In den 1920er Jahren zog der »König der Straßenhändler« mit einem Bauchladen durch die Stadt und erfreute seine Käufer mit Schnacks wie diesen: *»Rasierklingen sind das, ich sag euch, der Bart läuft einfach weg, wenn er die sieht. Na, Mutti, mal probieren?«* Oder: *»Wer kein Geld hat, langt dem Nebenmann in die Tasche, vielleicht hat der noch was!«* Auch um seinen Verkaufsstand (auf dem heutigen Gerhart-Hauptmann-Platz) drängte sich das Publikum. Seine bekanntesten Schnacks sind »Wucht in Tüten« und »frech wie Oskar«.

Erdacht sind die Figuren **Fiete**, **Hein** und **Tetje**. Sie sind die Helden vieler Hafendöntjes. Immer dabei: ihr **»Zampelbüdel«** (Frühstücksbeutel) mit dem **»Kaffeetäng«** (Kaffeetank, Blechflasche). *Hein steht auf dem Speicherboden und schaut zu, wie der Ewerführer arbeitet. Plötzlich kommt der Vize. »Jedetmol, wenn ick ropkom, steihst du rum un deist nicks!« »Jo, dat liggt an mien Ohren.« »Wieso an dien Ohren?« »Ick heur di nich kommen.«*

Der **Aalweber** hieß eigentlich Karl Weber und war ein Bürstenbinder. Abends verkaufte er in den Kneipen geräucherte Aale. Trotz seiner flotten Sprüche verdiente er nur wenig Geld und starb 1854 im Armenhaus.

Viele Döntjes kreisen um die Hamburger Deern **Klein Erna**. Die Figur ist fiktiv, wie auch ihr Bruder Klein Bubi und ihre Mutter, Frau Pumeier. Erzählt werden die Witze in **»Missingsch«**. *Wie Klein Erna mal mit ihrn Heini an ein' heißen Sommernachmittag an Elbe is, da kriegt Klein Erna so'n Lust auf Rudern. Klein Erna sitzt an Steuer und Heini rudert denn los, dass ihn das nur so von sein Gesicht runterläuft. – So nach einer Stunde fragt er denn Klein Erna: »Sind wir denn noch immer nich in Blankenese?« »Nee«, sagt Klein Erna, »muscha ers mal losbinden!«*

Bis ins 20. Jahrhundert nannte man **Polizisten** »Udl«. Sie hatten diesen Ökelnamen von den Nachtwächtern geerbt, deren Aufgaben sie 1876 übernahmen. Diese hatte man spöttisch »Uhlen« (Eulen) genannt, da man ihnen unerlaubte Schläfchen unterstellte.

Als Hamburger Till Eulenspiegel gilt der Leinwandmakler Jacob Kirchhoff (1791–1844), genannt **»Vetter Kirchhoff«**. Der wohlbeleibte Mann war stets schick mit Frack und Hut gekleidet und immer für einen Spaß zu haben. Zuweilen kam er dabei mit dem Gesetz in Konflikt. Eines Morgens sollte er deshalb »auf dem Rathaus« erscheinen. Was er denn auch tat: Pünktlich gegen zehn Uhr erschien er – auf dem Dach des Gebäudes!

Köksch ist plattdüütsch und heißt »Köchin«. Noch vor 100 Jahren arbeiteten Kökschen in den Haushalten wohlhabender Hamburger Familien.

Ist das Brötchen mit der Frikadelle eigentlich ein originaler **Hamburger**? Wohl nicht. Wahrscheinlich entstand der »Hamburger« im 19. Jahrhundert in den USA – unter der Beteiligung deutscher ➢ Auswanderer.

Erste Industrieprodukte: Kämme, Eis und Pflaster

Rauchende Fabrikschlote, Pferdeomnibusse, Gaslampen, Dampf- und Elektrokräne am Hafen: Mit der **Industrialisierung** wandelte sich Hamburg von Grund auf. Aus der Stadt der Kaufleute und Handwerker wurde im 19. Jahrhundert ein moderner Industriestandort. 1865 wurde die **Gewerbefreiheit** eingeführt: Jeder Hamburger (bzw. Hamburgerin) durfte nun einen eigenen Betrieb eröffnen und beliebig viele Arbeitskräfte einstellen. Die traditionellen Zünfte (Ämter) lösten sich auf.

Der erste **Kunststoff**, der weltweit großindustriell produziert wurde, war das **Hartgummi**. 1837 hatte es der Amerikaner Charles Goodyear aus Naturkautschuk entwickelt. 1856 entstanden in Harburg gleich zwei Gummi-Firmen. 1871 eröffnete in Barmbek die »New-York Hamburger Gummi-Waaren Compagnie«. Heute befindet sich hier das ➢ **Museum der Arbeit** mit alten Arbeitsgeräten wie Druckerpressen und Kammschneidemaschinen.
In der Nähe steht der riesige Tunnelbohrer TRUDE (➢ Stadtgeschichte).

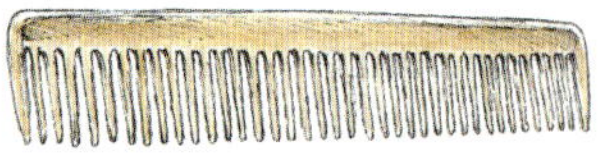

Noch recht handwerklich geprägt war die Produktion von **Zigarren**, die um 1840 in Ottensen begann. Ein Vorleser unterhielt die Arbeiter bei ihrer eintönigen Tätigkeit. Auch wenn das Bild gemütlich wirkt: Die Arbeitsbedingungen waren oft sehr ungesund, die Arbeitsräume feucht und staubig. Auch andere Industriearbeiter erlitten gesundheitliche Schäden durch Rauch, Lärm, Hitze oder Kälte. Deshalb kam es häufig zu Streiks und zur Gründung erster **Gewerkschaften**.

Bis 1874 besaß Hamburg eine eigene Währung, die **Mark Courant**. Sie entsprach 16 Schillingen. Bezahlen konnte man auch mit anderen Währungen, wie der lübischen, dänischen, preußischen, hannoverschen, mecklenburgischen oder sächsischen Währung. 1875 vereinfachte sich dies: Nun galt in Hamburg nur noch die Mark zu 100 Pfennigen bzw. 10 Groschen. (Tipp für Münzsammler: Seit 2008 gibt es Zwei-Euro-Stücke mit dem »Michel« auf der Rückseite!)

Rechen-Rätsel:
Die hamburgische Mark (Mark Courant) entsprach 16 Schillingen bzw. 192 Pfennigen.
Ein Schilling war somit ▢▢ Pfennige Wert, ein Doppelschilling ▢▢ Pfennige. Neben Schillingen gab es noch andere Münzen, wie Dreilinge (= 3 Pfennig) und Sechslinge (= 6 Pfennig).
In **Heins Geldbörse** befinden sich 12 Dreilinge, 8 Schillinge, 18 Sechslinge und 6 Doppelschillinge.
Wie viel Mark Courant sind das?
▢ Mark Courant.

Zwei Mark Courant entsprachen 32 Schillingen.

Neue Zeiten: Schnelle Zeiten

Hamburgs erste elektrische **Telegrafie-Verbindung** ging 1848 nach Cuxhaven. Der Hamburger Telegrafeninspektor Friedrich Clemens Gerke (1801–1888) entwickelte das Morsealphabet zum heute noch gebräuchlichen internationalen Telegrafenalphabet weiter. Diese »Telegramme« berichten von Produkten, die im 19. und 20. Jahrhundert in Hamburg entstanden.

1856 GRUENDUNG HARBURGER GUMMIFABRIK ALBERT & LOUIS COHEN (SPAETER PHOENIX AG) STOP PRODUZIERT GUMMISCHUHE STOP SPAETER AUTO- UND FLUGZEUGREIFEN +++

1856 GRUENDUNG HARBURGER GUMMI-KAMM-COMPAGNIE STOP BERUEHMT FUER HANDGEARBEITETE HARTGUMMIKAEMME +

1864 MIT GRUENDUNG DER ACTIENBRAUEREI BEGINNT INDUSTRIELLE BIERPRODUKTION ++

1866 gruendung kaffee-firma j. j. darboven stop statt gruener ungeroesteter kaffeebohnen verkauft darboven geroesteten kaffee in tueten stop 1915 sichert sich firma den markennamen »idee« ++

1868 gruendung von deutschlands groesster schiffsschraubenfabrik stop theodor zeise gmbh & co. stop baut propeller mit gesamtgewicht 61 tonnen stop heute in zeise-hallen: kino und jugendbibliothek +

1875 GRUENDUNG DES WINTERHUDER EISENWERKS NAGEL & KAEMP STOP SPAETER KAMPNAGEL STOP BAUT MIT AN WELTWEIT ERSTEM ELEKTRO-KRAN STOP DIESER ARBEITET SEIT 1891 IM HAMBURGER HAFEN

1880 STEINWAY'S PIANOFORTEFABRIK IN SCHANZENSTRASSE EROEFFNET STOP ABLEGER DER NEW YORKER FIRMA STEINWAY & SONS STOP 1888 WERDEN 550 FLUEGEL GEBAUT, 1903 BEREITS 1100 +++

1880 gruendung margarine-firma a.l.mohr in altona stop 1891 herstellung von 9000 tonnen margarine stop 1924 erfindung der margarine rahma (spaeter: rama) +

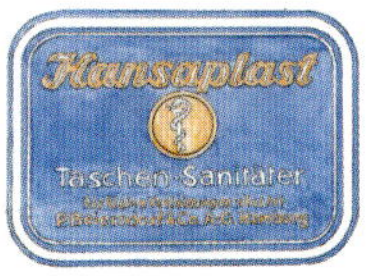

1882 apotheker beiersdorf und hautarzt unna erfinden heftpflaster stop pflaster besteht aus mull, mit kautschukaehnlicher loesung bestrichen

1897 erfindung des tesa-films stop seinen beruehmten namen erhaelt der klebestreifen 1936, nach der sekretaerin elsa tesmer +++

1903 ERSTMALS KEMM'SCHE KUCHEN IN KUCHENFABRIK HERGESTELLT STOP BEREITS 1782 ENTWICKELTE ALTONAER KONDITOREI KEMM REZEPT FUER BRAUNE KUCHEN +++

1911 NIVEA-CREME ERFUNDEN STOP ENTWICKELT VON FIRMA P. BEIERSDORF & CO. (WIE PFLASTER UND TESA-FILM) STOP NIVEA ANGELEHNT AN LATEINISCHES WORT FUER SCHNEE (NIX, NIVIS) +

1910 ERFINDET HAMBURGER FIRMA EINEN FUELLFEDERHALTER NAMENS MONTBLANC STOP 1914 ENTSTEHT IHR MARKENZEICHEN: DER MONTBLANC-STERN ++++

1935 erstmals eis am stiel in hamburg stop eingefuehrt hat die daenische erfindung kaufmann karl rolf seyferth stop gleich 1,5 millionen eislollis unter markennamen langnese verkauft stop den namen hatte seyferth dem kaufmann viktor emil heinrich langnese abgekauft stop ein eis kostet 10 pfennige

1945 falk-plaene erfunden stop noch bis in die 1990er Jahre werden sie von Hand gefaltet +++

Übrigens: Das Wort STOP ist in Wirklichkeit in Telegrammen nie benutzt worden. Es hätte immer ein Wort extra gekostet.

Von Quanten & Kometen: Hamburgs Wissenschaftler

Hamburgs Universität wurde erst 1919 gegründet. Doch herausragende Wissenschaftler in Hamburg und Umgebung gab es schon früher. Besondere Bedeutung hatte stets die Sternen- und Navigationskunde, da sie für die Seefahrt wichtig war. Mehrere Kometen, Asteroide und Mondkrater tragen die Namen Hamburger Astronomen. Frauen blieb eine wissenschaftliche Karriere lange verwehrt. In den 1930er Jahren mussten viele Wissenschaftler Hamburg verlassen, da die Nationalsozialisten keine jüdischen Forscher duldeten.

5. Für das Handelshaus Godeffroy fuhr **Amalie Dietrich** (* 1821) von 1863 bis 1873 nach Australien und Tonga. Ihre botanische, zoologische und ethnologische Sammlung ist die größte Sammlung, die je eine Einzelperson zusammentrug.

Für das **»Interstellare Weltraumspiel«** braucht ihr einen Würfel, Spielfiguren und viel Köpfchen. Je Spielrunde addiert jeder Mitspieler die Geburtsjahre aller Forscher, auf deren Feld er kommt. (Befinden sich auf einem Feld mehrere Entdecker, dürfen alle Geburtsjahre genutzt werden.) Wer hat die höchste Zahl? **Variante:** Jeder multipliziert seine Summe nach Spielende mit seinem eigenen Geburtsjahr. Wer gewinnt nun?

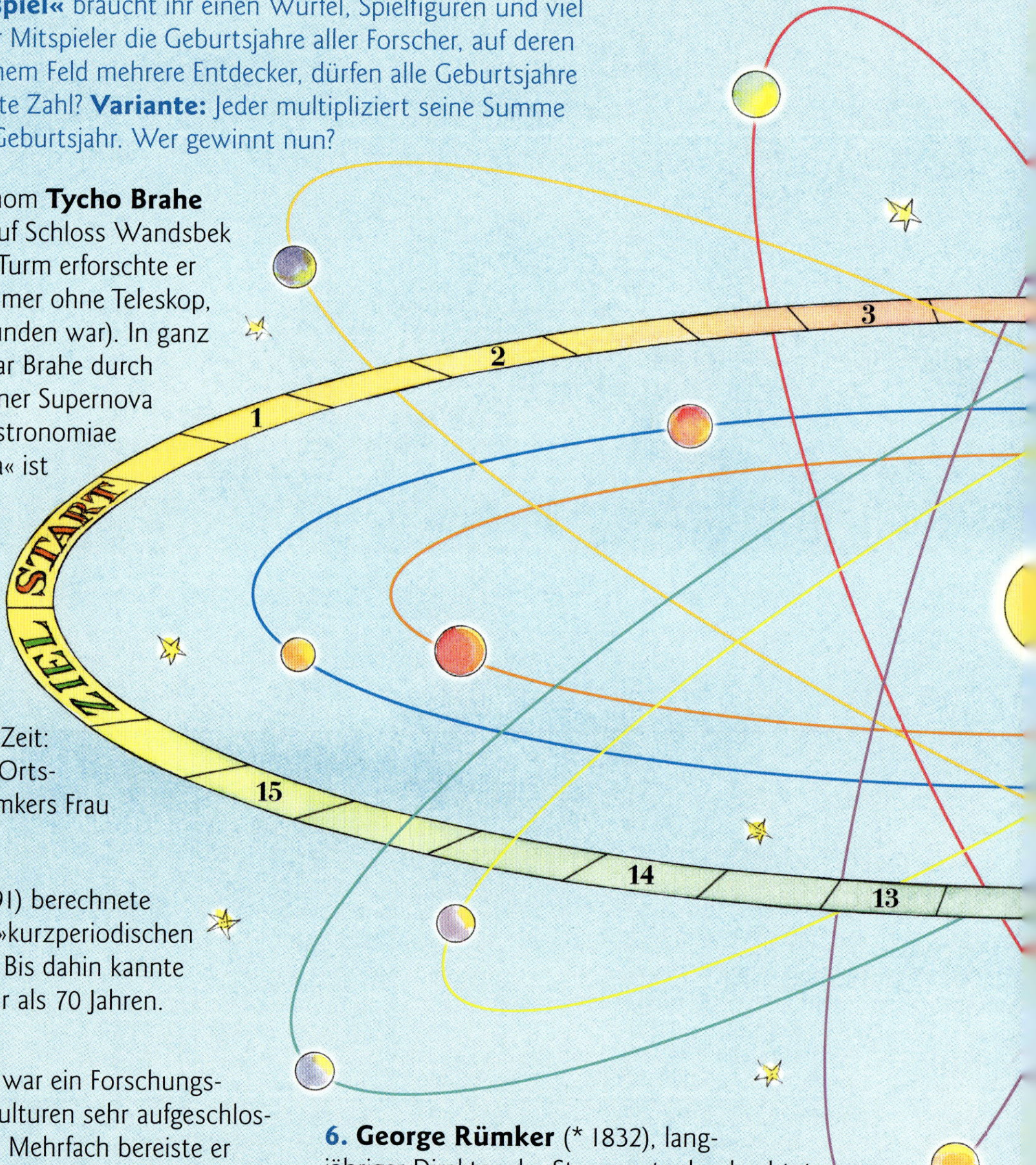

1. Der berühmte dänische Astronom **Tycho Brahe** (* 1546) hielt sich 1597/98 auf Schloss Wandsbek auf. Auch von dessen Turm erforschte er den Himmel (wie immer ohne Teleskop, das noch nicht erfunden war). In ganz Europa berühmt war Brahe durch die Beobachtung einer Supernova 1572. Sein Werk »Astronomiae instauratae mechanica« ist das erste in Wandsbek gedruckte Buch.

2. Jahrelang segelte **Carl Rümker** (* 1788) als Navigator auf den Weltmeeren. 1831 wurde er Direktor der Hamburger Sternwarte. Ihre Hauptaufgabe war die Bestimmung der exakten Zeit: Ohne sie konnte auf See keine genaue Ortsbestimmung durchgeführt werden. Rümkers Frau entdeckte 1847 einen Kometen.

3. **Johann Franz Encke** (* 1791) berechnete erstmals die Umlaufbahn eines »kurzperiodischen Kometen«. Sie betrug 3,3 Jahre. Bis dahin kannte man nur Umlaufzeiten von mehr als 70 Jahren.

4. **Heinrich Barth** (* 1821) war ein Forschungsreisender, der anderen Kulturen sehr aufgeschlossen gegenüberstand. Mehrfach bereiste er Schwarzafrika, zuweilen als türkischer Muslim verkleidet. In Timbuktu diskutierte Barth mit muslimischen Gelehrten über die Ähnlichkeiten von Islam und Christentum.

6. **George Rümker** (* 1832), langjähriger Direktor der Sternwarte, beobachtete 1885 den Ausbruch einer »Supernova«. Dies war die erste Beobachtung eines solchen Ereignisses seit Tycho Brahe.

7. Heinrich Hertz (* 1857) konnte nicht nur Arabisch und Sanskrit, er war vor allem ein Physik-Genie: 1886–88 gelang ihm die Erzeugung und der Nachweis elektromagnetischer Wellen. Damit schuf er die Grundlagen für Radio, Fernsehen und Satelliten. Nach ihm ist die Einheit für die elektromagnetischen Schwingungen pro Sekunde (= Hz) benannt.

8. Der Hafenarzt und Tropenmediziner **Bernhard Nocht** (* 1857) leitete von 1900 bis 1930 das Institut für Tropenkrankheiten. Seit 1942 trägt es seinen Namen.

10. Der Kunsthistoriker **Aby Warburg** (* 1866) war ein Büchernarr: Er sammelte über 60.000 Bücher. Als 13-Jähriger hatte er seinem Bruder Max, damals zwölf, sein Erstgeborenenrecht »verkauft«: Dafür kaufte ihm Max zeit seines Lebens alle Bücher, die er brauchte. Warburgs Bibliothek wurde 1933 auf zwei Frachtern nach England gebracht, um sie vor den Nazis zu retten. Zu Warburgs engsten Freunden und Förderern zählt der Hamburger Philosoph **Ernst Cassirer** (* 1874).

11. Der Psychologe **William Stern** (* 1871) entwickelte 1912 den IQ (Intelligenzquotienten).

12. Als erste Frau erhielt **Rose Stoppel** (* 1874) 1919 einen Lehrauftrag an der Hamburger Uni. Sie war es auch, die 1929 Deutschlands erste Botanik-Professorin wurde.

13. Der geniale estnische Optiker **Bernhard Schmidt** (* 1879) baute an der Bergedorfer Sternwarte ein völlig neuartiges Spiegelteleskop. Der »Schmidt-Spiegel« wurde zu einer Weltsensation. Schon als Kind hatte Schmidt kleine Linsenteleskope gebaut, um die Sterne zu beobachten.

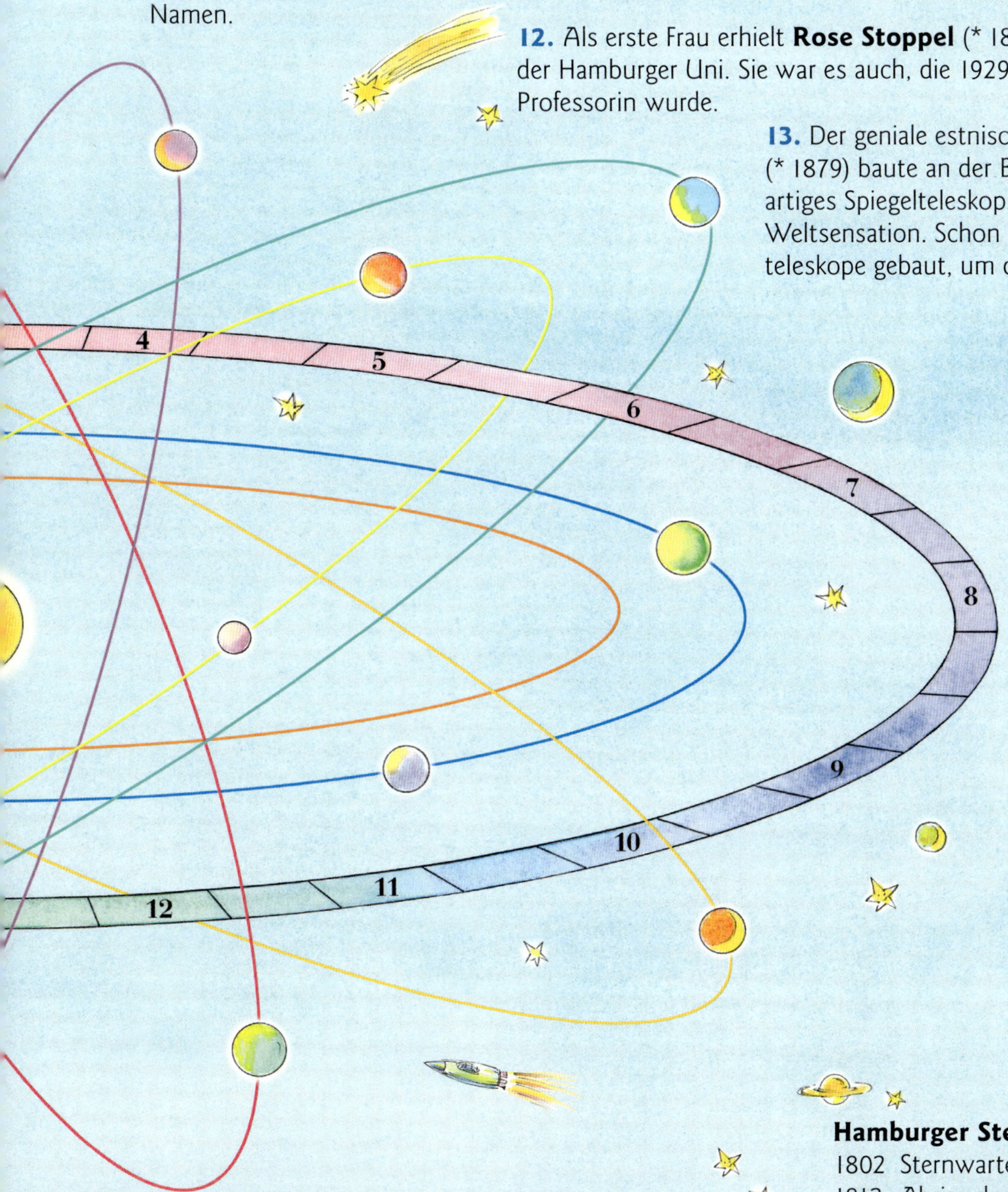

14. Gleich drei Hamburger erhielten den Physik-Nobelpreis. **James Franck** (* 1882) und **Gustav Hertz** (* 1887), ein Neffe von Heinrich Hertz, erhielten ihn 1925. Ihre Versuche hatten zur Stützung der Quantentheorie beigetragen. **Otto Stern** (* 1888) erhielt den Preis 1943 u.a. für die »Entdeckung des magnetischen Moments des Protons«.

15. Der Journalist und Pazifist **Carl von Ossietzky** (* 1889) setzte sich für die Meinungsfreiheit und gegen den Militarismus ein. 1936 erhielt er den Friedensnobelpreis. Doch die Nationalsozialisten erlaubten ihm nicht, den Preis entgegenzunehmen.

9. Professor **Jakob Johann Baron von Uexküll** (* 1864) führte den Begriff der »Umwelt« in die Biologie ein und wurde damit zum Wegbereiter der Ökologie. Sein Enkel **Jakob von Uexküll** (* 1944) begründete den Alternativen Nobelpreis.

Hamburger Sternwarten

1802	Sternwarte auf der Albertus-Bastion
1812	Abriss durch die Franzosen
1825	neue Sternwarte auf der Henricus-Bastion (heute steht hier das Hamburg Museum)
1906	neue Sternwarte in Bergedorf

Von Sternen und Ameisen: Hamburger Dichter

Viele Dichter und Schriftsteller lebten und leben in Hamburg. Manche wurden hier geboren, andere verbrachten nur einige Jahre in der Hansestadt. Wichtige Themen der Dichter im 18. Jahrhundert waren die Aufklärung, Freiheit, Vernunft und die Erneuerung der deutschen Dichtkunst. Zu denen, die in Hamburger Wirtshäusern darüber diskutierten, zählt **Friedrich von Hagedorn** (1708–1754), dessen Gedicht »Die Alster« noch heute viel zitiert wird.

Auch **Friedrich Gottlieb Klopstock** (1724–1803) diskutierte gern. Er war zu Lebzeiten außerordentlich beliebt. Seine Werke beeinflussten u.a. Johann Wolfgang von Goethe. Als er 1803 zu Grabe getragen wurde, folgten 25.000 Menschen dem Trauerzug. Seine Grabstätte liegt bei der Christianskirche in Ottensen.

Von 1767 bis 1770 lebte der Dramatiker **Gotthold Ephraim Lessing** (1729–1781) in der Hansestadt. Sein Denkmal steht auf dem ➢ Gänsemarkt. 1767 wurde sein Theaterstück »Minna von Barnhelm« uraufgeführt und von den Hamburgern begeistert aufgenommen. Auch der ➢ Journalist und Dichter **Matthias Claudius** (1740–1815) war beeindruckt.

Heinrich Heine (1797–1856) lebte als junger Mann mehrere Jahre bei seinem Onkel Salomon in Hamburg. Schon als Schüler schrieb er Gedichte; heute zählt er zu den bedeutendsten Dichtern Deutschlands. Wegen seiner Kritik an den politischen Verhältnissen und wegen seiner jüdischen Herkunft wurden seine Werke mehrfach verboten (➢ Juden; Medien).

Das Grabmal von **Detlev von Liliencron** (1844–1909), der für seine feinfühligen Naturschilderungen, aber auch die Darstellung des modernen Lebens bekannt ist, steht auf dem Alt-Rahlstedter Friedhof, sein Denkmal im nahe gelegenen Liliencronpark.

Weil er sich in der Pause tätowieren ließ, flog **Joachim Ringelnatz** (1883–1934) vom Gymnasium, woraufhin er mehrere Jahre als Matrose zur See fuhr. Bekannt wurde er durch seine witzigen Verse wie die vom Seemann Kuttel Daddeldu (1920).

Zahlreiche literarische Werke schrieb **Hans Leip** (1893–1983). Weltberühmt wurde er durch sein Gedicht »Lili Marleen« (1915), das 1938/39 vertont und in mehr als 20 Sprachen übersetzt wurde.

Hans Henny Jahnn (1894–1959) war nicht nur als Autor bedeutend, sondern auch als Restaurator der berühmten Arp-Schnitger-Orgel in ➢ St. Jacobi.

Nur 26 Jahre alt wurde der Dichter und Schauspieler **Wolfgang Borchert** (1921–1947). Während des Zweiten Weltkriegs wurde er wegen seiner Aufmüpfigkeit mehrfach inhaftiert. Dabei erkrankte er unheilbar. Berühmt wurde er durch sein Anti-Kriegs-Drama »Draußen vor der Tür«. Typisch für Borcherts Stil ist die Wortmalerei sowie die Erfindung neuer Wörter, wie »wellenverschaukelt«, »bärenstimmig« oder »karussellig«.

In Oevelgönne lebte viele Jahre der Dichter **Peter Rühmkorf** (1929–2008). Seine witzig-ironische Poesie erinnert an Klopstock, Claudius und Heine, bezieht aber auch deftige Alltagsausdrücke mit ein, wie »Paradiesvogelschiss«.

Die Autorin **Kirsten Boie** (* 1950) schrieb bisher über 70 spannende Kinder- und Jugendbücher, darunter »Skogland«, »Der kleine Ritter Trenk« und »Seeräuber-Moses«.

Bis 2005 lebte **Cornelia Funke** (* 1958) in Hamburg. Sie verfasste zahlreiche Kinder- und Jugendbücher wie »Drachenreiter« oder die »Tintenwelt«-Trilogie (➢ Medien). In »Herr der Diebe« freundet sich der Detektiv Victor mit einer venezianischen Kinderbande an.

Von welchen hier vorgestellten Autoren stammen die Textausschnitte?
Frage Freunde, Eltern oder suche im Internet nach den Antworten!

Befördrer vieler Lustbarkeiten,
Du angenehmer Alsterfluß!
Du mehrest Hamburgs Seltenheiten
Und ihren fröhlichen Genuß.

__________ ___ _________

Da sind die Sterne aufgereiht,
Schnittmuster für die Ewigkeit,
der wir verloren sind.
Oh schönes Sein, oh großes Nuscht,
zwei Wolken, in die Luft getuscht,
die ich wohl fangen möcht.

_____ __________

Die Schwäne! Stundenlang konnte ich sie betrachten, diese holden Geschöpfe mit ihren sanften langen Hälsen, wie sie sich üppig auf den weichen Fluten wiegten, wie sie zuweilen selig untertauchten und wieder auftauchten und übermütig plätscherten, bis der Himmel dunkelte, und die goldnen Sterne hervortraten, verlangend, verheißend, wunderbar zärtlich, verklärt.

________ _____

Der Mond ist aufgegangen,
Die goldnen Sternlein prangen …

________ ________

»Was tun Erwachsene so den ganzen Tag, Victor?«, fragte er. »Arbeiten«, antwortete Victor. »Essen, einkaufen, Rechnungen bezahlen, telefonieren, Zeitung lesen, Kaffee trinken, schlafen gehen.«

________ _____

Elbe, stadtstinkende kaiklatschende schilfschaukelnde sandsabbelnde möwenmützige graugrüne große gute Elbe!

________ ________

Im Jagdanzug, noch in der Heidestille,
Steht plötzlich mir nach Hamburg Wunsch und Wille …
Der Alsterdampfer Pfeifen hör ich rufen,
Dein Lachen plätschert über Silberstufen.

______ ___ __________

In Hamburg lebten zwei Ameisen,
Die wollten nach Australien reisen.
Bei Altona auf der Chaussee
Da taten ihnen die Beine weh,
Und da verzichteten sie weise
Denn auf den letzten Teil der Reise.

_______ __________

In der Hansestadt gibt es viele Lesungen für Kinder und Jugendliche, u.a. organisiert von den ➢ **Bücherhallen**. Im **sta* -club** des Literaturhauses können Schüler Autoren treffen. ☞ Wenn du selbst gern Texte verfasst, kannst du dich an das dortige Schreiblabor wenden, Tel. 8500424

Natürlich gibt es in Hamburg noch viel mehr Dichter und Schriftsteller. Auch hier im Buch sind noch weitere versteckt. Findest du sie?

Friedrich ___________ (1816–1872)
Gorch ____ (1880–1916)
Siegfried ____ (1926–2014)
Uwe ____ (* 1940)

Von Kirchenkunst bis Comics: Hamburger Maler

Im Mittelalter war die Kunst stark durch die Religion geprägt. Berühmte Hamburger Maler wie **Meister Bertram** (➢ St. Petri) und **Meister Francke** schufen Werke für Kirche und Altar. Das linke Bild stammt von Meister Francke. In der Neuzeit bestimmten **Hamburger Bürger** die Entwicklung der Kunst selbst – nicht etwa Könige oder Fürsten wie in anderen deutschen Städten. Viele reiche Kaufleute gaben auch Bilder in Auftrag (➢ Niederländer).

Ein bedeutender Maler der norddeutschen Romantik war **Philipp Otto Runge** (1777–1810). 1804 zog er mit seiner Frau Pauline nach Hamburg. Eines seiner Meisterwerke ist das Bild **»Die Hülsenbeckschen Kinder«** (1805/06). Es zeigt die Geschwister Maria, August und Friedrich (im Bollerwagen) vor ihrem Sommerhaus in Eimsbüttel, das damals noch ein Dorf war. Fast das gesamte erhaltene Werk Runges befindet sich in der Kunsthalle. Dies ist vor allem **Alfred Lichtwark** (1852–1914) zu verdanken, dem berühmten ersten Direktor der Kunsthalle.

Ein Cowboy der besonderen Art war der Hamburger Maler **Thomas Herbst** (1848–1915). Er malte gern norddeutsche Landschaften und darin immer wieder Kühe: stehende Kühe, liegende Kühe, wiederkäuende Kühe. Sie strahlen alle eine große Ruhe aus.

Im 20. Jahrhundert arbeiteten bekannte Künstler wie **Max Liebermann** (1847–1935) und **Oskar Kokoschka** (1886–1980) in der Stadt. Das Alster-Bild »Abend am Uhlenhorster Fährhaus« malte Liebermann. Dem Bildhauer und Zeichner **Ernst Barlach** (1870–1938) sind im Hamburger Raum gleich zwei Museen gewidmet:
im
J ______-Park
und in W ____

Kunst gibt es in vielen Hamburger Museen: in der Kunsthalle (mit Galerie der Gegenwart), Bucerius Kunst Forum, Deichtorhallen, Museum für Kunst und Gewerbe, Hamburg Museum und Altonaer Museum.

Das erste Buch, das 1948 mit Werken von **Horst Janssen** (1929–1995) erschien, war das Kasperle-Buch »Seid ihr alle da?«. Neben vielem anderen illustrierte er auch dieses Märchen. Wie heißt es?

___ ____ ___ ___ ____

Hamburgs bekannteste Comic-Zeichnerin ist **Isabel Kreitz** (* 1967) (➢ Medien).

Mitternachtsspuk in der Kunsthalle
Es ist Nacht in Hamburg. Alles ist dunkel und still. Nur ein Dieb ist noch unterwegs.
Er steigt in die Kunsthalle ein und will sechs Gemälde von Runge stehlen.
Ah, hier sind sie!
STOPP!
Du kannst den Diebstahl noch verhindern! Notiere die Namen der Bilder, deren Ausschnitte du hier siehst.
Wenn du die bunten Buchstaben einfügst, geht die Alarmanlage an. Der Dieb wird gefasst.
ALARM
W

Von Händel bis Hip-Hop: Hamburger Musiker

Opern, Seemannslieder, Rock und Hip-Hop: Hier lernst du Hamburger **Komponisten** und **Sänger** aus vier Jahrhunderten kennen! Manche lebten hier viele Jahre, andere hatten nur kurze Gastauftritte, die dennoch Musikgeschichte schrieben. Welcher Musiker (bzw. welche Band) gehört zum jeweiligen Text?

Zwei gebürtige Hamburger: Auch seine ältere Schwester Fanny wurde Komponistin, hatte als Frau allerdings nur wenig Möglichkeiten zu Ausbildung und Auftritt. Er selbst war einer der bedeutendsten Komponisten der Romantik.
Felix Mendelssohn _________

Er war als Komponist in Hamburg außerordentlich beliebt. Viele Jahre bekleidete er die höchsten musikalischen Ämter. 1722 übernahm er auch die Leitung der Oper. Insgesamt schuf er rund 3600 musikalische Werke.
Georg Philipp ________

Das Einmaleins, Goethe und Heine fetzig gerappt: Das machen diese Kinder aus Hamburgs Süden: Junge Dichter
___ ______

Seinen Hit »Hamburg meine Perle« kennt jeder in der Stadt.
Lotto ____ Karl

1720 bewarb er sich auf die Organistenstelle an St. Jacobi. Die Stelle erhielt jedoch ein anderer, angeblich, weil dieser mehr Geld besaß. Dazu der Pastor von St. Jacobi: »Wenn auch einer von Bethlehems Engeln vom Himmel käme, der göttlich spielte, und wollte Organist zu St. Jacobi werden, und hätte der 4000 Taler nicht, so möge er nur wieder davonfliegen.«
Johann _________ ____

Er komponierte ganz anders als sein Vater: Es gibt bei ihm zerrissene Melodien und ungewöhnliche Sprünge. Damit gilt er als Hauptvertreter des »Sturm und Drang«. Seit 1768 wirkte er in Hamburg.
Carl Philipp Emanuel ____

Die Lieder des ehemaligen Akrobaten handeln oft von Meer und Fernweh. Er sang den Titelsong für die Zeichentrickserie »Lucky Luke«.
______ _____

Die Hamburger Hip-Hop-Gruppe schuf Hits wie »Nordisch by Nature« und »Emanuela«.
______ ____

Fetzige Rockmusik für Kids und ihre Eltern macht:
_____!

Richtig schöne Soulmusik macht:
Stefan _______

Der Rocksänger und Schlagzeuger gründete 1973 sein »Panikorchester«. 1983 hatte er einen viel beachteten Auftritt in der DDR. Seine CD »Stark wie Zwei« wurde 2008 ein großer Erfolg.
___
____

Als Junge dachte er sich ein eigenes Notensystem aus – bevor er wusste, dass es schon eines gab. Als junger Mann komponierte er bereits großartig. Dennoch erhielt der gebürtige Hamburger in der Elbstadt keine Anstellung – und zog später nach Wien.
Johannes ______

International bekannt wurden die Musiker aus Liverpool durch ihre Auftritte in Hamburg, u.a. im »Kaiserkeller« (1960) und im »Star-Club« (1962). Aus dieser Zeit stammt ihr besonderer Haarschnitt, die »Pilzkopf-Frisur«.

Auf einen Musikstil ist er nicht festzulegen: Er macht Hip-Hop, Reggae- und Funkmusik. Als Schüler besuchte er das Helene-Lange-Gymnasium.

Hamburger Komponisten & Sänger

Georg Philipp Telemann (1681–1767)
Georg Friedrich Händel (1685–1759)
Johann Sebastian Bach (1685–1750)
Carl Philipp Emanuel Bach (1714–1788)
Felix Mendelssohn Bartholdy (1809–1847)
Johannes Brahms (1833–1897)
Gustav Mahler (1860–1911)
Paul Dessau (1894–1979)
Gebrüder Wolf (Band; 1895–1939)
Hans Albers (1891–1960)
Freddy Quinn (* 1931)
Udo Lindenberg (* 1946)
Rolf Zukowski (* 1947)
Stefan Gwildis (* 1958)
The Beatles (Band; ca. 1960–1970)
Nena (* 1960)
Lotto King Karl (* 1967)
Jan Delay (* 1976)
Fettes Brot (Band; seit 1992)
Radau! (Band; seit 1997)
Junge Dichter und Denker (Band; seit 2005)

Die drei Söhne eines jüdischen Schlachters waren mit ihren fetzigen Liedern überaus erfolgreich.

Auch er war der Sohn eines Schlachtermeisters. Als Schauspieler und Sänger wurde er weltberühmt. Einer seiner bekanntesten Hits war das mexikanische Lied »La Paloma«.

Er ist nicht nur ein echter Hamburger, sondern auch Sohn eines Seemanns. Viele seiner Lieder sind richtig berühmt wie »In der Weihnachtsbäckerei« oder »Stups der kleine Osterhase«.
Rolf

Er musizierte als Geiger und Cembalist am Hamburger Opernhaus. 1705 wurde seine erste Oper »Almira« dort uraufgeführt. Insgesamt schuf der große Komponist rund 40 Opern.
Georg Friedrich

Der österreichische Komponist und Dirigent war 1891–1897 erster Kapellmeister am Stadttheater Hamburg. Schon als Sechsjähriger hatte er für eine Freundin ein Lied komponiert.

Durch ihren Hit »99 Luftballons« wurde sie Mitte der achtziger Jahre international berühmt. Die von ihr mitgegründete »Neue Schule Hamburg« eröffnete im Sommer 2007 in Rahlstedt.

Der große Mozart-Fan schuf zahlreiche Lieder und Filmmusiken, u.a. zu »Alice im Cartoonland«. Befreundet war der gebürtige Hamburger mit dem Schriftsteller Bertolt Brecht.

Im Buch verstecken sich zwei weitere Hamburger Komponisten:
Albert
Johann Adolf

Das Lied vom »Tüdelband« und andere Songs

Hier findest du einige Liedtexte der vorgestellten Musiker.
Um welches Lied handelt es sich bei dem Notenband?

_____ _____ ___ _____

Als heimliche Stadthymne gilt das plattdüütsche Lied **»An de Eck steiht 'n Jung mit'n Tüdelband«**. Ludwig Wolf hatte es 1917 komponiert.
Ein Tüdelband ist ein Eisenring, der um Holzfässer gespannt wurde. Hamburger Kinder machten daraus ein Spielgerät: Mit der Hand oder einem Stock wurde der Reifen vorwärts getrieben.

An de Eck steiht 'n Jung mit'n Tüdelband
in de anner Hand 'n Bodderbrood mit Kees.
Wenn he blots nich mit de Been in'n Tüddel kümmt
un dor liggt he ok all lang op de Nees.
Un he rasselt mit'n Dassel op'n Kantsteen,
un he bitt sick ganz geheurig op de Tung,
as he opsteiht, seggt he: hett nich weeh doon,
ischa 'n Klacks för 'n Hamborger Jung.

Refrain:
Jo, jo, jo, klaun, klaun,
Äppel wüllt wi klaun,
ruck zuck övern Zaun.
Ein jeder aber kann dat nich,
denn he mutt ut Hamborg sien.

An de Eck steiht 'n Deern mit'n Eierkorf
in de anner Hand 'n groote Buddel Rum.
Wenn se blots nich mit de Eier
op dat Plaaster sleit
un dor seggt dat ok al lang »bum bum«.
Un se smitt de Eiers un den Rum tosomen
un se seggt »so'n Eiergrog den hebb ik geern«,
as se opsteiht, seggt se:
hett nich weeh doon,
ischa'n Klacks för'n
Hamborger Deern.

Auch Hans Albers sang das **»Hamborger Kedelklopper«**-Lied des Sängers Charly Wittong von 1925 (➢ Hafenberufe).
Hier der Refrain:
Wi sünd Amborgerhi Etelki-Opperkli,
wi arbeit't öbendri bi Ohmbli un Ossvi,
sünd üzfidelkri un ümmer opperpri.
(Wir sind Hamburger Kesselklopfer,
wir arbeiten drüben bei Blohm + Voss,
sind kreuzfidel und immer propper.)

Verklaarn för Hochdüütsche – hilfst du mit?

Plattdüütsch	**Hochdeutsch**
Kees	Käse
Been	_____
in Tüdel kommen	durcheinandergeraten
ok	auch
Dassel	____
Tung	_____
opsteiht	________
Klacks	Kinderspiel
seggt	____
Eierkorf	________
sleit	fällt
smitt	_________
tosomen	________

Von Bertolt Brecht stammt der Text, von Paul Dessau die Melodie: **»Vom Kind, das sich nicht waschen wollte«**.

Es war einmal ein Kind, das wollte
sich nicht waschen.
Und wenn es gewaschen wurde,
geschwind beschmierte es sich mit
Aschen.
Der Kaiser kam zu Besuch hinauf die
sieben Stiegen,
die Mutter suchte nach einem Tuch,
das Schmutzkind sauber zu kriegen.
Ein Tuch war grad nicht da,
der Kaiser ist gegegangen,
bevor das Kind ihn sah,
das Kind konnt's nicht verlangen.

1962 erschien die erste Single der Beatles **»Love Me Do«**:

Love, love me do
You know I love you
I'll always be true
So please love me do …

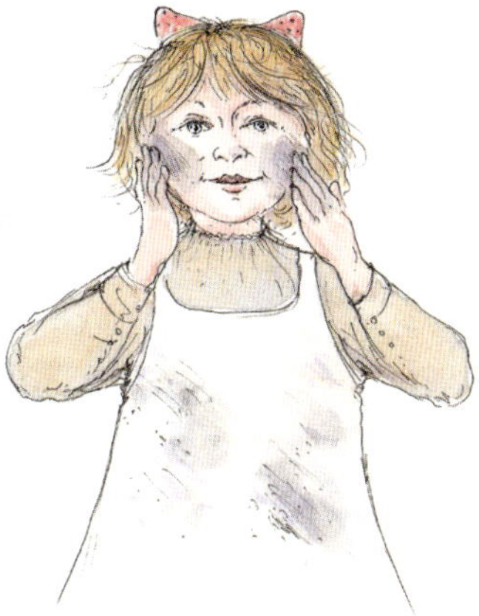

Hans Albers sang
ein Lied nur für mich:
Kleine weiße Möwe
Über Meer und Deck,
Kleine weiße Möwe
Flieg nicht wieder weg,
Bleibe und begleite
Unser Schiff zurück.
Denn die weiße Möwe bringt
Dem Seemann Glück.

Mit dem **»Wunderschönen Grau«** wollte Stefan Gwildis 2005 zum Grand Prix:

Nur hier zu Haus' gibt´s dieses wunderschöne Grau,
so reich und bedeutungsvoll wie ein langer tiefer Traum.
Nur hier zu Haus', und darauf kannst du bau´n,
nur hier find´st du dies´ wunderschöne Grau,
dieses wunderschöne Grau.

Aus Händels Oper **»Almira«** sind diese Zeilen:

Verräther! dass dir Wetter, Sturm und Blitz
auf deinen Scheitel krache,
und Zeus mit seiner Doppelspitz'
dein tückisch Herz erwache!

Dieses **Seemannslied** kennen alle:

Ick heff mol en Hamborger Veermaster sehn,
to my hoodah, to my hoodah,
De Masten so scheep as den Schipper sin Been,
to my hoodah, hoodah, ho.
Blow, boys, blow for Californio …

Johannes Brahms schrieb die Musik zu diesem bekannten Lied:

Guten Abend, gut' Nacht
Mit Rosen bedacht
Mit Näglein besteckt
Schlüpf unter die Deck'
Morgen früh, wenn Gott will
Wirst du wieder geweckt
Morgen früh, wenn Gott will
Wirst du wieder geweckt …

Jan Delay und die Beginners sangen das Lied **»City Blues«**:

Der Grund, warum wir hier gerne leben:
Weil die Leute erst fühlen, dann denken, dann reden.
Und egal wie es nervt, das ständige Grau,
das Sonnenlose,
wir zeigen stets Flagge rot-weiß wie Pommes-Sauce.
Ich sage, Hamburg ist die Hälfte von zwei,
die Schönste, die Nummer eins, das Gelbe vom Ei …

Fettes Brot dichtete auf Plattdüütsch **»Nordisch by Nature«**:

Een, twej, een twej, drej
Sech mol ›hey‹, sech mol ›hoo‹
Dat is Fettes Brot op Platt inne Disco jo
Ick bün de Jung achtern Plattenspeeler
Un so deel ick op as Stoertebeker sine
Likkedeeler …

Hamburger Kids – Kinder aus aller Welt

Hamburg ist wirklich ein Tor zur Welt: Hier leben Menschen aus **180 Ländern**! Daher gibt es viele verschiedene Sprachen, Religionen und Feste. Und das Leben der Hamburger Kinder ist sehr unterschiedlich. Darüber hinaus hat die Hansestadt neun **Partnerstädte**: St. Petersburg (1957), Marseille (1958), Shanghai (1986), Dresden (1987), León (1989), Osaka (1989), Prag (1990), Chicago (1994) und Dar es Salaam (2010).

Das »Tor zur Welt«-Kreuzworträtsel

Das Rätsel ist recht knifflig. Hilfe findest du vielleicht bei Freunden, Nachbarn oder im Internet!

Waagerecht

1. Wie heißt das jüdische Faschingsfest?
2. Zu welcher Partnerstadt gehört dieses Wappen?

3. Beim thailändischen Neujahrsfest bespritzen sich Kinder mit Wasserpistolen und Eimern. Wie heißt es?
4. Nach welchem Dichter ist das spanische Kultur-Institut benannt? Er schuf die Romanfigur »Don Quijote«.

5. ... dieses Wappen?

6. ... dieses Wappen?

Wenn du die bunten Buchstaben richtig anordnest, erfährst du die Namen zweier toller **Kindermuseen**: In **A.** kannst du eigene Geldscheine drucken, Dächer decken oder Wäsche waschen wie zu Urgroßmutters Zeiten. In **B.** findest du eine große Kunst-Spielwiese mit Über-Kopf-Kamera, schrägen Klamotten zum Verkleiden und der Möglichkeit, einen Trickfilm zu drehen.

Religiöse Vielfalt

Die meisten Hamburger Kinder sind protestantische Christen. Es gibt auch andere Christen, wie Katholiken oder Griechisch-Orthodoxe. Das linke Bild zeigt die russisch-orthodoxe **St. Prokopius-Kirche** von 1965. Zudem gibt es rund 30 afrikanische Kirchen. Die skandinavischen Seemannskirchen am Hafen existieren seit mehr als 100 Jahren. Der Islam ist die zweitgrößte Religion Hamburgs: Etwa 130.000 Muslime leben hier. Von den 45 Moscheen ist die **Centrum-Moschee** in St. Georg die wichtigste; seit 2009 sind ihre Minarette grün-weiß gemustert. Rund 4000 Hamburger sind jüdischen Glaubens. In Eimsbüttel gibt es eine Synagoge, eine jüdische Schule und das Café Leonar, das koschere Speisen wie Mazzenknödel serviert. In der Hansestadt leben zudem Buddhisten, Hindus, Bahais und Sikhs. Und natürlich auch Nichtgläubige. An was glaubst du?

7. Aus welchem Land stammt das Fest der Lichterkönigin »Lucia«, das im Dezember auch im »Michel« gefeiert wird?

8. … dieses Wappen?

9. … dieses Wappen?

10. … dieses Wappen?

11. Halloween ist eines der ältesten Feste der Welt. In welchem Land wurde es zuerst gefeiert?

18. Seit über 2000 Jahren wird im März das persisch-kurdische Neujahrsfest Norus bzw. Newroz gefeiert. Dabei springt man auch über ein F…

19. Kennst du »Käpt'n Blaubär«? Wie heißt sein Matrose? Ihr Erfinder, Walter Moers, lebt heute in Hamburg.

20. Ein begeisterter Wahl-Hamburger ist der ostfriesische Komiker … Waalkes. Er ist der Schöpfer des »Ottifanten«.

21. Nicht nur leckere Pizza und Pasta, auch weltberühmte Kunst und Kultur kommt aus diesem Land. Hier lebten einst Michelangelo, Leonardo da Vinci und Galileo Galilei.

Senkrecht

12. An den St. Pauli-Landungsbrücken segnet alljährlich im Januar ein griechisch-orthodoxer Bischof Elbe und Hafen. Anlass ist das Fest …, das auch »Wasserweihe« genannt wird.

13. … dieses Wappen?

14. Am Ende des Ramadan wird ein großes Fest gefeiert. Es heißt auf Türkisch Şeker bayramı, zu Deutsch …

15. Die japanische Gemeinde schenkte Hamburg 5000 Kirschbäume – und jedes Jahr ein tolles Feuerwerk. Alle zwei Jahre wählen die Japaner die »Hamburger K…«

16. Aus welchem heutigen Land stammt Erzbischof Ansgar?

17. … dieses Wappen?

22. Die Brücken zum Hamburger Shanghai-Teehaus verlaufen im Zickzack. In China glaubte man, dadurch böse G … fernzuhalten, da diese nur geradeaus laufen können.

A.

B. HUBERTUS WALD

Medienstadt Hamburg: Presse, Bücher, Verlage …

Bestimmt hast du schon einmal ein Medienprodukt gelesen, gehört oder im Fernsehen gesehen, das in Hamburg produziert wurde. Denn in Hamburg entstehen zahlreiche Bücher, Zeitungen, Filme und Internetprogramme – auch für Kinder. Die Antworten auf die Fragen findest du in der Bücherei, im Internet oder zu Hause: indem du deine Medienprodukte einmal genauer betrachtest.

Die »Nachrichtenbörse«

Dass heute in Hamburg viele Zeitungsverlage angesiedelt sind, ist kein Zufall: Für die Kaufleute waren aktuelle Informationen schon immer wichtig. Zudem erfuhren sie durch ihre europaweiten Handelskontakte von Ereignissen oft früher als andere. An der Börse, dem mittäglichen Treffpunkt der Kaufleute, tauschte man seit dem 16. Jahrhundert die neusten Nachrichten aus. Später waren ihre Säulen mit Infos über ankommende Schiffe, Auktionen und Kleinanzeigen gespickt.

Hamburgs erste Zeitungen

Hamburgs Presse entstand im 17. Jahrhundert. Schon bald wurden Zeitungen nicht nur von Gebildeten, sondern auch von Handwerkern und Bauern gelesen. Einige Hamburger Blätter wurden in ganz Deutschland bekannt, wie der »Wandsbecker Bothe«. Seine Redaktion übernahm 1771 der ➢ Dichter Matthias Claudius. In seinen Texten wandte er sich gegen Ausbeutung und Sklaverei. Auch andere Hamburger Zeitungen setzten sich für die Aufklärung ein. Zur ersten deutschen Zeitung von Weltrang wurde im 19. Jahrhundert der »Hamburgische Correspondent«. Keine Hamburger Zeitung existierte so lange wie er: von 1731 bis 1934.

Preise damals

1952 kostete das »Hamburger Abendblatt« 20 Pfennig, die »Bild-Zeitung« 10 Pfennig und »Der Spiegel« 1 D-Mark.

Schüler machen Zeitung

Hamburgs Schüler sind kreativ: Sie geben Dutzende Schülerzeitungen heraus. Damit kann man sogar Preise gewinnen: beim Schülerzeitungswettbewerb der Länder oder beim »Spiegel«-Wettbewerb (www.schulspiegel.de).

Auch im »Hamburger Abendblatt« können Schüler Texte veröffentlichen.

Presse heute

Heute entstehen in Hamburg zahlreiche Zeitungen und Zeitschriften, wie »Hamburger Abendblatt« und »Morgenpost« (Mopo), »Die Zeit«, »Der Spiegel«, »Stern« und »Geo«. (Die Redaktion der »Bild-Zeitung« zog 2008 nach Berlin um.) Es gibt auch eine Zeitschrift, die nur von Obdachlosen verkauft wird: »Hinz&Kunzt«.

Hier kannst du deinen Spiegel-Titel entwerfen

Zeitschriftenverlage

Die meisten Hamburger Zeitungen und Zeitschriften werden von großen Verlagshäusern herausgegeben, etwa von Gruner + Jahr oder der Axel Springer AG. Das Verlagsgebäude von Gruner + Jahr liegt in Hafennähe und ähnelt einem Schiff.

Hier entsteht auch der »Stern«, der schon 1953 eine Kinderbeilage besaß: »Das Sternchen«. Sehr beliebt waren darin »Die Abenteuer der schwarzen Hand« und »Der kleine Herr Jakob«.

Heute gibt der Verlag die Kinderzeitschriften »National Geographic Kids« und G□□□□□□ heraus.

Seit 2009 veröffentlicht der Spiegel-Verlag die Kinderzeitschrift D□□□ S□□□□□□

»ZEIT LEO« wiederum wird vom Zeitverlag herausgegeben.

Bärenstark

Auch die Übersetzer spielen im Buchmarkt eine wichtige Rolle. Hamburgs wohl bekanntester Übersetzer ist Harry Rowohlt. Er übertrug auch die Geschichten von »Pu der Bär« (Winnie the Pooh), Ferkel, Esel und Christopher Robin ins Deutsche.

Der Verlag fürs Ohr

Ein Hamburger Verlag hat sich ganz dem Hörbuch verschrieben: Seit 1991 vertont er Hunderte Kindergeschichten, wie »Bobo Siebenschläfer« von Markus Osterwalder, die Reihe »Das magische Baumhaus« oder den »Alhambra«-Roman von ➢ Kirsten Boie. Manche Texte werden von bekannten Schauspielern gesprochen, andere von Kindern. Wie heißt der Verlag?

□□□□□

Ein Haus fürs Buch

Im ➢ Kinderbuchhaus im Altonaer Museum dreht sich alles ums Buch: Hier kannst du schreiben, malen, drucken oder Bücher binden. Natürlich gibt es in Hamburg auch eine ➢ Kinderbibliothek, eine ➢ Jugendbibliothek und ein ➢ Literaturhaus.

Kinder schreiben Storys

Wie Hamburger Kids ihre Stadt erleben, erfährst du in den Büchern der Hamburger Erzählwettbewerbe. Sie erscheinen bei Beltz & Gelberg. Das neueste heißt »Alles Alster« (2006).

Currywurst & Zauberzunge

Welcher Hamburger Verlag veröffentlicht die Bücher von »Karlsson vom Dach«?

Friedrich □□□□□□□□

Welcher Verlag die »Tintenwelt«-Trilogie von ➢ Cornelia Funke?

□□□□□□□
□□□□□□□□

Für Funke-Fans: Wie heißt »Zauberzunge« wirklich?

□□□□□□□□
□□□□□□□□

Welcher Verlag gibt die deutschen »Harry-Potter«-Bände von Joanne K. Rowling heraus?

□□□□□□□

Hier erscheint auch Isabel Kreitz' Comic »Die Entdeckung der Currywurst« (für Ältere), nach dem gleichnamigen Roman von □□□ □□□□. Darin erzählt eine Hamburger Imbissbuden-Besitzerin, wie sie die Currywurst erfand. An welchem zentralen Platz beginnt die Geschichte? Groß□□□□□□□□

Fuchs & Vampir

Seit 1972 gibt der Rowohlt Verlag in Reinbek die Kinder-Taschenbuchreihe rororo rotfuchs heraus. Hier erscheinen z.B. die Geschichten vom »Kleinen Vampir« von Angela Sommer-Bodenburg. Der kleine Vampir heißt

□□□□□□□□

Mit Mut gegen die Zensur

Einer der ältesten Hamburger Buchverlage ist Hoffmann und Campe. Verleger Julius Campe (1792–1867) veröffentlichte einst Texte von Autoren, die in anderen Teilen Deutschlands verboten waren, wie die des ➢ Dichters Heinrich Heine.

Diese Kinderbücher spielen in Hamburg: die »Lola«-Reihe von Isabel Abedi, »Die Medlevinger« von Kirsten Boie, die Bücher um »Kommissar Kugelblitz« sowie »Die Hafenkrokodile« von Ursel Scheffler, »Der Schatz auf Pagensand« von Uwe Timm und »Gepäckschein 666« von Alfred Weidenmann. Die Autorin Abedi sagt, ihr würden die besten Ideen beim Fahrradfahren einfallen – oder in der Badewanne.

… Rundfunk, Film und Fernsehen

Der Norddeutsche Rundfunk (NDR) hat in Hamburg zwei Standorte: Der **NDR-Hörfunk** befindet sich am Rothenbaum, das **NDR-Fernsehen** in Hamburg-Lokstedt. Von 1980 bis 2001 verwendete der NDR das Walross _ _ _ _ _ als Logo (➣ Hagenbeck).

Der NDR-Hörfunk ist eine **öffentlich-rechtliche** Rundfunkanstalt und finanziert sich über Rundfunkgebühren. Natürlich gibt es in Hamburg auch **private** Radiosender, wie **Radio Hamburg** (seit 1986) oder das **Alsterradio** (seit 1991).

Die Medien dienen nicht nur der Unterhaltung und Information, sondern sind auch ein großes Geschäft. Geschichten mit Kindern und Tieren verkaufen sich besonders gut.

NDR Info strahlt zwei Kindersendungen aus: Ohrenbär (4- bis 8-Jährige) und Mikado (8- bis 13-Jährige). Der **Ohrenbär** sendet täglich von 19:50–20 Uhr »Radiogeschichten für kleine Leute«. Aus welchem Musikstück stammt die Anfangsmelodie?

_ _ _ _ _   _ _ _   _ _ _   _ _ _ _

Seit 2009 erschienen mehrere Hörspiele über die **»Alster-Detektive«**, in denen die Kinder Marek, Lukas, Johanna und Koko auf Verbrecherjagd gehen. Zwei der erwachsenen Sprecher sind berühmt aus den ???-Hörspielen. Wenn du die farbigen Buchstaben der Medienseiten richtig ergänzt, erfährst du, dass Oliver Rohrbeck (»Herr Nolde«) bei den ??? _ _ _ _ _ _   _ _ _ _ _ spricht und Jens Wawrczeck (»der Abgeordnete Jörg Strasser«) _ _ _ _ _   _ _ _ _. Kostenlose CDs und Infos zu diesem Projekt der Bürgerschaft erhältst du unter www.alster-detektive.de

Mikado ist an Sonn- und Feiertagen immer zweimal auf Sendung: morgens mit dem Reportage-Magazin (8.05 bis 9 Uhr) und nachmittags mit Hörspielen oder dem Krimi-Studio (14.05 bis 15 Uhr). Für Hörer von 14 bis 19 Jahre gibt es das Jugendprogramm **N-Joy** (seit 1994). Wer sich vorher anmeldet, kann das Studio besuchen: ☞ Rothenbaumchaussee 132

*In Hamburg läuft die älteste bestehende Radiosendung der Welt: das **Hamburger Hafenkonzert**. Es wird seit 1929 ausgestrahlt. Heute läuft es auf NDR 90,3 (sonntags 6 bis 8 Uhr).*

In den Fernsehstudios des **NDR** entstehen die »Tagesschau« sowie Kinderserien wie die **»Sesamstraße«**. In viele Länder verkauft wurde die NDR-Serie **»Hallo Spencer«**.
Wie heißt der Bücherwurm?

Die Serie um den Detektivclub **»Die Pfefferkörner«** (www.pfefferkoerner.de) spielt in der ➢ Speicherstadt. Inzwischen gibt es schon fünf Kinder-Gruppen, da die Schauspieler-Kinder immer ihren Rollen entwachsen! Den Regisseuren gefällt das Drehen mit den Kids: »Kinder haben tausend Flausen im Kopf, das ist inspirierend«, sagt zum Beispiel Klaus Wirbitzky.

Studio Hamburg zählt zu Deutschlands größten Film- und Fernsehproduktionsfirmen. Im Stadtteil Tonndorf werden Krimiserien wie »Großstadtrevier« produziert. Das bisher teuerste Projekt war der Kinofilm »Die Drei ??? – Das Geheimnis der Geisterinsel« (2007).
In welchem Land wurde der Film gedreht?

Ganz und gar nicht verstaubt ist der spannende Jugendfilm »Nordsee ist Mordsee«, den Regisseur **Hark Bohm** 1975 in Hamburg drehte.

Hamburgs derzeit berühmtester Regisseur ist **Fatih Akin**, der in Ottensen aufwuchs. Das dortige »Multikulti-Milieu« habe ihn sehr geprägt, sagt Akin, der selbst türkischer Herkunft ist: »Wenn ich heute von einer gemeinsamen Welt für alle Menschen träume, dann liegt das an meiner Kindheit und Jugend in Ottensen.«

Auch viele ausländische Regisseure nutzen Hamburg gern als **Drehort**. Beliebte Filmspots sind Hafen, Speicherstadt, Alster und der Dom. Der Bond-Film »Der Morgen stirbt nie« (1997) wurde an der Außenalster und im Kontorhausviertel gedreht – mit jeder Menge Action.

Das erste reguläre Fernsehprogramm in Hamburg startete Weihnachten 1952. Damals besaßen genau 4664 Hamburger einen Fernsehapparat.

Hamburg hat sogar zwei eigene Stadtsender: den privaten Fernsehsender **Hamburg 1** sowie den Bürgerkanal **TIDE**.

In der Hansestadt gibt es zwei Festivals für Kinderfilme: das **Mo&Friese Kinder-KurzFilmFestival** im Mai/Juni und das **michel KinderFilmfest** im Herbst. Beide suchen immer wieder Mitglieder für ihre **Kinderjurys**: www.kinderfilmfest-hamburg.de und www.moundfriese.shortfilm.com/

Und welche Filmrolle würdest du gern einmal spielen?

Welche Hamburger Drehorte würdest du für deinen Film auswählen?

Wer ist zuerst am Rathausmarkt?

Der **öffentliche Nahverkehr** begann in Hamburg am 31. Oktober 1839 mit vier **Pferde-Omnibussen**. Seitdem wuchs der Stadtverkehr stetig. Heute befördert der Hamburger Verkehrsverbund (HVV) täglich über eine Million Fahrgäste. Allein für die U-Bahn sind 850 Wagen auf 107 Kilometern im Einsatz.

☞ Am »Verkehrshistorischen Tag« kannst du jeden Oktober mit Museumsfahrzeugen des Nahverkehrs fahren, u.a. mit einem U-Bahn-Wagen von 1912: www.verkehrshistorischer-tag.de. Bastelbögen verschiedener S-Bahn-Fahrzeuge gibt es unter www.historische-s-bahn.de zu bestellen

Für das Spiel braucht ihr einen Würfel sowie pro Spieler eine Spielfigur. Ob ihr mit oder ohne Rausschmeißen spielt, entscheidet ihr. Dann geht's los.

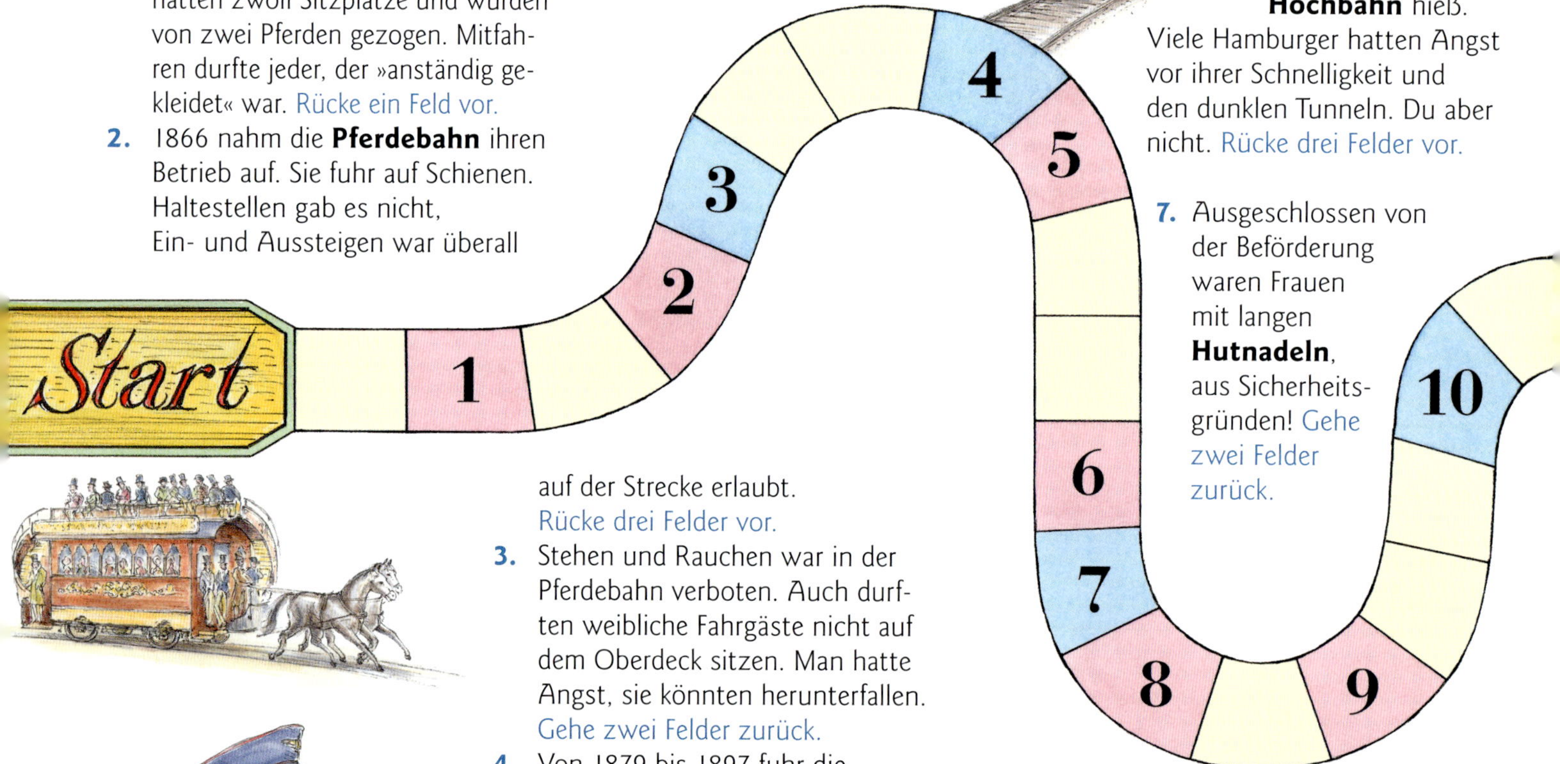

1. Die ersten **Pferde-Omnibusse** hatten zwölf Sitzplätze und wurden von zwei Pferden gezogen. Mitfahren durfte jeder, der »anständig gekleidet« war. Rücke ein Feld vor.

2. 1866 nahm die **Pferdebahn** ihren Betrieb auf. Sie fuhr auf Schienen. Haltestellen gab es nicht, Ein- und Aussteigen war überall auf der Strecke erlaubt. Rücke drei Felder vor.

3. Stehen und Rauchen war in der Pferdebahn verboten. Auch durften weibliche Fahrgäste nicht auf dem Oberdeck sitzen. Man hatte Angst, sie könnten herunterfallen. Gehe zwei Felder zurück.

4. Von 1879 bis 1897 fuhr die **Dampf-Straßenbahn**, die man wegen ihres Aussehens »Plätteisen« nannte. Die starke Rauchentwicklung war jedoch unangenehm, und häufig scheuten die Pferde. Einmal aussetzen.

5. Die erste **elektrische Straßenbahn** fuhr am 5. März 1894. Rücke zwei Felder vor.

6. Du fährst am 15. Februar 1912 mit der ersten **Hamburger U-Bahn**, die damals **Hochbahn** hieß. Viele Hamburger hatten Angst vor ihrer Schnelligkeit und den dunklen Tunneln. Du aber nicht. Rücke drei Felder vor.

7. Ausgeschlossen von der Beförderung waren Frauen mit langen **Hutnadeln**, aus Sicherheitsgründen! Gehe zwei Felder zurück.

8. Zur Eingewöhnung durften alle Hamburger im Februar 1912 zwei Wochen **kostenlos** U-Bahn fahren. Würfle noch einmal.

9. Eine Sensation stellte 1933 der **Fliegende Hamburger** dar: Der damals schnellste

Reisezug der Welt fuhr in zwei Stunden und 18 Minuten von Hamburg nach Berlin. Rücke fünf Felder vor.

10. Der **Magirus-Deutz-Omnibus** von 1936 konnte sein Dachmittelteil öffnen. Seit dem Zweiten Weltkrieg ist der Bus verschollen. Einmal aussetzen.

11. Bis 1954 fuhren **Doppeldecker-Omnibusse** (Baujahr 1938). Rücke ein Feld vor.

15. Seit 2003 fahren verschiedene Modelle umweltfreundlicher **Wasserstoffbusse** durch Hamburg. Brennstoffzellen auf dem Dach wandeln Wasserstoff in Strom um: Aus dem Auspuff kommt nur Wasserdampf. Ab 2020 sollen nur noch Wasserstoff- und Hybridbusse gekauft werden. Rücke drei Felder vor.

16. Die **Anschaffung** der Wasserstoffbusse ist noch sehr teuer. Mit über 1 Million Euro kostet er mehr als dreimal so viel wie ein Diesel-Bus. Einmal aussetzen.

17. Durch Hamburg rollt der längste Bus der Welt, der **XXL-Bus**. Er besitzt zwei Gelenke und ist knapp 25 Meter lang. Seit 2005 fahren XXL-Busse auf der Linie 5, der mit täglich 60.000 Fahrgästen meistgenutzten Buslinie Europas. Rücke zwei Felder vor.

18. Auch die **S-Bahn** verfügt seit 2007 über einen Museumszug. Er stammt aus den 50er Jahren. Rücke zwei Felder vor.

12. Die ersten **Busfahrerinnen** Deutschlands fuhren 1972 für den HVV. Würfle noch einmal.

13. Am 1. Oktober 1978 wurde der Betrieb der **Straßenbahn** eingestellt. Gleisteile findest du noch auf dem »Geisterspielplatz«. ☞ Gärtnerstraße 14 Gehe drei Felder zurück.

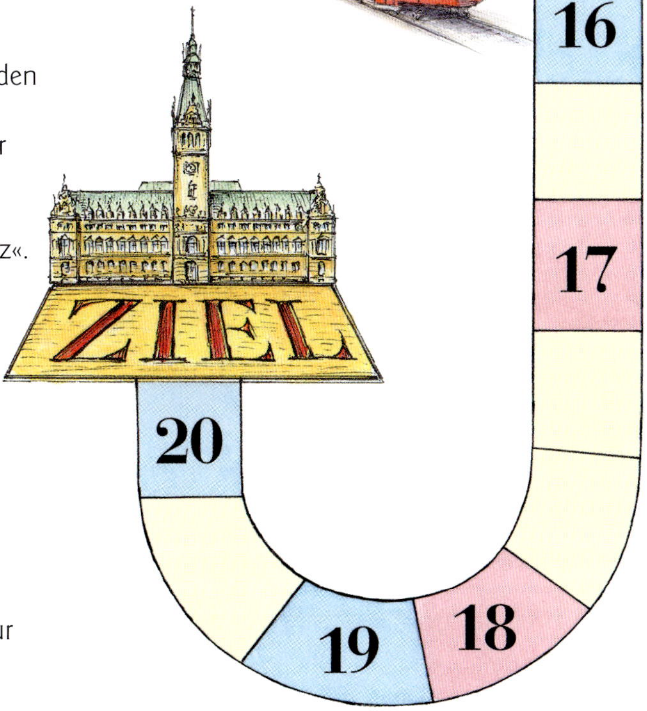

14. Die **Bergziege**, ein Bus mit nur 17 Plätzen, »klettert« langsam durch das enge Treppenviertel in Blankenese. Gehe ein Feld zurück.

19. Du hast deinen Fahrschein vergessen. Einmal aussetzen.

20. Die letzte Strecke fährst du gemütlich mit der Fahrrad-Rikscha. Gehe ein Feld zurück.

Von Riesenfliegern und Modellflugzeugen

Der **Hamburger Flughafen** ist immer einen Besuch wert – auch wenn du gar nicht verreisen möchtest. Von den **Aussichtsterrassen** in Terminal 1 und 2 hast du einen guten Blick auf alle Starts und Landungen. Spannend ist auch die **Flughafen-Modellschau**, die im Maßstab von 1:500 das Treiben in der Luft und auf dem Vorfeld simuliert. ☞ tgl. 10, 12, 14 und 16 Uhr, ohne Anmeldung. Mit einem Bus kannst du sogar eine Rundfahrt auf dem Vorfeld machen – und den Piloten zuwinken. Anmeldung Tel. 50752644

Hamburg-Fuhlsbüttel ist der älteste Flughafen Deutschlands. Im Jahr 1911 wurde er zunächst für Luftschiffe, also **Zeppeline**, erbaut. Seinen Zweitnamen **Hamburg Airport** erhielt der Flughafen 1945 durch die britische Besatzungsmacht. Sie baute 1948 die erste Beton-Startbahn – für die »Rosinenbomber« der Berliner Luftbrücke. Diese Flugzeuge versorgten die von den Sowjets eingeschlossenen Westberliner mit Lebensmitteln.

Heute ist Hamburg Airport der **fünftgrößte Flughafen** Deutschlands. Im Jahr 2014 flogen von hier 60 Fluggesellschaften 120 Flughäfen in aller Welt an. 14,76 Millionen Fluggäste wurden gezählt sowie etwa 420 Starts und Landungen pro Tag. Am häufigsten werden die Flughäfen in München und Frankfurt angeflogen.

Als die **Lufthansa** 1955 ihren Flugbetrieb wieder aufnahm, war Hamburg zunächst ihr Heimatflughafen – bis Frankfurt diese Rolle übernahm. Die Zentrale von **Lufthansa Technik** ist noch immer in Hamburg. Hier arbeiten etwa 7500 Menschen. Sie warten die Flugzeuge und reparieren deren Fahr- und Triebwerke. Bei den **Airport-Days** kannst du in einige Hangars hineinschauen sowie wagemutige Kunstflieger am Himmel bestaunen.

Auch **aus der Luft** kannst du den Flughafen betrachten: aus einer echten alten Propellermaschine aus Wellblech, der **JU 52** von 1936.
☞ Buchungen unter www.dlbs.de oder Tel. 50701717.
Auch Hubschrauber-Rundflüge kann man buchen (➢ Service)

Das Transportflugzeug A300–600ST, genannt **Beluga**, kannst du fast täglich am Hamburger Himmel sehen. Es transportiert Großbauteile für die Airbus-Flieger. Die Beluga landet meist auf dem zweitgrößten Flughafen Hamburgs: auf dem **Airbus-Gelände** in **Finkenwerder** südlich der Elbe. Hier baut die Firma Airbus Flugzeuge wie die A318, A319 und A321.

Wenn du wissen möchtest, was es mit der **»Honey Airline«** auf sich hat, schau auf der grünen Seite nach …

Auch Bauteile für die **A380**, das größte Passagierflugzeug der Welt, werden hier montiert. Es ist 72,8 Meter lang und hat eine Spannweite von 79,8 Metern.

Im Juli 2008 wurde in Finkenwerder erstmals eine A380 **ausgeliefert**: an die arabische Fluggesellschaft **Emirates**. Bestellt hat sie insgesamt 58 dieser Riesenjets. Für die Airbus-Mitarbeiter bedeutet das richtig viel Arbeit: Allein für die fünfmalige Lackierung des Doppelstöckers brauchen 24 Lackierer über zwei Wochen. Aufgetragen wird die Farbe (1200 Liter) mit Farbpistolen.
☞ Ab 14 Jahren können Kinder an Werksführungen teilnehmen. www.airbus-werksfuehrung.de

Kennst du diese Länder, die von Hamburg aus angeflogen werden?

P
I
U
K
T
F
Ä
U
T

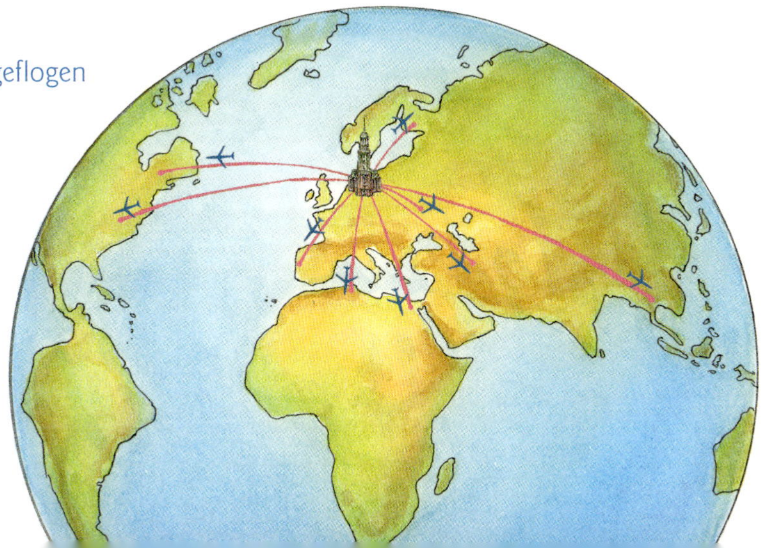

Sport von A bis Z

Die Hamburger sind sportlich: Rund eine halbe Million Menschen trainieren in 780 Sportvereinen. Auch viele sportliche Großveranstaltungen finden in Hamburg statt (➣ Feste). Hier siehst du eine Auswahl typischer Hamburger Sportarten. Infos über Sportvereine: ➣ Sport & Spielplätze
Welchen Sport treibst du?

Hast du eine(n) Hamburger Lieblingssportler(in)?

Beliebt ist das Angeln an Elbe und Alster. Hier fängt man Aale, Flundern, Karpfen, Quappen oder Zander. Einen Fischereischein können schon Zwölfjährige erwerben.

Das »Hamburg Ballett« ist eines der weltbesten Ensembles. Die Inszenierungen von Ballettchef John Neumeier werden an der Hamburger Staatsoper, aber auch weltweit aufgeführt. Kennst du das Ballett »Romeo und Julia« oder »Die kleine Meerjungfrau«?

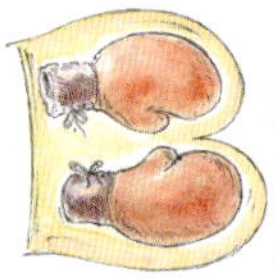

Einst boxten im Hafen die Seeleute, um im Wettkampf den stärksten Matrosen zu ermitteln. Heute ist der Boxsport bei vielen populär, auch bei Mädchen.

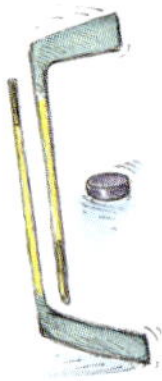

Eishockey wird in Hamburg schon seit über 100 Jahren gespielt. Die Hamburg Freezers sind richtig berühmt. Sie wurden 2002 gegründet. Ihre Spiele tragen sie in der Barclaycard Arena aus.

Legendär sind die beiden Fußballvereine HSV (1887) und FC St. Pauli (1910). Der HSV (Vereinsfarben: Blau-Weiß-Schwarz) wurde sechs Mal Deutscher Meister: 1923, 1928, 1960, 1979, 1982, 1983. Das HSV-Museum ist einen Besuch wert!
St. Pauli (Vereinsfarben: Braun-Weiß) ist vor allem durch seine Fans berühmt. 2002 gelang ihm ein viel bejubelter Sieg über den FC Bayern München. Auch Altona 93 und Bergedorf 85 sind beliebte Fußballvereine.

Hamburgs Handballer sind richtig fit: Der 1999 gegründete »HSV Handball« wurde 2007 bereits Europapokalsieger!

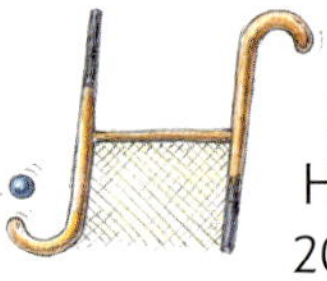

Hamburg ist eine Hockey-Hochburg. Rund 20 Deutsche Meistertitel erwarben die Damen- und Herrenmannschaften verschiedener Vereine bisher.

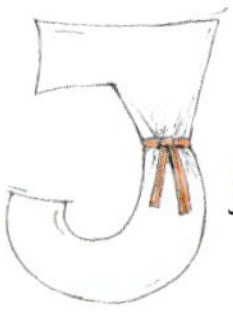

Judo, Karate, Taekwando, Aikido … In der Hansestadt kannst du viele asiatische Kampfsportarten trainieren und dabei bunte Gürtel erwerben.

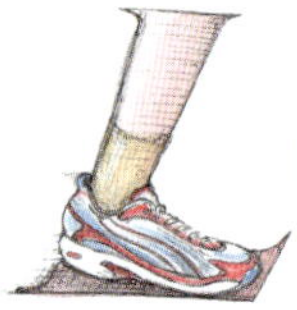

Laufen macht Spaß: An der Alster, in Parks oder entlang der Kanäle siehst du viele laufbegeisterte Hamburger. Auch Kinder und Jugendliche sind dabei.

Wie viele Minuten brauchst du, um einmal die Außenalster zu umrunden?
schlendernd ☐☐☐ Minuten
laufend ☐☐☐ Minuten
per Rad ☐☐☐ Minuten
auf Inline-Skates ☐☐☐ Minute

Aber Vorsicht: am Ostufer sind auf dem Radweg häufig »Raser« unterwegs.

Hamburgs Polo-Spieler gehören zu den besten Spielern Deutschlands. Der »Hamburger Polo Club« existiert bereits seit 1898. 1906 fand hier das erste Internationale Polo-Turnier statt.

Angler und Fußballer aufgepasst:
Wie viele Stinte und Fußbälle sind auf dieser Doppelseite versteckt?
☐☐ ☐☐

*Die Fußballer von Bergedorf 85 heißen traditionell **Elstern**.*

Reiten ist sehr beliebt: Rund 3500 Pferde sind in Hamburg offiziell gemeldet. Wer anderen beim Reiten zuschauen möchte, ist hier richtig: beim jährlichen Springderby in Klein Flottbek, beim Galopprennen in Horn und bei den Trabrennen in Bahrenfeld.

Sehr traditionsreich sind Hamburgs Rudervereine. Der »Hamburger und Germania Ruderclub« von 1836 ist Deutschlands ältester Ruderclub. Bereits 1900 gewann er olympisches Gold.

Jedes Jahr findet hier mit über 2000 Schülern das größte Schüler-Schachturnier der Welt statt. Es heißt »Rechtes Alsterufer gegen Linkes Alsterufer«.

Schwimmen ist richtig gesund! Zahlreiche Schwimmbäder und -schulen laden in der Hansestadt zum Kraulen, Tauchen und Brustschwimmen ein. Hamburgs erste Badeanstalt war ein Badeschiff, das 1793 auf der Binnenalster errichtet wurde. 1802 entstand an den Großen Bleichen Hamburgs erste Warm-Badeanstalt. Heute wird im Dulsberg-Bad sogar für Olympia trainiert.

Eine der beliebtesten Hamburger Sportarten ist das Segeln auf der Alster und der Elbe. Hier findest du Katamarane, Jollen und Optimisten. An der Alster gibt es mehrere Segelschulen, die auch die Jüngsten (7–13 Jahre) und Jugendliche (13–19 Jahre) ausbilden.

Tanzen ist hip: Ob Standard und Latein, Breakdance, Hip Hop, Jazz und Modern Dance – Hamburgs Kids und Jugendliche sind dabei. Infos über die verschiedenen Tanzgruppen findest du unter www.hatv-jugend.de/index.php/menu1/vereine

Die Hamburger mögen Tennis, und das größte Tennisstadion Deutschlands steht am Rothenbaum. Bis 2008 fand hier jeden Mai der Masters Series Hamburg statt. Boris Becker konnte nie ein Turnier auf diesem Platz gewinnen. Hamburgs erster Tennisplatz wurde schon 1889 eingeweiht.

Gibt es auch ein großes Kindersportfest?

Yoga gibt es nicht nur für Erwachsene, sondern auch für Kinder und Jugendliche. Ziele dieser Sportart sind Beweglichkeit, innere Ruhe und Konzentration.

Gleich mehrere tolle Kinder-Zirkusprojekte gibt es in der Hansestadt. Zu ihnen zählen »AbraxKadabrax«, »Mignon«, der Schulzirkus »PampelMuse«, »Die Rot(z)nasen e.V.«, »TriBühne e.V.« und »Zaretti«. Weitere Infos: www.hamburg.org/kinderzirkus.html.

In welchen Sportarten waren bzw. sind diese Hamburger erfolgreich?

☐☐☐☐☐ Wladimir und Vitali Klitschko, Susi Kentikian

☐☐☐☐☐☐☐☐ Uwe Seeler

☐☐☐☐☐☐ Michael Stich

☐☐☐☐☐☐☐☐☐ Sandra Völker

*Ja, die **Kinderolympiade**. Sie findet jeden September in den Hamburger Sporthallen statt. Die Teilnahme ist kostenlos. Mehr Infos: www.topsportvereine.de*

Grüne Oasen: Parks inmitten der Stadt

Einer der schönsten Parks ist **Planten un Blomen** (plattdüütsch für »Pflanzen und Blumen«). Der Park wurde 1935 angelegt. Zuvor befanden sich hier Friedhöfe und der erste Zoo Hamburgs. Sehenswert sind der Japanische Garten samt Teehäuschen, das Tropenhaus mit Bananenstauden und vielen Kakteen sowie ein Apotheker- und Rosengarten. Ein toller **Spielplatz** mit Plastikbergen und Wasserspielen lädt zum Toben ein. Sehr farbenfroh sind die sommerlichen **Wasserlichtkonzerte** im Großen Parksee. ☞ Mai–August 22 Uhr, September 21 Uhr

Nahe Planten un Blomen befinden sich das Messegelände sowie der **Sternschanzenpark**. 1682 wurde hier eine sternförmige Schanze errichtet, die mit neun Kanonen bestückt war – daher der Name des Parks. In seiner Mitte steht ein mächtiger **Wasserturm** von 1907–10, in dem sich heute ein Hotel befindet. In der Nähe liegt ein Spielplatz sowie das kinderfreundliche Café **SternChance** mit vielen kulturellen Angeboten. ☞ Schröderstiftstraße 7, Tel. 43281894

Von Planten un Blomen ist es nicht weit zum **Fernsehturm**. Der fast 272 Meter hohe **Heinrich-Hertz-Turm** ist Hamburgs höchstes Bauwerk.

Der riesengroße **Stadtpark** war einst das private Jagdrevier eines Geschäftsmanns. 1902 kaufte die Stadt das Gelände und ließ einen Park für alle errichten. Heute kannst du hier Fußball, Beachvolleyball oder Minigolf spielen, joggen, grillen und paddeln. Es gibt einen großen Spielplatz mit Planschbecken und tollen Geräten, außerdem mehrere Cafés und das Freibad »Stadtparksee«. Auf einer Freilichtbühne finden im Sommer Open-Air-Konzerte statt. Ansonsten singen hier die Vögel, auch Hamburgs kleinste: **Zaunkönig** und Goldhähnchen. In dem 38 Meter hohen **Wasserturm**, 1913–15 von Schumacher erbaut, befindet sich seit 1930 ein ➢ **Planetarium**. Es bietet viele spannende Veranstaltungen und eine schöne Aussicht. ☞ tgl. 9–20 Uhr, Tel. 4288652-10

Verwunschen und voller Überraschungen ist der **Botanische Garten** in Klein Flottbek. Er wurde 1979 eröffnet und ist in verschiedene Abteilungen gegliedert. Du findest hier Gift- und Nutzpflanzen, riesige Mammutbäume, einen Tast- und Duftgarten sowie einen Wüstengarten. Eine Art Uhr zeigt inmitten des Gartens die Entstehungsgeschichte und Verwandtschaft der Pflanzen. Mit etwas Glück entdeckst du das Mäusebussardpärchen, das hier alljährlich brütet. ☞ geöffnet von 9–20 Uhr (Sommer), von 9 Uhr bis zur Dämmerung (Winter)

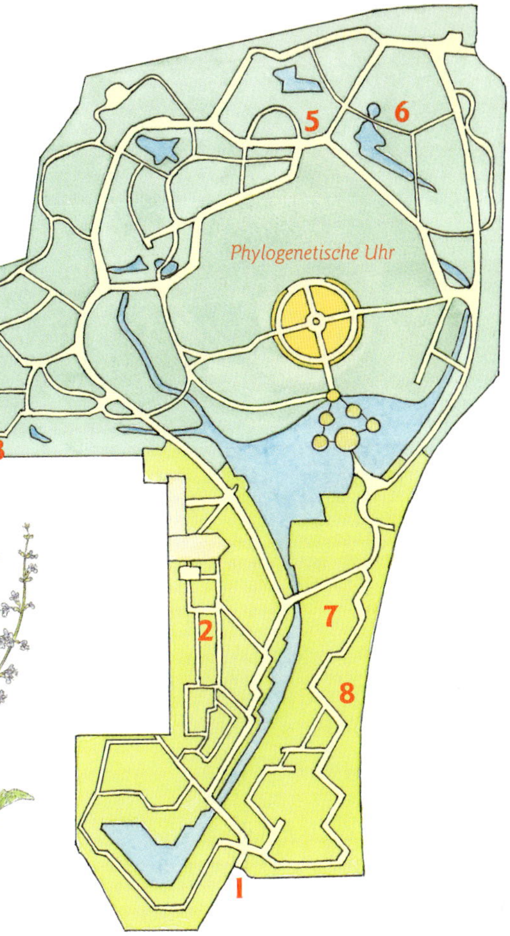

Botanik-Rallye

1. Wer ist der nackte Mann vor dem Eingang des Botanischen Gartens?

2. Bibelpflanzengarten: Welche Pflanze könnte der jüdischen Menora, dem siebenarmigen Leuchter, Modell gestanden haben?

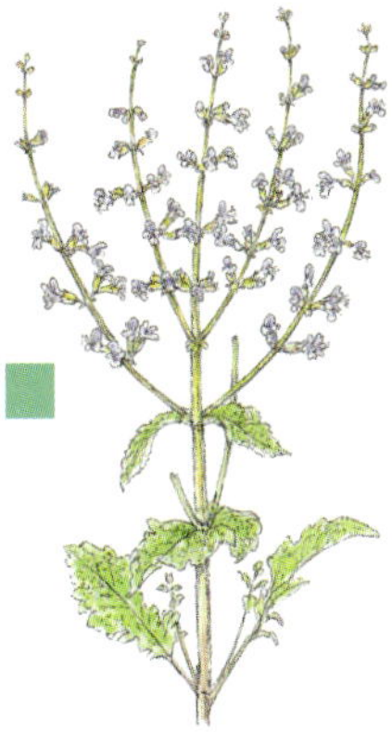

5. Wie heißt der »Magnolien-Duftweg-Pavillon« auf Chinesisch?

4. Bauerngarten: Wen siehst du in der goldenen Kugel?

6. Wie lautet der lateinische Name dieser Rotkiefer im Japanischen Garten?

3a. Arzneipflanzen: Was lindert der Wiesen-Löwenzahn?

-

7. Die Feige wird im Nahen Osten seit über 5000 Jahren kultiviert. Mehr über die Region erfährst du im

W -

8. Giftpflanzen: Welche Pflanzenteile des Pfaffenhütchens sind besonders giftig?

Wenn du die farbigen Buchstaben richtig ergänzt, erfährst du, welche Pflanze im Mittelalter gegen Teufel und Dämonen helfen sollte:

Ü -

J kraut

auch Teufelsfuchtel oder Hexenkraut genannt.

3b. Arzneipflanzen: Wogegen hilft das Frühlings-Adonisröschen?

Hagenbecks Tierpark damals

Die Geschichte des Unternehmens Hagenbeck begann ganz klein: 1848 stellte der **Fischhändler Gottfried Hagenbeck** sechs **Seehunde** in Waschzubern zur Schau – was ein finanzieller Erfolg wurde. Seither handelte er mit seltenen Tieren und zeigte jedes Jahr auf dem **Dom** ein besonderes Tier.

Damals kannten sich viele Besucher noch nicht gut mit fremden Tieren aus: Als Hagenbeck einst ein Lama ausstellen wollte, starb das Tier unerwartet. Da das Werbeschild jedoch bereits gemalt war, zeigte er kurzerhand ein norddeutsches Reh – was angeblich niemand bemerkte.

Schon als kleiner Junge lernte **Carl Hagenbeck** (1844–1913) von seinem Vater Gottfried den Umgang mit Tieren. 1874 eröffnete er einen ersten kleinen »Thierpark« am Neuen Pferdemarkt. Am 7. Mai 1907 gründete er den großen **Tierpark** in Hamburg-Stellingen. Dabei schuf er eine neue Art von Zoo: Er ersetzte die damals üblichen Gitterkäfige durch Freigehege. Besucher und Wildtiere waren nur durch einen Wassergraben voneinander getrennt.

Spektakulär waren auch die lebensnahen **Dinosaurier-Figuren**, die der Bildhauer Josef Pallenberg 1909 fertigstellte.

Carl Hagenbeck trainierte Tiere auch für **Vorführungen** – mit Geduld, Lob und Leckerbissen. Sein gutes Verhältnis zu Tieren soll ihm sogar das Leben gerettet haben: Als er inmitten von Raubtieren einmal stolperte, schützte ihn der Löwe **»Triest«** vor den anderen Raubkatzen. »Er ist zahm, treu und anhänglich, wie ein Hund«, beschrieb Hagenbeck seinen Lieblingslöwen.

Nicht nur Tiere, auch **Menschen** aus außereuropäischen Kulturen traten bei Hagenbeck auf: Indianer, Inder, Nubier, Beduinen, Inuit oder Singhalesen.
Diese **Völkerschauen** hatten großen Zulauf und waren sehr aufregend für das Publikum. Damals gab es ja weder Fernsehen noch Kino und überhaupt wenig Kenntnisse über das Leben anderer Völker. Aus heutiger Sicht sind diese Völkerschauen befremdlich.

Im **Zweiten Weltkrieg** wurde Hagenbecks Tierpark durch Bombenangriffe fast völlig zerstört, neun Mitarbeiter und zahlreiche Tiere wurden getötet. Beim Aufräumen der Trümmer kamen auch **Elefanten** zum Einsatz. In der Nachkriegszeit sammelten **Hamburger Schüler** zentnerweise Eicheln und Kastanien, damit diese an die verbliebenen Tiere verfüttert werden konnten.

Der Tierpark heute

Noch heute wird der Tierpark von der **Familie Hagenbeck** geleitet. Um die rund 1850 Tiere kümmern sich 50 Tierpfleger. 2003 kam erstmals in einem deutschen Zoo ein Elefant ohne menschliche Hilfe auf die Welt: das **Elefantenmädchen »Kandy«**. Geburtshilfe leisteten die Elefantenkühe der Herde. 2004 wurde das neue **Orang-Utan-Haus** eingeweiht. Die Menschenaffen leben nun unter einer UV-durchlässigen Folienkuppel; in den Baumruinen verstecken die Pfleger Affenleckereien. Seit 2013 bevölkern vier **Walrosse** das neue **Eismeer**, wobei sich Bulle **»Odin«** als kraftvoller Sänger hervortut.
Spannend ist auch das **Tropen-Aquarium**, das separat besucht werden kann. In dem überdachten Bau leben 290 verschiedene Tierarten, darunter Krokodile, Giftschlangen, Haie und Fledermäuse. Begrüßt wirst du von den frei laufenden und äußerst neugierigen Kattas aus Madagaskar.

Ein **Tierpfleger** erzählt dir von seiner täglichen Arbeit:

Worin besteht Ihre Arbeit?
Unsere Hauptarbeit besteht darin, die Außen- und Innengehege zu säubern, also die »Zimmer aufzuräumen«. Wir sind nämlich wie Mama und Papa für die Tiere. Nur etwa fünf Prozent unserer Arbeitszeit besteht aus dem direkten Kontakt mit den Tieren. Diese Zeit entschädigt uns aber voll und ganz.

Was gefällt Ihnen an der Arbeit mit den Tieren besonders?
Das Schöne ist, dass sich Tiere nicht verstellen können. Sie sind immer ehrlich.

Trainieren Sie Tiere auch für Vorführungen?
Ja, ich trainiere Papageien und seit Neuestem auch Nasenbären. Dazu braucht man viel Geduld. Ich darf einem Tier niemals zeigen, dass ich sauer oder böse bin. Ein Tier versteht nicht, dass man es trotzdem gern hat, und baut dann kein Vertrauen auf.

Warum büxen die Nasenbären eigentlich nicht über die Platane aus, auf der sie herumklettern?
Weil die Rinde des Baumes zu glatt ist. Das ist auch gut so, sonst würden die neugierigen Tiere viel Unfug im Tierpark treiben.

Was machen Sie, damit sich die Tiere nicht langweilen?
Es ist sehr wichtig, die Tiere zu beschäftigen. Wir geben ihnen das Futter oft so, dass sie nicht alles auf einmal fressen können. Für die Giraffen z.B. ist das Füttern durch die Besucher eine Abwechslung.

Waren Sie schon einmal bei einer Giraffengeburt dabei?
Ja, das ist sehr spektakulär, denn Giraffen gebären im Stehen. Das Baby stürzt wie mit einem »Köpper« aus ein bis zwei Metern Höhe auf die Welt. Seit unsere Rothschildgiraffen 1993 in den Tierpark kamen, gab es fünf Mal Nachwuchs. Diese Giraffenart ist in freier Wildbahn vom Aussterben bedroht.

Tierpark-Rallye

Die Quiz-Antworten findest du auf den Schildern, die an den Gehegen angebracht sind. Am besten besorgst du dir am Eingang einen kostenlosen nummerierten Wegeplan. Viel Spaß!

2. Wie heißt der indische Elefantengott?

57. Der S
Tiger ist die größte Tigerart. Er frisst am Tag 10 Kilo Fleisch.

65. Aus welchem Land stammen die Onager?

38. Dieser Vogel hat eine Flügelspannweite von drei Metern. Es ist der Afrikanische

50. Die Männchen dieser Tierart können bis zu 950 Kilogramm schwer werden.

61. Diese Menschenaffen können bis zu 40 Jahre alt werden. Sie heißen

59. Wie lautet der lateinische Name des Dinosauriers mit den drei Hörnern auf dem Kopf?

39. Worauf schlafen Mandrills? Auf

Die berühmte Walrossdame »Antje« starb 2003 hochbetagt im Alter von 27 Jahren. Wenn du die farbigen Buchstaben richtig ergänzt, erfährst du, wo man »Antje« heute besichtigen kann: im Z L

Von Oevelgönne nach Blankenese …

Zu Fuß oder mit dem Rad kannst du viele Ausflüge entlang der **Elbe** unternehmen: zum Beispiel die elegante **Elbchaussee** herunterradeln. Sie ist mit zehn Kilometern die längste Straße Hamburgs! Reiche Altonaer und Hamburger erbauten hier prachtvolle Villen in schönen Parks.
Oder du schlenderst bzw. radelst vom Fähranleger »Neumühlen« (☞ Hafenfähre 62, Bus 112) direkt am **Elbufer** entlang – wenn du Zeit hast bis nach Blankenese oder per Schiff weiter ins Alte Land. Auf dem Weg gibt es viele Sehenswürdigkeiten und Cafés.

Im **Museumshafen Oevelgönne** siehst du neben restaurierten Segelschiffen auch motorgetriebene Schiffe wie das Feuerschiff »Elbe 3« (von 1888), den Dampfschlepper »Tiger« (1910), den Dampf-Eisbrecher »Stettin« (1933) und zwei Schwimmkräne.
☞ tgl. geöffnet

In **Oevelgönne** stehen malerische alte **Fischer-** und **Lotsenhäuser**. Früher lebten hier auch Leimsieder, die Walknochen auskochten. Am Strand, wo heute gegrillt und gebadet wird, befanden sich **Schiffswerften**: Bei Ebbe siehst du noch die Holzstämme, über

die die Schiffe zu Wasser gelassen wurden. Im beliebten **Café Strandperle** gibt es Eis und warme Speisen.

Spannend ist der Besuch im ➢ Museum **»Oevelgönner Seekiste«**. Der inzwischen verstorbene Bootsbauer

»Käppen Lührs« trug hier viele Kuriositäten der Seefahrt zusammen: ein riesiges Haigebiss, einen präparierten Igelfisch, einen Nagel aus der Arche Noah, einen Knochen von Klaus Störtebeker … so manches Seemannsgarn wird hier heute noch gesponnen!

Den riesigen **Findling** brachte die Eiszeit nach Hamburg. Er hat ein Gewicht von 217 Tonnen und einen Umfang von fast 20 Metern. ➢ Schatzsuche

Wie kam der Fähranleger **Teufelsbrück** zu seinem Namen? In einer **Geschichte** heißt es, dass sich der Zimmermann, der eine Brücke über den Bach Flottbek baute, vom Teufel helfen ließ. Er versprach dafür dem

Teufel die Seele des ersten Lebewesens, das über die Brücke ging. Nach der Einweihung und Segnung wollte der Pfarrer die Brücke betreten. Doch die Menschenmenge scheuchte einen Hasen auf, der so als erstes Lebewesen über die Brücke lief. Der Teufel war enttäuscht: Hatte er sich doch so auf die Seele des Pfarrers gefreut! Heute findest du hier das Café »Engel« und den Imbiss »Luzifer«.

Nahe Teufelsbrück erstreckt sich der wunderschöne **Jenisch-Park** – ideal zum Toben und Ausruhen. Er gehörte dem Hamburger Kaufmann Baron **Caspar von Voght** (1752–1839), der den natürlich wirkenden

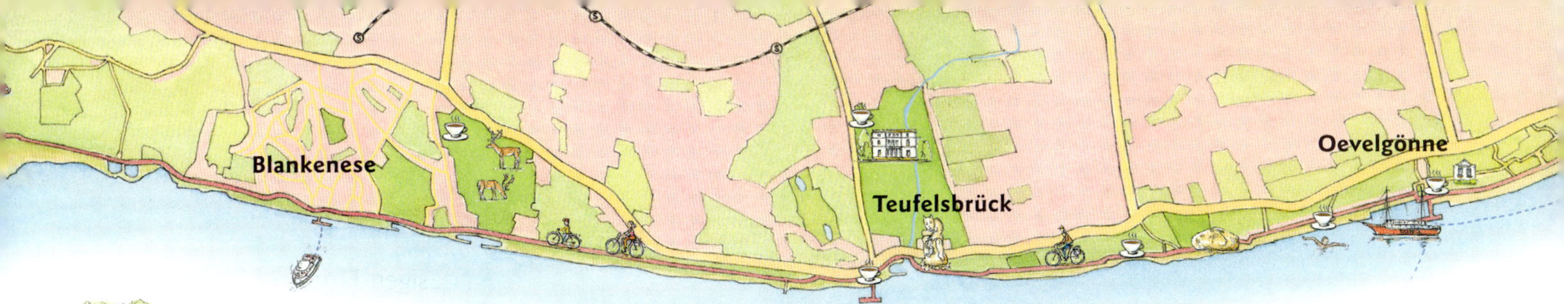

Park von einem schottischen Gartenarchitekten anlegen ließ. Auf einer Anhöhe steht das **Jenisch-Haus**, heute ein ➣ **Museum** großbürgerlicher Wohnkultur.

Ganz in der Nähe befindet sich das ➣ **Ernst-Barlach-Haus**, das Holzschnitte und Plastiken des Wedeler Künstlers zeigt.

Kurz vor Blankenese kannst du einen Abstecher in den schönen **Hirschpark** machen, Damhirsche und Pfauen beo-

bachten oder in **Witthüs Teestuben** einkehren. In dem reetgedeckten Haus wohnte der ➣ Dichter Hans Henny Jahnn bis zu seinem Tod. ☞ Elbchaussee 499a

Ein Besuch im alten Fischerdorf **Blankenese** ist ein Muss: Das **Treppenviertel** mit seinen engen, verwinkelten Gassen und den weißen Häusern ist wirklich schön. Es soll hier 4864 Treppenstufen geben!

Früher wohnten hier Kapitäne und Schiffbauer, heute sind es überwiegend wohlhabende Hamburger. Der Name »blanke Ness« (helle Nase)

stammt von einer nahe gelegenen sandigen Landzunge. (Falls du dich verläufst: Gehe immer nach unten, dann kommst du wieder zur Elbe.)

Auf dem **Süllberg**, von dem du eine herrliche Aussicht hast, stand zweimal für kurze Zeit eine Burg. Zum S-Bahnhof Blankenese gelangst du mit der **»Bergziege«**, der Buslinie 48, die die Gassen hinauf- bzw. hinunter »klettert«.

Im schönen **Sven-Simon-Park** findest du das ➣ **Puppenmuseum Falkenstein**. Es zeigt mehr als 300 Puppen und 60 Puppenstuben von 1790 bis 1950.

In der Nähe des **Falkensteiner Ufers** steht das malerische **Leuchtfeuer Wittenbergen**, das seit dem 1. Januar 1900 sein Licht ausstrahlt. Es ist eines von über 40 Leuchtfeuern, die den Ozeanriesen zwischen Hamburg und der Elbmündung ihren Weg weisen. Am breiten Strand kannst du picknicken und im Sommer baden – nur Vorsicht vor den Schiffswellen!

… und weiter ins Alte Land

Vom Anleger **Blankeneser Bulln** fährt eine Hadag-Fähre ans andere Elbufer nach **Cranz**. ☞ www.hadag.de/hafenfaehren.php Von dort aus kannst du das Alte Land erkunden, am besten mit dem Rad oder auf Inline-Skatern. Tourenvorschläge: ☞ www.tourismus-altesland.de Die Rückfahrt ist von Finkenwerder (Fähre 62, 64) oder vom S-Bahnhof Neugraben möglich.

Mit rund zehn Millionen Obstbäumen stellt das **Alte Land** das größte Obstanbaugebiet Nordeuropas dar. Besonders schön ist ein Besuch zwischen Mitte April und Mitte Mai, wenn erst die **Kirschbäume** und dann die **Apfelbäume** erblühen. Auch Birnen, Zwetschen, Himbeeren und Brombeeren gedeihen hier. Im Herbst, wenn das Obst reift, ist das Alte Land ebenfalls malerisch schön.

Das historische Zentrum des Alten Landes ist **Jork**. Das ➢ Museum Altes Land zeigt anschaulich die Alltagsgeschichte des Obstanbaugebiets. Im Ortsteil **Königreich** gab es im 19. Jahrhundert rund 20 Ziegeleien. Von hier wurden Millionen Backsteine auf Ewern nach Hamburg geschifft, auch für den Bau der ➢ Speicherstadt.

Die **St. Pankratius-Kirche** in **Neuenfelde** ist bekannt durch ihre gut erhaltene **Arp-Schnitger-Orgel** und das **Grab** des berühmten Orgelbauers. In die hoch gelegene Kirche retteten sich die Neuenfelder bei mancher Sturmflut – so auch im Jahr 1962.

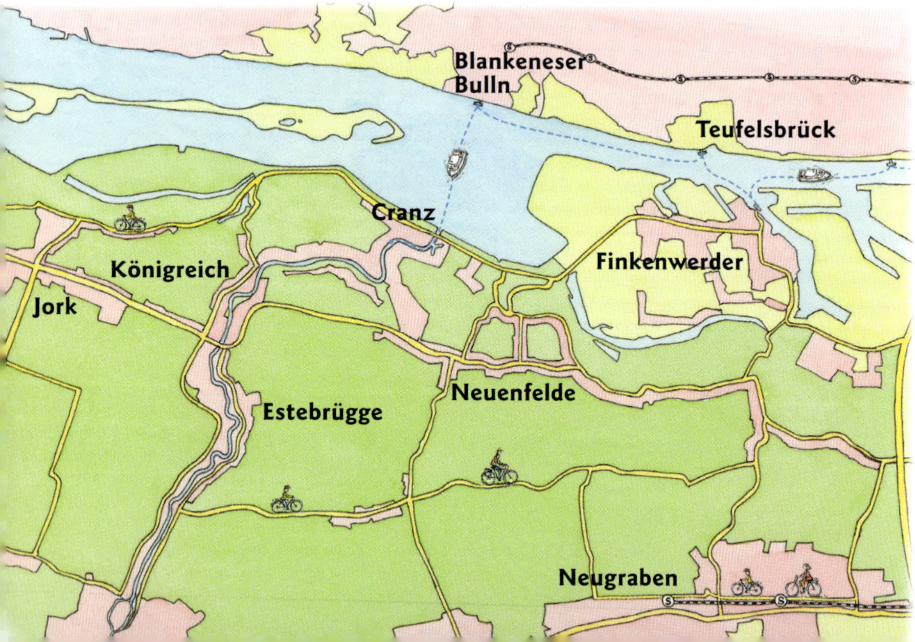

Holländische **Wasserbauspezialisten** deichten im 12. Jahrhundert das Land ein, entwässerten es und machten es urbar. Auf sie geht vermutlich der plattdüütsche Name *Olland* (altes Land) zurück. Eine **Zugbrücke** und zwei Windmühlen erinnern noch an die holländischen Siedler.

Kannst du die Blüten den jeweiligen Obstsorten zuordnen?
Apfel, Birne, Brombeere, Kirsche, Zwetsche

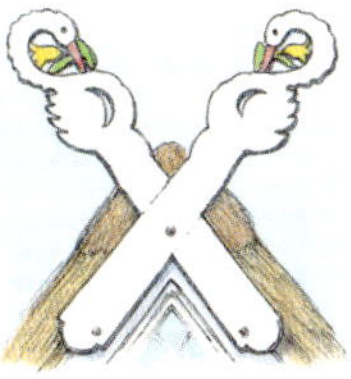

Mit Schwänen gegen böse Geister

Sehr sehenswert sind die großen **Altländer Bauernhäuser**. Ihr Hofeingang ist oft durch eine **Prunkpforte** geschmückt. Neben der rundbogigen Wagendurchfahrt gibt es einen etwas kleineren Personeneingang. Viele Häusergiebel tragen gekreuzte Schwäne: Früher glaubte man, dass der **Giebelschmuck** Unheil fernhält. Tolle **Ziegelmuster** machen jede Hauswand zu einem Kunstwerk.

Der Wahlspruch der Altländer lautet: »Stoh fast, kiek wiet un rög dich« (Steh fest, guck weit und sei tätig).

Jedes Jahr im Mai wird eine **Blütenkönigin** gewählt. Sie trägt die traditionelle Altländer Hochzeitstracht.

Herr Mahs und die Muhs

Der Altländer Gustav Mahs erfand im 19. Jahrhundert den **Patentmaulkorb** für Kühe: Dieser verhinderte, dass die Rinder, die damals noch zwischen den Bäumen grasten, das süße Obst wegfutterten. Immer wenn die Kuh den Kopf hob, um an das Obst zu gelangen, rutschte der Korb über ihr Maul. Senkte sie den Kopf, rutschte der Korb zurück und sie konnte grasen.

Rund **300.000 Tonnen Äpfel** werden hier jährlich geerntet, darunter *Jonagold*, *Elstar* und *Holsteiner Cox*. Sorten wie der *Finkenwerder Herbstprinz* und der *Altländer Pfannkuchenapfel* werden nur in kleinen Mengen angeboten. Der heutige Apfelbaum hat übrigens keine Krone mehr: Er ist ein **Niedrigstamm**. So können die Äpfel leichter geerntet werden. Nach etwa 15 Jahren nimmt die Qualität eines Apfelbaumes ab. Dann kann eine neue Sorte angebaut werden – vielleicht deine Lieblingssorte?

Bergedorf, Vierlande und der Sachsenwald

Im Osten Hamburgs gibt es viel zu entdecken: rund um das schöne **Bergedorf**, das von 1873 bis 1937 eine eigene Stadt war. Du kannst hier surfen, paddeln, segelfliegen, Go-Kart fahren, Sterne beobachten oder mit der **Dampflok »Karoline«** einen Ausflug machen. Und natürlich Sehenswürdigkeiten anschauen. Die »Bergedorf-Info« im Hasse-Haus (☞ www.bergedorf.de) und das »Kultur- & Geschichtskontor« geben dir Tipps.

Das **Bergedorfer Schloss** ist das einzig verbliebene Schloss auf Hamburger Boden. Noch heute ist es von einem doppelten Wassergraben umgeben. Die Zugbrücke ist jedoch verschwunden. Seit 1955 befindet sich hier das ➢ Museum für

_ _ _ _ _ _ _ _ _ und die _ _ _ _ _ _ _ _ _

In der Fußgängerzone, am Rande des Schlossparks, steht die ev.-luth. **St. Petri und Pauli-Kirche**. Sie stammt von 1502. Nebenan befindet sich das **Hasse-Haus**. Es ist das Geburtshaus des Musikers Johann Adolf Hasse (1699–1783). Dieser war einst ein Superstar: Er komponierte zahlreiche Opern und trat auch als Sänger auf. Viele Jahre lebte »Giovanni Adolfo« in Italien. Auf seinem Denkmal steht, in welcher Stadt er starb:

in _ _ _ _ _ _ _

Richtig schön ist das **Naturschutzgebiet Boberger Niederung** (☞ S-Bahn Mittlerer Landweg oder Bus 221). Hier findest du Dünen, Heide, Trockenrasen und Moore. Die **Boberger Düne** ist der Überrest einer riesigen Dünenlandschaft mit bis zu 30 Meter hohen Dünen. **Steinzeitmenschen** saßen hier einst am Lagerfeuer. Seit 1840 wurden Millionen Kubikmeter Sand für Bauzwecke abgetragen. Heute leben hier vor allem Insekten: Sandbienen, Grabwespen, Braune Feuerfalter und Blauflügelige Ödlandschrecken. Weitere Infos: ➢ Naturschutz-Informationshaus »Boberger Niederung«

Neben dem **Segelflugplatz** liegt der **Boberger Badesee**, der 1960 aus einer Kiesgrube entstand. Auch hier leben zahlreiche Tiere, wie die Libellenart Großes Granatauge. Wie heißt der Vogel »Himmelsziege« wirklich?

_ _ _ _ _ _ _ _ _

Schöne Radtouren kannst du durch die **Vierlande** unternehmen, wie die vier Dörfer Altengamme, Curslack, Kirchwerder und Neuengamme seit 1556 genannt werden. Früher brachten die Vierländer Gemüse, Obst und Blumen auf ➢ Ewern nach Hamburg. Der **Vierländerinbrunnen** am Hopfenmarkt (nahe der ➢ Hauptkirche St. Nikolai) erinnert an diese Zeit. Hier verkauften Vierländer in ihrer Tracht einst Salat, Erdbeeren und Maiglöckchen. Noch heute findest du Vierländer Waren auf den Wochenmärkten.

Ein sehenswertes Freilichtmuseum ist das ➢ **Rieck Haus** von 1533. Jeden Juni wird hier das Erdbeerfest gefeiert. Eine originale Vierländer Kate ist auch im Westen Hamburgs zu sehen: im ➢ Altonaer Museum.

Altengamme besitzt mit der **St. Nicolai-Kirche** ein echtes Schmuckstück: Sie ist eine der prächtigsten Bauernkirchen Norddeutschlands. Ihre Bankreihen sind mit Intarsien und geschmiedeten **Hutständern** geschmückt. Das Taufbecken konnte einst verschlossen werden: um den Diebstahl von Weihwasser zu verhindern!

Von der einstigen Zollstation **Zollenspieker Fährhaus** hast du einen tollen Blick über die Elbe. Hier kannst du auch mit der **Fähre** übersetzen.

Im **Sachsenwald** gibt es viel zu entdecken, neben jeder Menge Natur lohnt auch der Besuch im ➢ **Eisenbahnmuseum Lokschuppen Aumühle**. Hier kannst du mit der Hebeldraisine und, manchmal, mit einem handgeschobenen Feldbahnwagen fahren. Mitten im Wald liegt der ➢ **Garten der Schmetterlinge**, wo einheimische und tropische Schmetterlinge zu bestaunen sind. Und noch ein Geheimtipp: Da der Sachsenwald seit Jahrtausenden nie gerodet wurde, sind viele **steinzeitliche Gräber** erhalten. Sie liegen meist abseits der Wege.

*Ja, das stimmt. Im 19. Jahrhundert wurden **Blutegel** zu medizinischen Zwecken genutzt. Auf Pferdekarren brachten die Vierländer die Egel aus Russland und Polen und verkauften sie an Hamburger Apotheken. Pro Wagenladung waren es mehr als 100.000 Egel!*

Das Arbeitsamt will Tetje nach Vierlanden schicken, um Kartoffeln zu ernten. Doch Tetje möchte nicht. »Dat is nicks för mi«, sagt er, »schicken Se man een, de se rinlegt hett, de weet, wo se liggen dot.«

Kuddl, stimmt es, dass die Vierländer früher mit Blutegeln handelten?

Wälder, Moore, Heiden

In Hamburg gibt es viele gut erreichbare **Naturgebiete** (➢ Altes Land, ➢ Bergedorf, ➢ Oevelgönne und ➢ Parks).

Im **Niendorfer Gehege** gibt es Wald und Wiesen, Spiel- und Grillplätze sowie einen **Ponyhof**. Wild leben hier Rehe, Hasen und Fasane; in einem Gehege kannst du **Damwild** beobachten. Im Wald wachsen Bäume mit wohlklingenden Namen wie Silberahorn, Flügelnuss und Winterlinde, aber auch Eichen, Buchen und Esskastanien. Im Waldcafé Corell im Nordwesten werden Wildgerichte und Kuchen serviert.

Das Wald- und Weidegebiet **Klövensteen** kannst du gut per Rad oder Pferd erkunden. Westlich des Waldparkplatzes liegt das malerische **Schnaakenmoor**, das nicht mehr entwässert und der Natur überlassen wird. Hier leben Ringelnattern und Kreuzottern, hier wachsen Heide, Sonnentau und Wollgras.

Im **Wildgehege** kannst du u.a. Rothirsche, Wildschweine und einen Uhu sehen, in der **Pony-Waldschänke** Kuchen futtern und Ponys mieten.

Richtige Heide und eine Schäferin mit rund 350 Heidschnucken und Ziegen findest du in der **Fischbeker Heide**. Die Tiere pflegen die Heidelandschaft, indem sie die Heide kurzhalten und nachwachsende Birken und Kiefern fressen. Im ➢ Naturschutz-Informationshaus **»Schafstall«** erfährst du viel über die hiesige Tier- und Pflanzenwelt. Ein **archäologischer Wanderpfad** führt dich zu mehreren Grabhügeln und einem Urnenfriedhof.

Zwei tolle Ausflugsziele liegen nahe beieinander: der ➢ **Wildpark Schwarze Berge** und das ➢ **Freilichtmuseum am Kiekeberg**. Im riesigen **Wildpark** findest du fast alle größeren heimischen Wildtiere wie Hirsch, Dachs, Wisent, Wolf und Uhu. In der Köhlerhütte neben dem Elbblickturm kann man grillen.

Das wunderschöne **Freilichtmuseum** liegt am Fuß des 127 Meter hohen Kiekebergs. Das künstlich errichtete **Heidedorf** umfasst rund 20 Gebäude aus dem 16. bis 19. Jahrhundert. Hier finden viele Aktionen statt, u.a. wird das frühere Leben der Bauern und Handwerker nachgestellt: Es wird geschmiedet, geschustert, gebuttert, gebacken und gesponnen.

Der **Duvenstedter Brook** ist ein großes **Naturschutzgebiet**. Hier brüten Kranich und Eisvogel, leben Dam- und Rothirsche, Rehe und Wildschweine. Die **Hirsche** kannst du am besten zur Brunftzeit im September beobachten. Sie achten dann weniger auf feindliche Gerüche – Liebe macht ja bekanntlich (geruchs)blind. Weitere Infos zu Flora und Fauna findest du im ➢ Naturschutz-Informationshaus. Zum Schutz der Wildtiere besteht im Wald ein Hundeverbot.

Am **Kupferteich** steht noch die **Alte Hammermühle**, deren Hämmer einst Kupfer zu dünnem Blech schlugen. Im **Neuen Kupferhof** befand sich während des Zweiten Weltkriegs eine Spionage-Funkstelle der Wehrmacht. Der sieben Kilometer lange »historisch-ökologische Erlebnispfad« (HÖE) führt dich, ausgehend vom U-Bahnhof Ohlstedt, zu 30 Stationen, die dir die Natur und Geschichte des Gebiets erklären.

☞ Broschüren am U-Bahnhof Ohlstedt, geführte Tour: Tel. 6055350

Wald, Wiesen und viel Wasser bietet der schöne **Harburger Stadtpark**. Um den **Außenmühlenteich**, an dem einst eine Wassermühle stand, führt ein drei Kilometer langer Rundweg. An der Gaststätte Bootshaus kannst du **Tretboote** ausleihen; das ➢ Freizeitbad MidSommerland lädt direkt am See zum Baden ein. Zudem gibt es ein Vogelschutzgebiet und viele verschiedene Pflanzenarten, wie Rispenseggenried und Wasserschwaden-Röhricht. Im nahe gelegenen ➢ **Archäologischen Museum** erhältst du einen Einblick in 200.000 Jahre Geschichte der Region, natürlich auch in die Steinzeit.

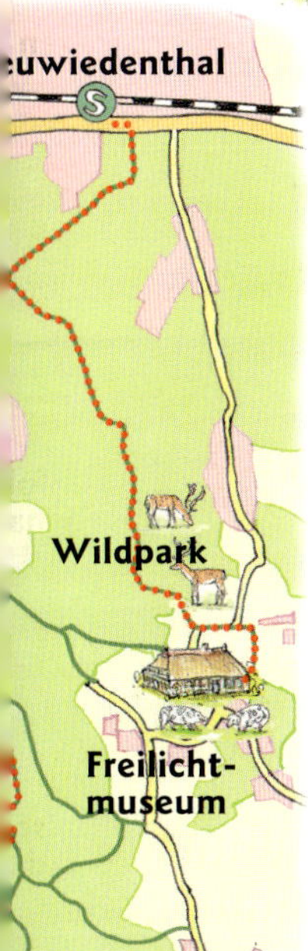

Einen Besuch wert ist auch der grüne **Ohlsdorfer Friedhof**. Mit rund 280.000 Grabstätten und 17 befahrbaren Straßen ist er der größte Parkfriedhof der Welt. 89 Schmetterlingsarten leben hier. Zwischen Rosen und Rhododendren kannst du zu Fuß oder mit dem Rad viele interessante Grabmäler entdecken. Die Grabstätte der **Familie Hagenbeck** wird von einem kupfernen Löwen bewacht: von »Triest«, Hagenbecks Lieblingslöwen.

Ganz im Süden Hamburgs, im **Naturschutzgebiet Zollenspieker**, gedeiht eine Pflanze, die nur in Hamburg und Hamburgs direkter Umgebung wächst und sonst nirgendwo auf dieser Erde: die **Wiebel-Schmiele**.

Internet, Stadtführungen, HVV

Hamburg im Internet
www.hamburg.de
www.hafen-hamburg.de
www.hamburg-tourismus.de
www.kultur-hamburg.de

Adressen für Hamburger Kids
www.kindernetz-hamburg.de
www.familienwelt-hamburg.de
www.hamburg.de/kinderkultur
www.hamburg.de/spielplaetze
www.klickerkids.de
www.buecherhallen.de/kinder
www.hamburg.org/kinder-zirkus.html

Touristen-Informationen findest du im Hauptbahnhof (Wandelhalle), an den St. Pauli-Landungsbrücken und am Flughafen (Terminal 2).

HVV
Alle Busse, U- und S-Bahnen sowie die Hafenfähren 62 und 64 gehören zum Hamburger Verkehrsverbund (HVV). Unter www.hvv.de kannst du dir die jeweils kürzeste Verbindung heraussuchen (oder Tel. 19449). Mit der **Hamburg Card** hast du freie Fahrt in allen öffentlichen Verkehrsmitteln und Ermäßigungen bei vielen Sehenswürdigkeiten. Die Hamburg Card erhältst du bei den Touristen-Informationen, an den HVV-Fahrkartenautomaten oder in Hotels. Für verschiedene S-Bahn-Strecken bietet der HVV kostenlos **Audiotouren** an, zum Beispiel von Altona nach Blankenese oder durch Harburg.

Kulturgutscheine
Mit den Kulturgutscheinen erhältst du (bzw. deine Eltern) viele Vergünstigungen. Sie stehen im Hamburger **Kulturführer**, der jedes Jahr neu herauskommt. Du findest ihn im Buchhandel und in ausgewählten Kulturstätten.

Ferienpass
Der Hamburger Ferienpass gilt jeweils für die Hamburger Sommer- und Herbstferien. Er wird in Schulen verteilt und liegt in vielen Ämtern, Kundenzentren, den Bücherhallen oder den Hamburg-Filialen von Budnikowsky aus.
www.ferienpass-hamburg.de

Stadtrundfahrten
Viele Busunternehmen bieten Rundfahrten mit dem **Doppeldecker** durch Hamburg an. Bei gutem Wetter fahren die Busse ohne Verdeck. Abfahrt aller Doppeldecker ist am Hauptbahnhof sowie an den St. Pauli-Landungsbrücken. Die Fahrt kann an einer beliebigen Haltestelle unterbrochen werden: Die Tickets gelten den ganzen Tag, z.B. www.hansa-rundfahrt.de; www.hummelbahn.de, www.stadtrundfahrthamburg.de

Stadtführungen
Einige **Museen** bieten Stadtführungen an, z.B. das ➢ **Speicherstadtmuseum**. Spannende Rundgänge veranstalten auch die Hamburger **Geschichtswerkstätten** und **Stadtteilarchive**, siehe deren Flyer »Kiek mol«, der u.a. in den Bücherhallen ausliegt.
www.hamburger-geschichtswerkstaetten.de

Landgang St. Pauli, Ilona Kiss – Seeräubergang mit Infos über Störtebeker, Matrosen und das Seilerhandwerk.
Tel. 31794934. www.stpauli-landgang.de
Nachtwächter zieht mit Fackeln durch die Speicherstadt: Jeden Sa 20:30 Uhr (Mrz –Okt), Tel. 366269. www.hamburger-nachtwaechter.de
Stattreisen Hamburg e.V. – u.a. Hafen- und Innenstadt-Touren für Kinder, Piratenführung, Barkassenfahrten. Tel. 8708010-0.
www.stattreisen-hamburg.de

Hamburg per Rad
Fahrräder kannst du bei **StadtRAD** leihen, dem meist benutzten Fahrradleihsystem in Deutschland. In Hamburg gibt es etwa 150 Leihstationen mit 1800 roten Rädern.
http://stadtrad.hamburg.de

Hamburg von oben
Alle fünf ➢ **Hauptkirchen** verfügen über eine Besucherplattform mit guter Aussicht.
Auch der Blick vom ➢ **Planetarium** ist schön, ebenso von der Plattform der ➢ **Elbphilharmonie** in 37 Meter Höhe.

Hamburg von unten
Zu besichtigen sind spannende unterirdische Bauten, wie Bunker, Tunnel oder Krankenhäuser. www.hamburgerunterwelten.de

»Wilhelmsburg ist ein Fisch«
Diesen Elbinselführer mit vielen Geheimtipps haben Kinder für andere Kinder selbst geschrieben. www.luedebuch.de

Kulturaustausch
Für ein paar Tage von einer Kultur in die andere »switchen«: Das können Hamburger Kinder im Alter von 9 bis 14 Jahren ganz einfach mit der Organisation **»Switch«**. Sie vermittelt Besuche in Hamburger Familien verschiedener Nationalitäten. Tel. 37517373.
www.switchdeutschland.de.
Für Völkerverständigung und den Abbau von Vorurteilen setzt sich auch der **CISV** (children international summer villages) ein. Er organisiert Kindercamps in Hamburg und der ganzen Welt. www.cisv.de

Hamburg preisgünstig
In dem Buch »Hamburg fast umsonst – Günstig durch die Metropole« findest du für dich, deine Freunde und deine Familie tolle Tipps für Freizeitspaß in Hamburg.
ISBN 978-3-8378-2008-9, 4.90 €,
www.edition-temmen.de

Kultur- und Stadtteilzentren

In allen Stadtteil- und Kulturzentren sind Kinder sehr willkommen. Du kannst hier basteln, malen und kochen sowie an Theater-, Musik- und Medienprojekten teilnehmen. Weitere Zentren findest du unter www.kultur-hamburg.de

Altona
Haus Drei Hospitalstraße 107, Tel. 388998. www.haus-drei.de
MOTTE Eulenstraße 43, Tel. 3992620. www.diemotte.de

Barmbek
Zinnschmelze Maurienstraße 19, Tel. 23188555. www.zinnschmelze.de
Bürgerhaus in Barmbek, Lorichsstr. 28a, Tel. 6304000. www.buergerhaus-in-barmbek.de

Bergedorf
LOLA Kulturzentrum Lohbrügger Landstraße 8, Tel. 7247735. www.lola-hh.de

Billstedt
Kulturpalast im Wasserwerk Öjendorfer Weg 30a, Tel. 82245680. www.kph-hamburg.de

Bramfeld
BraKuLa – Bramfelder Kulturladen, Bramfelder Dorfplatz 2a, Tel. 41629100. www.brakula.de

Eidelstedt
Eidelstedter Bürgerhaus Alte Elbgaustraße 12, Tel. 5709599. www.ekulturell.de

Eimsbüttel
Hamburg-Haus Eimsbüttel, Doormannsweg 12, Tel. 428013775

Eppendorf
Kulturhaus Eppendorf Julius-Reincke-Stieg 13a, Tel. 481548. www.kulturhaus-eppendorf.de

Hamm
Kulturladen Hamm Carl-Petersen-Straße 76, Tel. 18151492. hh-hamm.de www.hh-hamm.de/kulframe.htm

Viele weitere Infos über heutige und frühere Kulturen findest du im ➢ Museum für Völkerkunde

Harburg
Kulturzentrum Rieckhof Rieckhoffstr. 12, Tel. 7662020. www.rieckhof.de

Ottensen
FABRIK – Kultur und Kommunikationszentrum Barnerstr. 36, Tel. 391070. www.fabrik.de

Sasel
Sasel-Haus Saseler Parkweg 3, Tel. 6017160. www.sasel-haus.de

St. Georg
Kulturladen St. Georg Alexanderstraße 16, Tel. 28054862. www.kulturladen.com

St. Pauli
KÖLIBRI – GWA St. Pauli e.V., Hein-Köllisch-Platz 11–12, Tel. 3193623. www.gwa-stpauli.de

Wellingsbüttel
Kulturkreis Torhaus Wellingsbüttel Wellingsbüttler Weg 75, Tel. 5361270. www.kulturkreis-torhaus.de

Wilhelmsburg
Honigfabrik Industriestraße 125–131, Tel. 4210390. www.honigfabrik.de
Bürgerhaus Wilhelmsburg Mengestr. 20, Tel. 7520170. www.buewi.de

Winterhude
Goldbekhaus Moorfurthweg 9, Tel. 2787020. www.goldbekhaus.de

Für kleine Forscher
Für alle wissbegierigen Kids zwischen 8 und 12 Jahren gibt es die **Kinder-Uni**. Beginn jeweils Oktober, Audimax, Von Melle-Park 4. www.kinderuni-hamburg.de
Spannend wird es auch im **wie?so! Kinderlabor**, www.wieso-kinderlabor.de sowie bei der Kindervorlesungsreihe **»Faszination Fliegen«**, www.technik-fuer-kinder.de oder beim **Science-Lab**, www.science-lab.de

Fabriken:
Neues Leben hinter alten Mauern

Viele Kultur- und Stadtteilzentren sind in alten Fabrikgebäuden untergebracht. Eine Vorreiterrolle spielte dabei die **FABRIK**. Sie ist Deutschlands erstes **Kultur- und Kommunikationszentrum**. 1971 eröffnete es in einer ehemaligen **Maschinenfabrik**. Neben Musikveranstaltungen und Ausstellungen gibt es ein umfangreiches Kinderprogramm. Informieren kannst du dich auch über die kostenlose Monatszeitschrift FABRIK. Der Kran über dem Eingang gehörte einst zu einer anderen Fabrik.

Keine Motten, dafür aber Bienen und Hühner findest du in der **MOTTE**, Hamburgs erstem **Stadtteilkulturzentrum** (seit 1976). In den Gebäuden befanden sich früher Schokoladen-, Marzipan- und Tabakfabriken sowie eine Sirupraffinerie. Heute gibt es viele spannende Programme für Kinder und Jugendliche. Auf dem Dach leben mehrere Bienenvölker (➢ grüne Seite).

Um viele alte Industriebauten werden **Flohmärkte** veranstaltet. Besonders schön sind der monatliche Kulturflohmarkt beim ➢ Museum der Arbeit und der monatliche Flohmarkt ums ➢ Goldbekhaus, das in einer ehemaligen Chemiefabrik angesiedelt ist.

Museumswelten

Hamburg hat interessante **Museen**, die tolle Kinderprogramme anbieten, auch Geburtstagsfeiern. Infos beim jeweiligen Museum oder beim Museumsdienst, Tel. 4281310. www.museumsdienst.hamburg.de

Alstertal-Museum Wellingsbüttler Weg 75a, Tel. 5366679, Sa/So 11–13, 15–17 Uhr

Altes Land Westerjork 49, Tel. 04162/5715, Apr–Okt Di–So 11–17 Uhr, Nov–Mrz Mi, Sa, So 13–16 Uhr

Altonaer Museum Museumstraße 23 (S Altona), Tel. 4281350, Di–So 10–17 Uhr. www.altonaermuseum.de

Archäologisches Museum Hamburg Harburger Rathausplatz 5 (S Harburg Rathaus), Tel. 428712497, Di-So 10–17 Uhr. www.amh.de

Automuseum Prototyp Shanghaiallee 7 (U Meßberg), Tel. 39996970, Di–So 10–18 Uhr. www.prototyp-hamburg.de

BallinStadt Veddeler Bogen 2 (S Veddel, Maritime Circle Line), Tel. 31979160, tgl. 10–18 Uhr. www.ballinstadt.de

Bischofsturm Speersort 10 (U Rathaus), Tel. 30384798, Mo–Fr 7–19, Sa 7–18 Uhr

Brahms-Museum Hamburg Peterstraße 39 (U St. Pauli), Tel. 41913086, Di–So 10–17 Uhr. www.brahms-hamburg.de

Bucerius Kunst Forum Rathausmarkt 2 (U/S Jungfernstieg, U Rathaus), Tel. 3609960, tgl. 11–19 Uhr, Do bis 21 Uhr. www.buceriuskunstforum.de

Bunkermuseum Wichernsweg 16 (U Rauhes Haus), Tel. 18151493, Do 10–12 u. 15–18 Uhr. www.hh-hamm.de/bunkermuseum

Das klingende Museum Dammtorwall 46 (U Stephansplatz, U Gänsemarkt), Tel. 35752343, tgl. Gruppenführungen nach Anmeldung. www.klingendes-museum-hamburg.de

Deichtorhallen – Haus der Photographie Deichtorstr. 1–2 (U/S Hbf, U Steinstraße), Tel. 321030, Di–So 11–18 Uhr. www.deichtorhallen.de

Der Kunstverein Klosterwall 23 (U/S Hbf), Tel. 322157, Di–So 12–18 Uhr. www.kunstverein.de

Deutsches Maler- und Lackierermuseum Billwerder Billdeich 72, Tel. 7338706, Sa/So 14–17 Uhr

Deutsches Zollmuseum Alter Wandrahm 16 (U Meßberg, Bus 3, 6), Tel. 428203911, Di–So 10–17 Uhr. www.deutsches-zollmuseum.de

Deutsches Zusatzstoff-Museum Banksstraße 28, Gelände des Großmarktes in Hammerbrook (Bus 34, 120, 124), Tel. 32027757, Fr–So 11–17 Uhr. www.zusatzstoffmuseum.de

Dialog im Dunkeln Alter Wandrahm 4 (U Meßberg, Bus 3, 6), Tel. 3096340, Di–Do 9–17, Fr 9–19, Sa 10–19.15, So 10–18 Uhr. Nur mit Führung, Reservierung erforderlich. www.dialog-im-dunkeln.de

Eisenbahnmuseum Lokschuppen Aumühle Am Mühlenteich/Waldweg (S Aumühle), Tel. 04104/1791, So 11–17 Uhr. www.vvm-museumsbahn.de

electrum – Das Museum der Elektrizität Harburger Schloßstr. 1 (S Harburg Rathaus), Tel. 32507353, So 10–17 Uhr. www.electrum-hamburg.de

Ernst Barlach Haus Baron-Voght-Str. 50a (S Klein Flottbek), Tel. 826085, Di–So 11–18 Uhr. www.barlach-haus.de

Ernst-Barlach-Museum Mühlenstraße 1, Wedel, Tel. 04103/918291, Di–So 11–18 Uhr. www.ernst-barlach.de

Freilichtmuseum am Kiekeberg Am Kiekeberg 1 (Bus 244, 340), Tel. 7901760, Di–Fr 9–17, Sa/So 10–18 Uhr. www.kiekeberg-museum.de

Geologisch-Paläontologisches Museum Universität Hamburg Bundesstraße 55 (U Schlump, Bus 5), Tel. 428382276, Mo–Fr 9–18 Uhr, Sa 9–12 Uhr (eingeschränkt). www.geowiss.uni-hamburg.de

HafenCity InfoCenter im Kesselhaus, Am Sandtorkai 30 (U Baumwall), Tel. 36901799, Di–So 10–18 Uhr. www.HafenCity.com

Hafenmuseum Hamburg Kopfbau Schuppen 50a, Australiastraße (S Veddel, Bus 256 oder Hafenfähren), Tel. 73091184, Mrz–Okt Di–So 10–18 Uhr. www.hafenmuseum-hamburg.de

Hamburg Dungeon Kehrwieder 2 (U Baumwall), Tel. 36005520, tgl. 10–18 Uhr. www.thedungeons.com/hamburg/de

Hamburg Museum Holstenwall 24 (U St. Pauli), Tel. 4281322380, Di–Sa 10–17 Uhr, So 10–18 Uhr. www.hamburgmuseum.de

Hamburger Kunsthalle Glockengießerwall (U/S Hbf), Tel. 428131200, Di–So 10–18, Do 10–21 Uhr. www.hamburger-kunsthalle.de

Hamburger Schulmuseum Seilerstr. 42 (S Reeperbahn), Tel. 345855, Mo–Fr 8–16:30 Uhr. www.hamburgerschulmuseum.de

Helms-Museum Geschichte Harburgs, Museumsplatz 2 (S Harburg Rathaus), Tel. 428713609, Di–So 10–17 Uhr. www.amh.de

HSV-Museum und Stadionführungen Sylvesterallee 7 (S Stellingen, Shuttlebus, Metrobus 22, 180), Tel. 41551550, tgl. 10–18 Uhr. www.hsv-museum.de

Hubertus Wald Kinderreich im ➢ Museum für Kunst und Gewerbe, Tel. 428134-303, Sa/So 10–18 Uhr, Schulferien Di–So 10–18 Uhr (für angemeldete Gruppen Di–Fr 10–18 Uhr)

Internationales Maritimes Museum Koreastr. 1 (U Meßberg, Bus 6), Tel. 30092300, Di–So 10–18, Do bis 20 Uhr. www.imm-hamburg.de

Jenisch-Haus Baron-Voght-Str. 50 (S Klein Flottbek), Tel. 828790, Di–So 11–18 Uhr. www.jenisch-haus.de

Kaffeemuseum St. Annenufer 2 (U Meßberg, Bus 3, 6), Tel. 55204258, Di–So 10–18 Uhr. www.kaffeemuseum-burg.de

KinderKunstMuseum Schule Bovestraße, Bovestraße 10–12, Tel. 7327986, Mo 9–13 Uhr (während der Schulzeit), nachmittags n. Absprache. www.kinderkunstmuseum.de

Kinderolymp im ➣ Altonaer Museum

KL!CK Kindermuseum Achtern Born 127 (Bus 21, Schnellbus 37), Tel. 41099777, Mo–Fr 9–18 Uhr, So 11–18, Sa nur Kindergeburtstag. www.kindermuseum-hamburg.de

Kramer-Witwen-Wohnungen Krayenkamp 10, Tel. 37501988, Di–So 10–17 Uhr, Nov–Mrz Sa/So 10–17 Uhr, www.kramerwitwenwohnung.de

Loki Schmidt Haus Botanisches Museum Ohnhornstraße 18 (S Klein Flottbek), Tel. 42816583, Di–Sa 13–17, So 10–17 Uhr. www.loki-schmidt-haus.de

Mineralogisches Museum Universität Hamburg, Grindelallee 48 (Bus 5), Tel. 428382058, Mi 10–18, So 10–17 Uhr

Miniatur Wunderland Hamburg Kehrwieder 2 (U Baumwall), Tel. 3006800, tgl. 9:30–18, Di 9:30–21, Sa 8–22, So 8:30 bis 20 Uhr. www.miniatur-wunderland.de

Museum der Arbeit Wiesendamm 3, Tel. 4281330, Mo 13–21, Di–Sa 10–17, So 10–18 Uhr. www.museum-der-arbeit.de

Museum Elbinsel Wilhelmsburg Kirchdorfer Str. 163 (S Wilhelmsburg, Bus 13), Tel. 31182928, Apr–Okt So 14–17 Uhr. www.museum-wilhelmsburg.de

Museum für Bergedorf und die Vierlande Bergedorfer Schlossstraße 4 (S Bergedorf), Tel. 428912509, Di–So 11–17 Uhr. www.bergedorfer-museumslandschaft.de

Museum für Kunst und Gewerbe Steintorplatz (U/S-Bahn Hbf), Tel. 428134–880, Di–So 10–18, Do bis 21 Uhr. www.mkg-hamburg.de

Museum für Völkerkunde Rothenbaumchaussee 64 (S Dammtor/U Hallerstraße), Tel. 4288790, Di–So 10–18, Do bis 21 Uhr. www.voelkerkundemuseum.com

Museumsdorf Volksdorf Im Alten Dorfe 46–48, Tel. 6039098, Di–So 9–17 Uhr, freier Zugang. www.museumsdorf-volksdorf.net

Museumshafen Oevelgönne (Bus 112, Fähre 62), Tel. 41912761, tgl. freier Zugang. www.museumshafen-oevelgoenne.de

Museumsschiff »Cap San Diego« Überseebrücke (U/S Landungsbrücken), Tel. 364209, tgl. 10–18 Uhr. www.capsandiego.de

Museumsschiff »Rickmer Rickmers« St. Pauli Landungsbrücken, Brücke 1a (U/S Landungsbrücken), Tel. 3195959, tgl. 10–18 Uhr. www.rickmer-rickmers.de

Oevelgönner Seekiste Oevelgönne 61 (Hafenlinie 62, Bus 112), Tel. 85358825, tgl., nur mit Anmeldung. www.museum-seekiste.de

Panoptikum Spielbudenplatz 3 (U St. Pauli), Tel. 310317, Mo–Fr 11–21, Sa 11–24, So 10–21 Uhr. www.panoptikum.de

Polizeimuseum Hamburg Carl-Cohn-Str. 39 (Bus 109), Tel. 428668080. www.hamburg.de/polizeimuseum

Puppenmuseum Falkenstein Grotiusweg 79 (S Blankenese, Bus 189, 286), Tel. 810582, Di–So 11–17 Uhr. www.elke-droescher.de

Rathaus Hamburg Rathausmarkt (U Rathaus, U/S Jungfernstieg), Tel. 428312064, Mo–Fr 7–19, Sa 10–18, So 10–17 Uhr. Führungen halbstündlich: Mo–Fr 10–15, Sa 10–17, So 10–16 Uhr. www.hamburg.de/rathausfuehrung

Red Gallery Am Rödingsmarkt 19 (U Rödingsmarkt), Tel. 36900318, Mo–Fr 10–18, Sa 10–14 Uhr. www.redgallery.de

Rieck Haus, Vierländer Freilichtmuseum Curslacker Deich 284 (Bus 324), Tel. 7231223, Di–So 10–17 Uhr (nicht Dez)

Speicherstadtmuseum Am Sandtorkai 36 (U Baumwall), Tel. 321191, 1.3.–30.11 Mo–Fr 10–17 Uhr, Sa/So u. Feiertage 10–18 Uhr, 1.12.–28.2. Di–So 10–17 Uhr, www.speicherstadtmuseum.de

Spicy's Gewürzmuseum Am Sandtorkai 34 (U Baumwall), Tel. 367989, Di–So 10–17 Uhr (Juli–Okt. auch montags). www.spicys.de

U-434 – U-Bootmuseum Hamburg St. Pauli Fischmarkt 10. Tel. 32004934, Mo–Sa 9–20 Uhr, So. 11–20 Uhr. www.u-434.de

Wasserkunst Elbinsel Kaltehofe Kaltehofe-Hauptdeich 6–7 (S Rothenburgsort), Tel. 78884999-0, Di–So 10–18 Uhr. www.wasserkunst-hamburg.de

Zoologisches Museum Martin-Luther-King-Platz 3 (U Schlump, S Dammtor, Bus 4, 5), Tel. 428383880, Di–So 9–17 Uhr (feiertags geschlossen). www.uni-hamburg.de/biologie/BioZ

Theater, Musik, Literatur & Sterne

Kinder- und Jugendtheater

Hier werden ganzjährig Stücke für Kinder und Jugendliche aufgeführt.

Fundus-Theater – Schauspiel und Puppenspiel in einer ehemaligen Kaffee- und Tabakrösterei, Hasselbrookstraße 25, Tel. 2507270. www.fundus-theater.de

Hamburger Puppentheater – Stücke mit Handpuppen, Marionetten oder Stabpuppen, Bramfelder Straße 9, Tel. 23934544 (Sept–Apr So 11 u. 15 Uhr). www.hamburgerpuppentheater.de

Jugendtheater Hamburg – seit 2004 werden hier Stücke für 13- bis 18-Jährige gezeigt (im Theater in der Basilika), Borselstraße 14–16. www.jugendtheater-hamburg.de

monsun theater – neben Theaterstücken zum Zugucken gibt es auch Theaterworkshops für Kids, Friedensallee 20, Tel. 3903148. www.monsuntheater.de

Theater für Kinder – seit über 40 Jahren! Max-Brauer-Allee 76, Tel. 382538. www.theater-fuer-kinder.de

Theater Zeppelin und das Hoheluftschiff – Kinder und Jugendliche spielen für Kinder und Jugendliche, Kaiser-Friedrich-Ufer 27, Tel. 4223062. www.theaterzeppelin.de

Theaterschiff Batavia, Brooksdamm, Wedel, Tel. 04103/85836. www.batavia-wedel.de

Wandsbeker Kindermusiktheater St. Stephan – Kinder singen und spielen für Jung und Alt, Pillauer Straße 86, Tel. 6957600. www.kindermusiktheater-st-stephan.de

... und Weihnachten dann ganz oft ins Theater

Hier gibt's zur Weihnachtszeit Kinder- und Jugendtheaterstücke.

Altonaer Theater Museumstr. 17, Tel. 39905870. www.altonaer-theater.de

Das Schaulspielhaus Kirchenallee 39, Tel. 248713. www.schauspielhaus.de

Ernst-Deutsch-Theater Friedrich-Schütter-Platz 1, Tel. 22701420. www.ernst-deutsch-theater.de

Hamburger Kammerspiele Hartungstraße 9–11, Tel. 0800-4133440. www.hamburger-kammerspiele.de

Harburger Theater Museumsplatz 2, Tel. 428713604. www.harburger-theater.de

Kampnagel – Internationale Kulturfabrik, Jarrestraße 20, Tel. 27094949. www.kampnagel.de

Komödie Winterhuder Fährhaus Hudtwalckerstraße 13, Tel. 48068080. www. komoedie-hamburg.de

Ohnsorg-Theater Heidi-Kabel-Platz 1, Tel. 3508030 (das Weihnachtsmärchen wird auf Hochdeutsch gespielt). www.ohnsorg.de

St. Pauli Theater Spielbudenplatz 29/30, Tel. 47110666. www.st-pauli-theater.de

Thalia Theater Alstertor, Tel. 32814444. www.thalia-theater.de

Theater an der Marschnerstraße Marschnerstraße 46, Tel. 292665. www.tadm.de

Zinnschmelze Maurienstraße 19, Tel. 2992021. www.zinnschmelze.de

Musik

Barclaycard Arena Sylvesterallee 10 (S Stellingen, Shuttle-Bus 380). www.barclaycard-arena.de

Das Wunder von Bern – Stage Theater an der Elbe (Schiff-Shuttle von den St. Pauli Landungsbrücken), Tel. 01805/4444

Der König der Löwen – Stage Theater im Hafen (Schiff-Shuttle von den St. Pauli Landungsbrücken), Tel. 01805/4444

Hamburger Staatsoper Große Theaterstraße 25, Tel. 356868. www.staatsoper-hamburg.de

Hochschule für Musik und Theater Harvestehuder Weg 12 (Eingang Milchstraße), Tel. 453326. www.hfmt-hamburg.de

Laeiszhalle – Musikhalle Hamburg, Johannes-Brahms-Platz, Tel. 346920 u. 01805/4470. www.laeiszhalle.de

Operettenhaus Hamburg Spielbudenplatz 1, Tel. 01805/4444. www.musicals.de

Opernloft – Junges Musiktheater Hamburg (für Kinder, Jugendliche und Operneinsteiger), Conventstraße 8–10, Haus A. Tel. 25491140. www.opernloft.de

Rolf-Liebermann-Studio NDR, Oberstraße 120, Tel. 41560. www.ndr.de

Staatliche Jugendmusikschule Mittelweg 42, Tel. 42801-4125. www.jugendmusikschule-hamburg.de

Stage Theater Neue Flora Stresemannstraße 159a, Tel. 01805/4444. www.musicals.de

Literatur

Jugendbibliothek – hoeb4u Friedensallee 9, Tel. 3903999. Di–Fr 14–20 Uhr. hoeb4ux@buecherhallen.de

Kinderbibliothek Hamburg – kibi in der ➢ Zentralbibliothek, Tel. 4206793. www.buecherhallen.de/kibi

Kinderbuchhaus im ➢ Altonaer Museum, Museumstraße 23, Tel. 428135-1543. www.kinderbuchhaus.de

Literaturhaus Schwanenwik 38, Tel. 2279203 u. 20769037. www.lit-hamburg.de

Zentralbibliothek Hühnerposten 1, Tel. 42606-215, Mo–Sa 11–19 Uhr. www.buecherhallen.de

Sterne

Planetarium Hamburg Hindenburgstr. 1b, Tel. 4288652-0. www.planetarium-hamburg.de

Sternwarte HH Gojenbergsweg 112, Tel. 428914111 u. 4281310, Sa–So 10–18 Uhr. www.sternwarte-hh.de

Festkalender

Frühling

Frühjahrsdom (März–April)
Haspa Marathon Hamburg (April/Mai)
Lange Nacht der Museen (April)
Globeboot Outdoormesse um den Stadtparksee (April)
HansePferd Pferdemesse (April)
Blütenfest im Alten Land (Mai)
Hafengeburtstag (Mai)
KinderKurzFilmFest (Mai/Juni)
Japanisches Kirschblütenfest mit Feuerwerk an der Außenalster (Mai/Juni)

Sommer

Kindermusikfest Laut und Luise (Juni)
Altonale (Juni)
Harburger Binnenhafenfest (Juni)
Erdbeerfest um das Rieck Haus (Juni)
Nacht der Chöre (Juni)
Duckstein-Festival Musik und Kleinkunst um den Magdeburger Hafen (Juli)
Hamburg City Man weltgrößter Triathlon, mit Familienstaffeln (Juli)
Sommerdom (Juli–August)
Alstervergnügen (August)
Hamburg Jazz Open (August)

*Jedes Jahr steigt zwischen September und November das internationale **Musik- und Theaterfestival KinderKinder**. www.kinderkinder.de*

Herbst

hamburger familientag Spielen rund ums Rathaus (August/September)
Weltkinderfest in den Großen Wallanlagen (September)
Vattenfall Cyclassics Radrennen (September)
Kinder-Olympiade große Sportveranstaltung (September)
Karneval der Kulturen (September)
Hamburger Stadtpark-Revival Oldtimer-Rennen (September)
Tag des offenen Denkmals (September)
Airport Days Hamburg (unregelmäßig)
michel KinderFilmfest (September/Oktober)
Verkehrshistorischer Tag (Oktober)
Hamburger Jazztage (Oktober)

Winter

Nacht des Wissens (November)
Hamburger Märchentage (November)
Modellbauwelt Hamburg Messe für Modelleisenbahn & Co. (November)
Harburger Kulturtag (November)
Winterdom (November–Dezember)
Weihnachtsmärkte in der Innenstadt und anderswo (November–Dezember)
Du und Deine Welt Verbrauchermesse (November/Dezember)
mineralien hamburg Messe für Mineralien, Edelsteine, Fossilien (Dezember)

Bootstouren & Badespaß – mit Wasserkarte

Hafenrundfahrten
Von den St. Pauli-Landungsbrücken und den Brücken der Umgebung starten viele kleine und große Boote zur Hafenrundfahrt. Eine Anmeldung ist nicht erforderlich, da die Boote ständig in See stechen. Besonders aufregend ist es, in einer kleinen Barkasse an den riesigen Pötten vorbeizufahren.
Hafenrundfahrten bieten an u.a.:
Barkassen-Centrale Überseebrücke Günter Ehlers e.K. Vorsetzen-Anleger, Tel. 373168. www.barkassen-centrale.de
Barkassen Meyer Bei den Landungsbrücken, Brücke 2 und 6, Tel. 3177370. www.barkassen-meyer.de
Kapitän Heinrich Prüsse Bei den Landungsbrücken, Brücke 3, Tel. 31777733. www.hafenrundfahrt-classic.de
Rainer Abicht Bei den Landungsbrücken, Brücke 1, Tel. 3178220. www.abicht.de

Die Elbfähren der HADAG
Hafenrundfahrten bietet auch die HADAG (Hafen-Dampfschiffahrt-Aktiengesellschaft) an. Zudem betreibt sie sechs Schiffslinien, u.a. die Hafenfähre 62, die nach Oevelgönne und Finkenwerder fährt und mit dem HVV-Ticket benutzt werden kann. Die weiteren Linien siehe: HADAG Seetouristik und Fährdienst, St. Pauli Fischmarkt 28, Tel. 3117070. www.hadag.de

Maritime Circle Line
Alle zwei Stunden (zwischen 10 und 18 Uhr) startet von den Landungsbrücken, Brücke 10, die Maritime Circle Line, die die Speicherstadt, das Hafenmuseum und die BallinStadt anfährt. www.maritime-circle-line.de

Alster-Touristik
Die Alster-Touristik bietet von Ende März bis Anfang Oktober zahlreiche Fahrten an, wie Fleet- und Kanalfahrten sowie Vierlande-Fahrten nach Bergedorf.
Bei der **Alster-Kreuz-Fahrt** kannst du an 9 Anlegestellen zu- und aussteigen. Abfahrt ist vom Jungfernstieg. Infos direkt dort oder Tel. 3574240. www.alstertouristik.de

Historisches Dampfschiff St. Georg
Die Fahrten auf dem Alsterdampfer »St. Georg« werden vom Verein Alsterdampfschiffahrt e.V. organisiert. Abfahrt und Infos am Jungfernstieg oder Tel. 7922599. www.alsterdampfer.de

Boots- und Boardverleih
Außenalster
Alstersurfer, Hofweg 103, Tel. 0172-9911108. Stand Up Paddling Boards und Paddel
Bobby Reich, Fernsicht 2, Tel. 487824. Ruder-, Segelboote, Kanus. Tgl. 9–21 Uhr
Bootsvermietung und Segelschule PIEPER, An der Alster (Hotel Atlantic), Tel. 247578. Tretboote, Ruderboote, VB-Jolle
Alfred Seebeck, An der Alster 67a, Tel. 247652. Ruder-, Tret- und Segelboote
Bootsverleih Stute, Schöne Aussicht 20a, Tel. 22698657. Tret- und Ruderboote, Kanus. Di–Fr 12–19, Sa/So 11–19 Uhr
Bodo Windeknecht (Bodo's Bootssteg), Harvestehuder Weg 16, Tel. 440654. Katamarane, Ruder-, Tret- und Segelboote. Mo–Fr 11–21, Sa/So ab 10 Uhr

Alster & Kanäle
Bootshaus Marienhof, Marienhof 4 (Poppenbüttler Schleuse), Tel. 6066677. Kanus, Kajaks
Bootshaus Silwar, im Haynspark, Eppendorfer Landstraße 148b, Tel. 476207. Kanus, Kajaks, Tret- und Ruderboote, Katamarane, Schwan, Ente, Aquabike
Bootshaus W. Töns, Ratsmühlendamm 2 (Fuhlsbüttel), Tel. 599498. Kanus, Ruder- und Tretboote
Gadermann Kajaks, Hummelsbütteler Steindamm 70, Norderstedt, Tel. 52983006. Kanus, Kajaks, mit Transportservice am Alsterlauf. Mo–Fr 9.30–12.30, 14.30–18 Uhr, Sa 9.30–13 Uhr
Elvers, Pinneberger Straße 46, 25436 Tornesch, Tel. 04122/999191. Kanu mit Transportservice am Alsterlauf
Kanuspaß, Husumer Straße 7, Tel. 46093571. Kanadier. Tgl. 8.30–20 Uhr
Möller Kanuverleih, Helgolandstraße 7, Tel. 5261740. Tgl. 7–22 Uhr
G. Wüstenberg, Deelbögenkamp 3 (Winterhude), Tel. 517701. Kanus, Ruder- und Tretboote. Tgl. 10–20 Uhr

Goldbekkanal
Bootsverleih Rohden, am Stadtparksee, Südring 5a, Tel. 273416. Tretboote, Ruderboote, Kanus
Kubi's Bootshaus, Poßmoorweg 46c, Tel. 2796741. Kanus, Kajaks
Café Sommerterrassen, Südring 44, Tel. 2706274. Kanus

Isebekkanal
Bootsverleih Wielengowski, Isekai 13, Tel. 473461. Ruder-, Tretboote, Kanus, Kajaks. Tgl. 10–22 Uhr
Goldfisch Bootsverleih, Isekai 1, Tel. 41357575. Kanus, Einer- und Zweierkajaks, Tretboote. Ermäßigung für Schüler und Studenten (außer an Wochenenden u. Feiertagen). Tgl. 10–20 Uhr

Osterbekkanal
Bootsvermietung Dornheim, Kaemmererufer 25, Tel. 2794184. Kanus, Kajaks, Ruder- und Tretboote, drei venezianische Gondeln, Drachenkanus und der »Barmbeker Wasserbüffel«, ein Mannschaftsboot mit Trommler. Mittwoch Familientag: 12–19 Uhr 50% Ermäßigung für Kanu, Ruder- oder Tretboot. Mo–Fr 9–22 Uhr, Sa/So 9.30–22 Uhr

Venezianische Gondeln
La Gondola am Bootshaus Barmeier, Eppendorfer Landstraße 180, Tel. 4900934, 0171/2812447. Mit Hamburgs Gondoliera Ina Mierig
Bootsvermietung Dornheim (s.o.)

Bergedorf
Bootshaus Bergedorf, Schillerufer 41, Tel. 6444007. Kanus, Kajaks und Tretboote. Ganzjährig, 10–21 Uhr
Duba Elektro, Curslacker Brückendamm 13, Tel. 7233435. Elektroboote. Tgl. Mai–Okt
Paddeleih Bootsvermietung, Allermöher Deich 412, Tel. 7234433. Kanus, Kajaks, Ruderboote. Di–So 10–19 Uhr
Kanu-Hafen Bergedorf, Curslacker Deich 375, Tel. 35701780. Kanus, Kajaks
Paddel-Meier, Heinrich-Osterath-Straße 256, Tel. 7372270. Kanus, Kajaks, Ruderboote. Tgl. 10–18 Uhr

Schwimmbäder

Bäderland betreibt in Hamburg 26 Schwimmbäder, viele sind Kombibäder, also Frei- und Hallenbad in einem. Unter www.baederland.de findest du alle Adressen (oder unter Tel. 188890).
Fünf Schwimmbäder verfügen ganzjährig über beheizte **Außenbäder**: Bondenwald in Niendorf, Bille-Bad in Bergedorf, Holthusenbad in Eppendorf, MidSommerland in Harburg und das Parkbad in Volksdorf.

Toll ist das **Festland**, eine Pool-Landschaft mit Grotten und riesigen Dinosaurierfiguren sowie einem ganzjährig beheizten Außenbecken. Holstenstr. 30, Mo–Fr 8–19, Sa/So 10–16 Uhr
Hamburgs größte Warmwasserrutsche (106 Meter) findest du im Schwimmbad **Bondenwald**. Mo–Fr 9–20/22 Uhr, Sa/So 8–20/22 Uhr. Die **Alsterschwimmhalle**, Ifflandstraße 21, verfügt über eine 76 Meter lange Riesenrutsche, einen 10-Metersprungturm und ein kleines ganzjährig geöffnetes Außenbecken. Ifflandstraße 21, Mo–Fr 6:30–23, Sa/So 8–23 Uhr
Die längste Wasserrutsche Hamburgs (111 Meter) gibt es im **Freibad Aschberg Hamm**, Rückersweg. Im Sommer tgl. 10–18 Uhr

Badeseen

Viele Seen in und um Hamburg laden im Sommer zum Baden ein. Besonders schön sind der **Boberger See**, der mitten in einem Naturschutzgebiet liegt (➣ Bergedorf), der **Bredenbeker Teich** im Norden und der **Tonteich** bei Reinbek. Adressen und Beschreibungen aller Seen findest du unter www.hamburg.de Auch über die aktuelle Wasserqualität der Seen kannst du dich im Internet erkundigen: www.badegewaesser.hamburg.de oder Tel. 42845-3579, -3469

Die süße Seite: Eiscafés & Bonsches

Obst – Leckereien der Natur

Richtig lecker und natursüß sind Hamburgs Früchte: Kirschen, Äpfel und Zwetschen aus dem Alten Land, Erdbeeren und Himbeeren aus den Vierlanden. Du findest sie überall auf den Wochenmärkten.

Hamburger Spezialitäten

Hamburger Speck ist seit Jahrhunderten eine beliebte Süßigkeit (➢ Zeitreise). Typisch sind zudem die **Braunen Kuchen**, auch Kemmsche Kuchen genannt.

Seit 200 Jahren lieben die Hamburger das **Franzbrötchen**, das mit viel Zimt, Hefe, Fett und karamellisiertem Zucker gebacken wird. Unterschieden wird zwischen »gedrehten« und »gedrückten« Franzbrötchen. Pro Tag werden 20.000 Stück verkauft. Im November gibt es oft im ➢ Hamburg Museum einen Wettbewerb um das beste Franzbrötchen.

Bonsches

Der **Ottenser Bonscheladen** ist eine Bonbonfabrik: Hier kannst du zuschauen, wie in 45 Minuten Bonbons entstehen. In einem Kupferkessel kochen Zucker, Glukosesirup und Wasser. Wenn die Bonbonmasse heiß genug ist, wird sie auf den Kühltisch gegossen, mit Aromen und Farbstoffen vermengt und geknetet. Den mehrere Kilo schweren Klumpen formt man zu einer meterlangen »Wurst«, die mit Messern zerhackt wird: in tausend kleine Bonsches. Sie schmecken nach Melone, Minze, Lakritz, Erdbeer-Pfeffer oder Orange-Curry. Friedensallee 12, Tel. 41547567. www.bonscheladen.de

Eiscafés

In Hamburg gibt es mehr als 100 Eisdielen. Hier eine Auswahl: Sehr beliebt sind die **Eiszeit-Filialen**, die Eis machen mit witzigen Namen wie »Miss Piggy« oder »Alter Schwede«. www.eiszeit-eis.de. Viele Fans hat auch das Café **Eisliebe** in Ottensen, Bei der Reitbahn 2. Ausschließlich natürliche Zutaten verwendet **Eis Schmidt**, in dessen Filialen du Eissorten findest wie »Schmollmund«, »Kekskrümel« oder »Glückskind«. Beim Eismachen zuschauen kannst du bei **Luicella's Ice Cream** in der Detlev-Bremer-Str. 46 in St. Pauli.

Vom **Cafe Canale** bekommst du Eis oder Kuchen direkt ins Boot gereicht. Mühlenkampkanal bzw. Poelchaukamp 7. Tgl. 10–19 Uhr

Schokolade

Deine eigene Lieblingsschokolade kannst du im **Chocoversum** herstellen, dem Schokoladenmuseum nahe der Speicherstadt. Hier lernst du viel über den Anbau von Kakaopflanzen und den Handel mit den braunen Bohnen. Meßberg 1, Tel. 4191230-0, tgl. 10–18 Uhr.

Zahnfreundliche Schokolade und andere Naschereien gibt es bei **Zahnfreundchen**, Müggenkamp 35.

Cafés mit viel Platz für Kinder

Besonders kinderfreundlich ist das Café **SternChance** (➢ Parks) mit einem Spielplatz direkt vor der Tür. Sonntags gibt es Brunch mit Crêpes und vielen süßen Früchten. www.sternchance.de
Die allerbeste Aussicht hat man vom **Café Strandperle** an der Elbe (➢ Oevelgönne).

Portugiesische Küchlein

Ein echter Renner sind die portugiesischen Küchlein und Pasteten. Portugiesische Gastarbeiter brachten diese Köstlichkeit aus Lissabon mit. Heute gibt es in Hamburg 67 portugiesische Cafés! (In Hamburg leben etwa 9000 Portugiesen, das ist die größte portugiesische Gemeinde Deutschlands.) Besonders beliebt sind die gelbbraunen **Pastéis de Nata** (Puddingtörtchen) aus Sahne, Zucker, Eiern, Mehl und Zitronenschale.

Popcorn & Lakritze

Handgemachtes Popcorn aus Bio-Mais, mit Sour-Cream, Chili oder Zimt findest du bei **Kates Popcorn**, Holstenkamp 42a. Über 400 Sorten Lakritze aus vielen Ländern, wie »Elchködel« oder »Totenköpfe«, bietet **Die Lakritzerie**, Barmbeker Str. 189.

Kinderküche

In der Eimsbütteler Kinderküche gibt es Koch- und Backkurse für Kids bis 12 Jahre. Tel. 28510857. www.diekinderkueche.de

Teezeremonien

Tolle **japanische** Teezeremonien gibt es im ➢ Museum für Kunst und Gewerbe sowie in Planten un Blomen. Auch das **chinesische** Teehaus hinter dem ➢ Völkerkundemuseum ist einen Besuch wert, Feldbrunnenstr. 27.

Die grüne Seite

Umweltvereine

Bund für Umwelt und Naturschutz Deutschland (BUND)
Gleich mehrere Kindergruppen treffen sich im Haus der **BUNDten Natur** im Kellinghusenpark. Haus der BUNDten Natur, Loehrsweg 13, Tel. 4603432. www.bund.net/hamburg

De Fleetenkieker e.V.
Im Sommer bietet der Verein Umweltfahrten für Kinder und Jugendliche ab 6 Jahren an. Großheidestr., Ecke Kaemmererufer, Tel. 0162-5934542

Greenpeace Gruppe Hamburg
Kinder zwischen 10 und 15 Jahren können sich in **Greenteams** zusammenschließen. Greenpeace Gruppe Hamburg, Hongkongstr. 10, Tel. 4104942. www.greenpeace-hamburg.de, greenteams@greenpeace-hamburg.de

Gut Karlshöhe
Schafweide, Bauerngarten, Waldstation sowie eine ErlebnisAusstellung über Hamburgs Natur im Wechsel der Jahreszeiten findest du hier. Karlshöhe 60d, Tel. 63702490. www.gut-karlshoehe.de

NAJU
Die Naturschutzjugend (NAJU) bietet in vielen Stadtteilen Gruppen für Kids und Jugendliche an. mail@naju-hamburg.de. NAJU ist die Jugendorganisation des NABU, Osterstr. 58, Tel. 69708920. www.nabu-hamburg.de

Schutzgemeinschaft Deutscher Wald
In Wald und Wiese bietet die SDW viele Aktionen für Kids und Jugendliche. www.sdw-hamburg.de

Waldjugend Hamburg e.V.
Kids ab 9 Jahren lernen hier alles zum Thema Wald. Tel. 226228570. www.waldjugend-hh.de

Naturschutz-Informationshäuser

Naturschutz-Informationshaus Boberger Niederung Boberger Furt 50, Tel. 73931266, Mi–Fr 9–13, Sa 12–17, So 11–17 Uhr. www.stiftung-naturschutz-hh.de

Naturschutz-Informationshaus Duvenstedter Brook Duvenstedter Triftweg 140, Tel. 6072466, Feb–Mrz Sa 12–16, So 10–16 Uhr. Apr–Okt Di–Fr 14–17, Sa 12–18, So 10–18 Uhr. www.nabu-hamburg.de

Naturschutz-Informationshaus Fischbeker Heide Schafstall, Fischbeker Heideweg 43a, Tel. 7026618, Apr–Okt Di–Fr 10–13, Sa 12–17, So 11–17 Uhr. www.stiftung-naturschutz-hh.de

Naturschutzgebiete

Infos zu Hamburgs 29 Naturschutzgebieten erhältst du bei den Umweltvereinen oder unter www.hamburg.de/naturschutzgebiet. Einen **Naturpark** findest du beim stillgelegten **Wasserwerk Kaltehofe**, mit malerischen Schieberhäuschen und Sandfiltrationsbecken (➢ Museumswelten).

Tierparks & Botanischer Garten

Botanischer Garten Ohnhorststraße 18, Tel. 42816-476, von 9 Uhr bis ca. 1 1/2 Stunden vor Sonnenuntergang, Eintritt frei. www.bghamburg.de

Garten der Schmetterlinge Am Schlossteich 8, 21521 Aumühle (Friedrichsruh), Tel. 04104/6037. Ab 20. März bis Ende Oktober tgl. 9–18 Uhr

Tierpark Hagenbeck & Tropen-Aquarium Tel. 5300330, Haupteingang: Lokstedter Grenzstraße 2, Nebeneingang:Gazellenkamp, tgl. ab 9 Uhr. Mrz–Juni, Sep–Okt bis 18 Uhr, Juli–Aug bis 19 Uhr, Nov–Feb bis 16:30 Uhr

Wildpark Schwarze Berge Am Wildpark 1, 21224 Rosengarten, Nov–Mrz 9–17 Uhr, Apr–Okt 8–18 Uhr. www.wildpark-schwarze-berge.de

Maja, Willi & Co.: Hamburgs City-Bienen

Honigbienen fühlen sich in Hamburg richtig wohl: Rund 50 Millionen sausen im Sommer durch die Stadt. Sie gehören etwa 2100 Bienenvölkern an. Die City-Bienen mögen die Stadt aus mehreren Gründen: Dank der Häuserschluchten ist es hier wärmer als auf dem Land. Auch gibt es eine große Auswahl an Pflanzen, deren Nektar sie sammeln, wie Kastanien, Ahornbäume, Linden oder Knöterich. Auf dem Land machen den Insekten dagegen Monokulturen und Pflanzenschutzmittel zu schaffen.

Hamburgs Bienen sind auch als Detektivinnen unterwegs: Rund 160.000 Bienen ermitteln am **Flughafen** in Sachen **Schadstoff**. Denn der Honig, den die Airport-Bienen produzieren, wird zweimal im Jahr im Labor auf mögliche Umweltgifte untersucht. Mit dem erstaunlichen Ergebnis: Die Luft am Flughafen ist sogar sauberer als in der Innenstadt! Die fünf Bienenvölker werden auch als »Hamburgs süßeste Fluggesellschaft« bezeichnet. Auf eine Starterlaubnis vom Tower muss die »Honey Airline« allerdings nie warten!

Hamburger Kids können beim Honigschleudern helfen, z.B. im Ottenser ➢ Stadtteilzentrum **MOTTE**. Die Bienen, die auf dem Dach der MOTTE leben, liefern jährlich über 150 Kilo Honig. Hast du schon einmal die »Ottenser Wildblüte« probiert? Auch der Hamburger **Kinderladen** »Tüdelband« beherbergt ein Bienenvolk.

Eine Hochzeitsinsel für **Bienenköniginnen** ist die Hamburger Insel **Neuwerk**. Hier bringen Züchter ihre Königinnen hin, damit sie sich mit ausgewählten Drohnen paaren. Zwischen Mai und August wird fleißig Hochzeit gefeiert: in rund 20 Metern Höhe.

Sport & Spielplätze

Sport

Hamburger Sportbund

Für Hamburger Kids: Wenn du wissen möchtest, welche Sportvereine in deiner Nähe sind, kannst du dich beim Hamburger Sportbund informieren: Tel. 419080, www.hamburger-sportbund.de oder unter www.topsportvereine.de

Sportspaß e.V.

Richtig günstig ist die Mitgliedschaft im Sportverein Sportspaß: Sie beträgt für Kinder und Jugendliche (bis 16 Jahre) nur 4,70 Euro im Monat. Tel. 4109370, www.sportspass.de

Spielplätze

Hamburg hat viele Spielplätze, auch für ältere Kids. Richtig schön sind die Spielplätze in **Planten un Blomen**, den **Großen Wallanlagen** und im **Stadtpark** (➢ Parks). Der **Lindenpark** liegt zwischen Bellealliancestraße und Eimsbüttler Chaussee und hat ebenfalls tolle Geräte zum Rutschen, Klettern und Schaukeln. Den Lindenpark sowie den Wasserspielplatz in der ➢ HafenCity durften Kinder mitgestalten. In Bergedorf findest du eine Spielplätze-Landschaft, genannt **Grünes Zentrum**, mit Seilbahn, Skateanlage und vielen Klettergerüsten. Super ist der Spielplatz an der **Schemmannstraße** in Volksdorf. Hier gibt es eine Ritterburg, eine Riesenschaukel sowie eine Art fliegenden Teppich.

Ganz im Grünen liegt der große **Waldspielplatz** im Niendorfer Gehege (➢ Wälder).

Abenteuer- und Bauspielplätze

34 Abenteuer- und Bauspielplätze werden in Hamburg pädagogisch betreut. Die Adressen erfährst du beim Verband der Kinder- und Jugendarbeit e.V., Tel. 434272, www.vkjhh.de

Indoor-Spielplätze

rabatzz!

Hamburgs größter Indoor-Spielplatz liegt in Stellingen, mit Go-Kart-Parcours, Riesenwellenrutsche und Hochseilgarten. Kieler Straße 571, Tel. 54709690. Mo–Fr 14–19, Sa/So, Feiertage und Ferien 10–19 Uhr. www.rabatzz.de

SchwarzLICHTviertel

Nebenan kannst du Minigolf im Dunkeln spielen, in geheimnisvolles Schwarzlicht getaucht und mit 3-D-Brille. Auch gibt es einen Laserparcours und einen stockdunklen Raum. Kieler Str. 571, Tel. 219019150. Tgl., Reservierung empfohlen, www.schwarzlichtviertel.de

Drachenlabyrinth Hamburg

Ritter, Zauberer, Drachen und viele Rätsel erwarten dich in dieser Abenteuerwelt. Bramfelder Chaussee 1–3, Tel. 38679603. Tgl. außer montags (in den Ferien tgl.). www.drachenlabyrinth.de

Spielstadt Hamburg XXL

Klettern, Rutschen, Hüpfen: Auch in Groß Borstel können Kids bei jedem Wetter toben. Mit Holzflugzeug, Tower und Trampolinen. Niendorfer Weg 11, Tel. 55449884, Mo–Fr 9:30–19, Sa/So u. feiertags 10–19 Uhr. www.spielstadt-hamburg.de

Indoo Park

In Ahrensburg befindet sich Norddeutschlands größter überdachter Spielplatz: mit Wellenrutsche, Piraten-Kletterschiff und einem acht Meter hohen Drachen. Ewige Weide 1, Tel. 04102/200900, tgl. 10–19 Uhr, www.indoo.de

Pandino

In der Bergedorfer Dschungelwelt gibt es Trampoline, Go-Kartbahn und Wabbelberg. Curslacker Heerweg 263–265, Tel. 7207777, Mo, Mi, Do 14–19, Fr-So, feiertags und Ferien 11–19 Uhr. www.pandino.de

Weitere Indoor-Spielplätze im **Hamburger Umland** findest du unter www.spielplatznet.de

Sommer-Aktionen für Kids in Planten un Blomen und den Großen Wallanlagen

Planten un Blomen

Farbige **Wasserlichtkonzerte** gibt es von Mai–Sept jeden Abend (22 Uhr, Sept 21 Uhr). Vier Mal im Jahr finden **Modellregatten** auf dem Parksee statt. Im **Musikpavillon** ist am Wochenende fast immer etwas los. Beliebt ist das große Kindermusikfest **Laut und Luise** im Juni. Hier bauen Kids Musikinstrumente und musizieren. www.kinderkinder.de

Große Wallanlagen

Das Toben auf dem großen **Spielplatz** lässt sich gut mit dem Besuch im ➢ Hamburg Museum verbinden. In der Nähe gibt es eine Rollschuhbahn (s.u.). Außerdem kannst du **Minigolf** spielen und **Trampolin** springen; tgl. 10–21 Uhr (21. Mrz–30. Sept), Tel. 3194516. Die **Töpferstube** ist Mo–Fr von 14–18 Uhr geöffnet (2. Mai–31. Aug). Hier sind Kinder ab vier Jahren willkommen.

Von Mai bis August gibt es im Bereich der Rollschuhbahn oder auf der neuen Kinderbühne **Theateraufführungen** für Kids. Mitte September steigt das große **Weltkinderfest** mit vielen tollen Aktionen: www.kinderkinder.de

Weitere Infos unter www.plantenunblomen.hamburg.de sowie beim Bezirksamt Hamburg-Mitte, Tel. 42854-4723

Kletterwände und Hochseilgärten

Kilimanschanzo
An dieser bunt bemalten Bunkerwand im Schanzenviertel kannst du sonntags von 15 bis 17.30 Uhr und donnerstags von 16.30 bis 18.30 Uhr klettern (Apr–Okt). Tel. 25485429, www.kilimanschanzo.de

Kletterzentrum des Deutschen Alpenvereins
Die größte Kletteranlage Norddeutschlands verfügt über einen Kletterturm und zwei Kletterhallen mit circa 600 Routen. Döhrnstraße 4, Tel. 60088866, Mo–Sa 10–23, So u. feiertags 10–22 Uhr. www.kletterzentrum-hamburg.de

Nordwandhalle
Das architektonische Prachtstück ermöglicht das Klettern an bis zu 17 Meter hohen Wänden sowie das Bouldern, das Klettern ohne Seil und Partner über weicher Matte. Am Inselpark 20, Tel. 23936321, Mo–Sa 10–23, So u. feiertags 10–22 Uhr.. www.nordwandhalle.de

Indoor-freeclimbing
In der Kaifu-Lodge gibt es einen 8 Meter hohen künstlichen Felsen, auch für Kids. Bundesstraße 107, Tel. 401281. www.kaifu-lodge.de

Kletterwald Hamburg
In atemberaubender Höhe über Hängebrücken balancieren oder in riesigen Spinnennetzen klettern, tgl. 10–19 Uhr. Telefon: 04102/200919, www.kletterwald-hamburg.com

HanseRock
Fast 40 Kletterstationen warten auf dich im Hochseilgarten in Wilhelmsburg. Am Inselpark, Tel. 0521-32992020. www.hanserock.de

Hochseilgarten Geesthacht
Seilbahnen, Hängebrücken und Schwebebalken findest du hier in Elbnähe. Elbuferstraße, Tel. 0170-4899984, tgl. 10–18 Uhr außer Montag. www.hoga-hochseilgarten.de

Pony-Reiten

Ponyhof Niendorf Niendorfer Gehege, Tel. 582341, Di–Fr 11–17, Sa/So u. feiertags 10–17 Uhr

Pony-Waldschänke Waldgebiet Klövensteen, Tel. 811454, Di–Fr 11–17, Sa/So 10–17 Uhr. www.pony-waldschaenke.de

Adressen von **Reitställen** erfährst du beim Landesverband der Reit- und Fahrvereine Hamburg e.V., Tel. 8503006. www.pferdesport-hamburg.de

Eisbahnen

Hamburgs Kunsteisbahnen sind von Okt/Nov bis Mitte oder Ende März geöffnet. Weitere Eisbahnen siehe www.hamburg.de/winter/968652/eisbahnen.html

Eisarena Große Wallanlagen, Deutschlands größte Open-Air-Eisbahn, Holstenwall 30, Tel. 74203990, tägl. 10–22 Uhr. www.eisarena-hamburg.de
Eisbahn Stellingen Hagenbeckstraße 124, Tel. 543152, Offene Dachkonstruktion, Di–So 2–3 Laufzeiten am Tag. www.eisbahn-stellingen.de
Eissporthalle Farmsen Berner Heerweg 152, Tel. 188890, überdacht, Di–So 11–17.30, Do und Sa 20–22 Uhr.

Inline-Skaten & Skateboarden & Rollschuh laufen

Viele Hamburger Sportvereine bieten Kurse für Anfänger und Fortgeschrittene an.

Rollschuhbahn Wallanlagen
Große Wallanlagen, Holstenwall, tgl. 9–21 Uhr, Eintritt frei (im Winter Eisbahn)
Hamburger Inline-Skating Schule e.V.
Auch Kurse für Kids und Eltern gemeinsam. Mollerstraße 2 (Rotherbaum), Tel. 428383605. www.inline-skating-schule.de
Skating-Schule »Move on mit Gunter«
Inklusive Treppenfahren und Fußball spielen auf Skates. Wedel, Müllerkamp 11, Tel. 04103/6562
i-Punkt-Skateland
Spaldingstraße 131 (Hammerbrook), Tel. 234458, Mo u. Do 15–20 Uhr, Di bis 18, Mi u. Fr bis 24 Uhr, am Wochenende und in den Ferien ab 13 Uhr. www.i-punktskateland.de
Skate-Land Farmsen
Berner Heerweg 195 (Farmsen), Tel. 64551114, Mo und Fr–Sa 14–20, Di–Do 14–18 Uhr
Weitere **Skate-Anlagen** unter www.hamburg.de/kinder-und-jugendsport/3043134/skating

Verkehrsübungsplatz jumicar

Kinder ab 7 Jahren können in Mini-Autos herumflitzen und das richtige Verhalten im Straßenverkehr trainieren. Heestweg 1 (Rahlstedt), Tel. 6777441, Di–Fr 15–19, Sa/So 12–19 Uhr, Nov–Mrz Sa/So 12–17 Uhr. Nicht bei Regen! www.jumicar-hamburg.de

Kart-Bahnen

Kart-o-Mania (ab 8 Jahre, 1,35 Meter) Gooßmoortwiete 9f, Bönningstedt, Tel. 49299990, Mo–Fr 14–24, Sa/So 10–24 Uhr.
Mega Kart (ab 1,25 Meter) In de Tarpen 101, Norderstedt, Tel. 4052876613, Mo–Fr 11–22 Uhr, So u. feiertags 11–22 Uhr

Go-Kart-Hof Vierlanden

Auf Go-Karts durch idyllische Landschaften sausen: entlang des Marschbahndamms oder auf den Wegen der Elbdeiche. Neuengammer Hausdeich 101, Tel. 7233866. www.gokarthof.de

BMX-Trail Volksdorf

Hamburgs einzige offizielle BMX-Bahn findest du in einem Wäldchen in Volksdorf. Zum kostenlosen Probetraining sind Kinder ab 6 Jahren willkommen. Moorredder 41, Tel. 6048997. Training Di u. Do 17–19 Uhr

DirtLand Hamburg

Der überdachte Bike Park in Langenhorn lädt zum Mountainbiking, BMX- und Radfahren ein. Von bis zu 4 Meter hohen Holzrampen vollführen Profis spektakuläre Sprünge über 2,70 Meter hohe Lehmhügel. Wittekopsweg 41a.

Fußball zum Mitfiebern

Volksparkstadion: HSV
Sylvesterallee 7, beim Volkspark, Tel. 41553110, Kartenservice Tel. 01805/478478. www.hsv.de
Millerntorstadion: FC St. Pauli
Auf dem Heiligengeistfeld, Tel. 3178740, Kartenservice: Tel. 314331. www.fcstpauli.de

Das allerletzte Rätsel: Hamburger Rekorde

Liebe Jungs un Deerns!
Vielleicht habt ihr beim Lesen des Buches bemerkt: Hamburg ist voller Rekorde! Daher könnt ihr dieses letzte Rätsel sicher leicht knacken. Oder seid ihr von all den Sehenswürdigkeiten schon ganz *ramdösig* und *tüdelich* geworden? Falls euch eine Antwort nicht einfällt, blättert einfach zurück, die Antworten stehen alle im Buch! Außerdem erfahrt ihr hier noch einige weitere Rekorde.

Wie heißt die weltweit am längsten existierende **Radiosendung**?
☐☐☐☐☐☐☐☐☐☐☐☐

In den Harburger Bergen liegt Hamburgs **höchster Berg**: Er ist 116,2 Meter hoch. Hamburgs **höchster Turm** ist mit 272 Metern der ☐☐☐☐☐☐☐☐-☐☐☐☐☐-☐☐☐☐

In Hamburg gibt es das größte **Schüler-Schachturnier** der Welt. Es heißt »Rechtes Alsterufer gegen ☐☐☐☐☐☐ ☐☐☐☐☐☐☐☐☐☐«

Hamburgs längste **Wasserrutsche** ist im Freibad
☐☐☐☐☐☐☐☐ ☐☐☐☐

Auf welcher Kirche befand sich Deutschlands erster **Blitzableiter**?
☐☐ ☐☐☐☐☐☐

Wer ist Hamburgs berühmtester **Pirat**?
☐☐☐☐☐
☐☐☐☐☐☐☐☐☐☐☐☐

Die 1765 gegründete **Patriotische Gesellschaft** führte viele Neuerungen in Hamburg ein: 1854 errichtete sie Hamburgs erste Wasch- und Badeanstalt, 1858 ließ sie (erstmals in Deutschland) **Briefkästen** anbringen und 1898 gründete sie die erste Öffentliche Bücherhalle.

Der weltgrößte **Lagerhauskomplex** ist die
☐☐☐☐☐☐☐☐☐☐☐☐
Hier befindet sich auch das größte **Orientteppichlager** der Welt sowie die weltgrößte **Modell-**
☐☐☐☐☐☐☐☐☐☐☐☐☐☐☐

Welche Hamburgerin wurde Deutschlands erste **Botanik-Professorin**?
☐☐☐☐ ☐☐☐☐☐☐☐

Hamburgs geografischer **Mittelpunkt** liegt zwischen der St. Gertrud-Kirche und dem Gymnasium Lerchenfeld.

Die häufigsten Bäume in Hamburg sind Linde, Eiche und Ahorn. Um welchen Baum handelt es sich hier? ☐☐☐☐☐

Die häufigsten Vögel Hamburgs sind **Kohlmeisen** und **Amseln**. Die winzigsten sind
☐☐☐☐☐☐☐☐☐☐☐☐☐ und
☐☐☐☐☐☐☐☐☐☐

Wie viele Millionen Bienen summen im Sommer durch die Stadt? ☐☐ Millionen

Auf welcher Insel befindet sich Hamburgs **ältestes erhaltenes Bauwerk**?
☐☐☐☐☐☐☐

Die häufigste Hamburger Pflanze ist die **Große Brennnessel**, eine der seltensten ist die **Brenndolde**. Für den Schutz gefährdeter Pflanzen setzte sich auch die Hamburgerin **Loki Schmidt** ein, deren Ehemann **Helmut** von 1974 bis 1982 deutscher Bundeskanzler war. Nach Loki, die 2010 verstarb, wurden mehrere Pflanzen sowie ein Skorpion benannt: *Tityus lokiae*.

Deutschlands einzige schwimmende Kirche findest du im Zollkanal: Hamburgs **Flussschifferkirche**.

Wie heißt das größte **Hafenfest** der Welt?
□□□□□□□□□■□□□□□

Das größte **Spionage-U-Boot** der Welt ist □□ Meter lang.

Hamburgs häufigster Schmetterling ist der **Kohlweißling**.

Es gibt zwei Pflanzen, die nur in Hamburg bzw. Hamburgs direkter Umgebung gedeihen und sonst nirgendwo auf diesem Planeten: der **Wasser-Schierlingsfenchel** und die
□□□□□□ - □□□■□□□□
Sie wachsen im Uferbereich der von der Tide beeinflussten Elbe.

Hamburgs größter Findling ist der
□□□□ □□□□□□□

Der längste **Bus** der Welt ist der □□□-Bus

Wie heißt das größte **Kreuzfahrtschiff**, das je in Hamburg anlegte?
□□□□□ □□□□ □

Wer ist Hamburgs berühmtester **Musiker**? Er wurde 1833 geboren.
□□□□□□□□
□□□□□□

Der größte **Röntgenapparat** der Welt gehört dem Zoll. Er steht unter Hamburgs höchster Brücke, der
□□□□□□□□□□brücke.

Wie heißt der größte seetüchtige **Museumsfrachter** der Welt?
□□□ □□□ □□□□□

Auf welcher ehemaligen **Bastion** steht das größte **Bismarck-Denkmal** weltweit?
□□□□□□□□

In Finkenwerder entstehen Bauteile für das größte Passagierflugzeug der Welt, für die
■□□□

Welches ist die größte Flussinsel Europas?
□□□□□□□□□□□□

Wie heißt das weltweit erste Fahrgastschiff, das durch zwei **Brennstoffzellen** angetrieben wird?
□□□□□□□□□□□□
Es fährt ganz umweltfreundlich auf der Außenalster.

Hamburgs längste Straße ist die
□□□□□■□□□□□

Hamburg besitzt fünf Mal mehr **Brücken** als die italienische Stadt
□□□□□□□,
in der es 426 Brücken gibt.

Welches Gebäude in Hafennähe besitzt einen der schnellsten Schrägaufzüge der Welt?
□□□□□□□□

Welche Kirche besitzt das größte **Zifferblatt** Deutschlands?
□□ ■□□□□□□□□

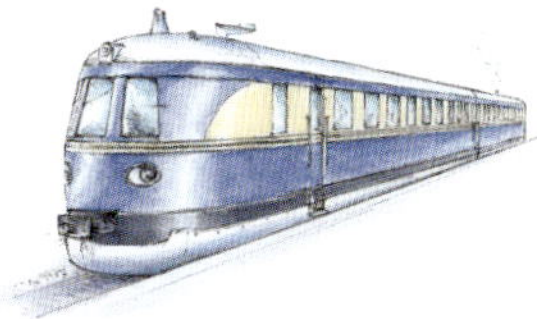

In Hamburg gibt es über 1000 **Milchkühe**. Für die Rinder im Alten Land erfand man im 19. Jahrhundert den
□□□□□□□□□□□□□□

Wenn ihr die dunkelblauen Buchstaben in die richtige Reihenfolge bringt, erhaltet ihr das Lösungswort
■■■■■■■■■

Er war 1933 der schnellste Reisezug der Welt, der
□□□□□□□□□
□□□□□□□□□

Nun wisst ihr, dass ihr keine Quiddjes (mehr) seid!

Personenregister

Sachregister

Rätselauflösungen

S. 19: Loewenkopf, vier, einen
S. 21: Adler, Staatswappen, Klugheit, Schiffe, Michael, Barbarossa
S. 22: Eingangspforte: Eule, Schnecke, Libelle, Kaefer, Spinne, Frosch, Schmetterling. Porträts: Klopstock, Brahms, Hertz
S. 23: Turmsaal: Athen, Rom, Venedig, Amsterdam. Hygieia-Brunnen: Gesundheit. Brautportal: Adam, Eva. Küchenjunge: Loeffel. Lösungswort: Merkur
S. 25 Minister, Kabinett, Landtag, Bundestag, Ministerpraesident, Bundeskanzler. Lösungswort: Matthiae-Mahl
S. 27: Loewenkopf, linken
S. 28: Jacobus, Pilgerstab, Palette, Pinsel
S. 30/31: Marmor, Teufel, Bibel
S. 34/35: Albert Ballin, Imperator, Alsterhaus, Nr. 13, Von der Elbe Richtung Alster
S. 36/37: Rätselrallye Innenstadt. Waagerecht: 1. Johann Georg, 2. Kalkhof, 3. Georg Friedrich Haendel, 4. Alte Post, 5. Hulbe-Haus, 6. Dammtorstraße, 7. Europa-Passage, 8. Levantehaus, 9. Hanseviertel. Senkrecht: 10. Gotthold Ephraim Lessing, 11. Ernst Georg Sonnin, 12. KarstadtSports, 13. Hauptbahnhof, 14. Galleria, 15. Thalia-Theater, 16. Mellin-Passage, 17. Colonnaden, 18. Ohnsorg-Theater, 19. Spitaler Straße. Lösungswort: Sillems Bazar
S. 38/39: Ansgar, von Schauenburg. Brücken: Ellerntorsbrücke, Trostbrücke, Lombardsbrücke
S. 44/45: Friedrich von Hagedorn, Bronze, blau, Wasserschutzpolizeikommissariat, Robert Miles Sloman, Imam-Ali-Moschee, Drei Maenner im Boot, Schwanenwik, Wolfgang Borchert. Lösungswort: Lingang New City
S. 48: fliessen, gucken
S. 50/51: Kirchspiele: blau, gruen. Straßen: Holstenwall, Gorch-Fock-Wall, Glockengiesserwall, Steintorwall, Klosterwall. Museen: Hamburg Museum, Das klingende Museum, Galerie der Gegenwart, Hamburger Kunsthalle, Der Kunstverein, Museum für Kunst und Gewerbe, Deichtorhallen. Slogan: Tor zur Welt.
S. 58/59: Lachs, Stoer, Stint, Aal, Karpfen
S. 61: Alter Schwede
S. 65: Laeiszhalle; Hamburg-Amerikanische Packetfahrt-Actien-Gesellschaft, Helena Sloman, Fuerst Bismarck, Woermann, Deutschland, Frisia, Godeffroy. Lösungswort: Karl May.
S. 67: Jakobsleiter
S. 71: Ponton, Dockland, Elbphilharmonie Loeschen, Fender, Alster, Dalben, Havarie, Poller, verholen. Lösungswort: Mit der Heimat im Herzen die Welt umfassen.
S. 72: Brücke 5
S. 74/75: Regent, Phoenix, Ratten, Rolandsfigur, Adler, Joseph Conrad, unter, Minerva, zehn, vierzehn. Lösungswort: Buttje
S. 77: Afrika, Suedamerika
S. 78: Übung macht den Meister (Umschrift: Kar be-kardan as por kardan ast.)
S. 80/81: Neuerwegsbrücke, Kannengiesserortbrücke, Kolumbus, Vasco da Gama, Block P, Alter Wandrahm, Neuer Wandrahm, Werner Kallmorgen, Sandthorquaihof bzw. Sandtorkai-Hof, Sri Lanka, Ceylon, Lyon, gelben, Dienerreihe, Europa, Hammonia, Ansgar, Friedrich Barbarossa, Kranwaerters
S. 83: Nuxalk, 780.000 Lego-Steine
S. 86: Grosse Freiheit, Kleine Freiheit,
S. 88: Dein Leben war so sauer wie die Zitronen, soll sich das Gedenken an dich lohnen? Dein Schicksal verweist auf all die Leute, für die das Glück keine Zeit hat
S. 90: 1 Schilling = 12 Pfennige, 1 Doppelschillinge = 24 Pfennige, 2 Mark Courant
S. 95: Friedrich von Hagedorn, Peter Ruehmkorf, Heinrich Heine, Matthias Claudius, Cornelia Funke, Wolfgang Borchert, Detlev von Liliencron, Joachim Ringelnatz; Gerstaecker, Fock, Lenz, Timm
S. 96: Jenisch-Park, Wedel, Der Hase und der Igel
S. 97: Der Morgen, Pauline Runge, Die Huelsenbeckschen Kinder, Die Eltern des Künstlers, Die Ruhe auf der Flucht nach Aegypten, Die Lehrstunde der Nachtigall. Lösungswort: Lichtwark
S. 98/99: Felix Mendelssohn Bartholdy, Georg Philipp Telemann, Junge Dichter und Denker, Johann Sebastian Bach, Lotto King Karl, Fettes Brot, Carl Philipp Emanuel Bach, Freddy Quinn, Radau!, Stefan Gwildis, Udo Lindenberg, Johannes Brahms, The Beatles, Jan Delay, Gebrüder Wolf, Hans Albers, Rolf Zukowski, Georg Friedrich Händel, Gustav Mahler, Paul Dessau, Nena. Methfessel und Hasse
S. 100: Beine, Kopf, Zunge, aufsteht, Kinderspiel, sagt, Eierkorb, schmeißt, zusammen
S. 102/103: Kreuzworträtsel: Waagerecht: 1. Purim, 2. Léon, 3. Songkran, 4. Cervantes, 5. Dresden, 6. StPetersburg, 7. Schweden, 8. Chicago, 9. Shanghai, 10. Marseille, 11. Irland. Senkrecht: 12. Epiphanias, 13. Prag, 14. Zuckerfest, 15. Kirschblütenprinzessin, 16. Frankreich, 17. Osaka, 18. Feuer, 19. Heinblöd, 20. Otto, 21. Italien, 22. Geister. Lösungsworte: 1. Klick, 2. Kinderreich
S. 105: Kinderzeitschriften: Geolino, Dein Spiegel. Verlage & Co.: Friedrich Oetinger, Cecilie Dressler, Mortimer Folchart, Jumbo, Carlsen, Uwe Timm, Großneumarkt, Ruediger.
S. 106/107: Antje, Peter und der Wolf, Lexi, Suedafrika. Lösungsworte: Justus Jonas, Peter Shaw.
S. 111: Portugal, Iran, USA, Kanada, Thailand, Finnland,Aegypten, Ukraine, Tunesien.
S. 112/113: Boxen, Fussball, Tennis, Schwimmen. 30 Stinte, 30 Fußbälle

S. 115: Adam, Salbei, Yulan Xiang Yin, mich, Pinus densiflora, Wuestengarten, Gallenbeschwerden, Herzschwaeche, Fruechte. Lösungswort: Tüpfel-Johanniskraut

S. 119: Ganesha, sibirische, Iran, Marabu, Bison, Orang Utan, Triceratops, Bäumen. Lösungswort: Zoologischen Museum

S. 123: Brombeere, Birne, Zwetsche, Kirsche, Apfel

S. 124: Museum für Bergedorf und die Vierlande, Venedig, Bekassine

S. 140/141: Hafenkonzert, Heinrich-Hertz-Turm, St. Jacobi, Aschberg Hamm, Rechtes Alsterufer gegen linkes Alsterufer, Klaus Stoertebeker, Speicherstadt, Eisenbahnanlage, Neuwerk, Rose Stoppel, 50 Millionen, Linde, Goldhaehnchen, Zaunkoenig, Hafengeburtstag, 90 Meter, Wiebel-Schmiele, Alte Schwede, XXL-Bus, Queen Mary 2, Johannes Brahms, Koehlbrand, Casparus, A380, Cap San Diego, Wilhelmsburg, Alsterwassser, Elbchaussee, Venedig, Dockland, St. Michaelis, Fliegende Hamburger, Patentmaulkorb. Lösungswort: Hammaburg

Die Autoren

Dr. Claudia Stodte studierte Islamwissenschaft, Germanistik und Ethnologie. Sie lebt in Hamburg und arbeitet als Journalistin und Buchautorin.

Peter Fischer lebt in Winkeldorf bei Rotenburg. Nach einem Grafik-Design Studium in Wuppertal arbeitet er seit 1976 freiberuflich als Illustrator für zahlreiche Zeitschriften, Werbeagenturen und Buchverlage.

Die Zeilen Wolfgang Borcherts auf Seite 2 stammen aus:
»Die Elbe. Blick von Blankenese« und gehören zur Erzählsammlung »Die Hundeblume« (1947)

Dieses Buch wurde nach bestem Wissen zusammengestellt. Im Sinne des Produkthaftungsgesetzes weisen Autorin und Verlag darauf hin, dass inhaltliche Fehler und Änderungen nach Drucklegung dennoch nicht auszuschließen sind. Aus diesem Grund übernehmen Verlag und Autorin keine Verantwortung und Haftung, alle Angaben erfolgen ohne Gewähr. Änderungs- und Verbesserungsvorschläge seitens der Leser nimmt der Verlag gern entgegen.

Impressum

Die Deutsche Nationalbibliothek verzeichnet diese Publikation in der Deutschen Nationalbibliografie; detaillierte bibliografische Daten sind im Internet über http://dnb.d-nb.de abrufbar.

Danksagung

Wir danken herzlich allen Freunden, Kindern und Familienmitgliedern, die uns tatkräftig unterstützt haben. Ein ganz besonderer Dank gilt Dr. Julia Bummel, Anne-Sophie Fröhlich, Ulrike Höffer, Silke Jacobi, Marco Wiesner und Dr. Elke Först. Und natürlich Ramón, der viele gute Ideen und seine Entdeckerfreude beisteuerte.

6., aktualisierte Auflage 2016

Hohenlohestraße 21
28209 Bremen
Tel. 0421-34843-0
Fax 0421-348094
info@edition-temmen.de
www.edition-temmen.de

Gesamtherstellung: Edition Temmen
ISBN 978-3-86108-884-4
Printed in Hong Kong

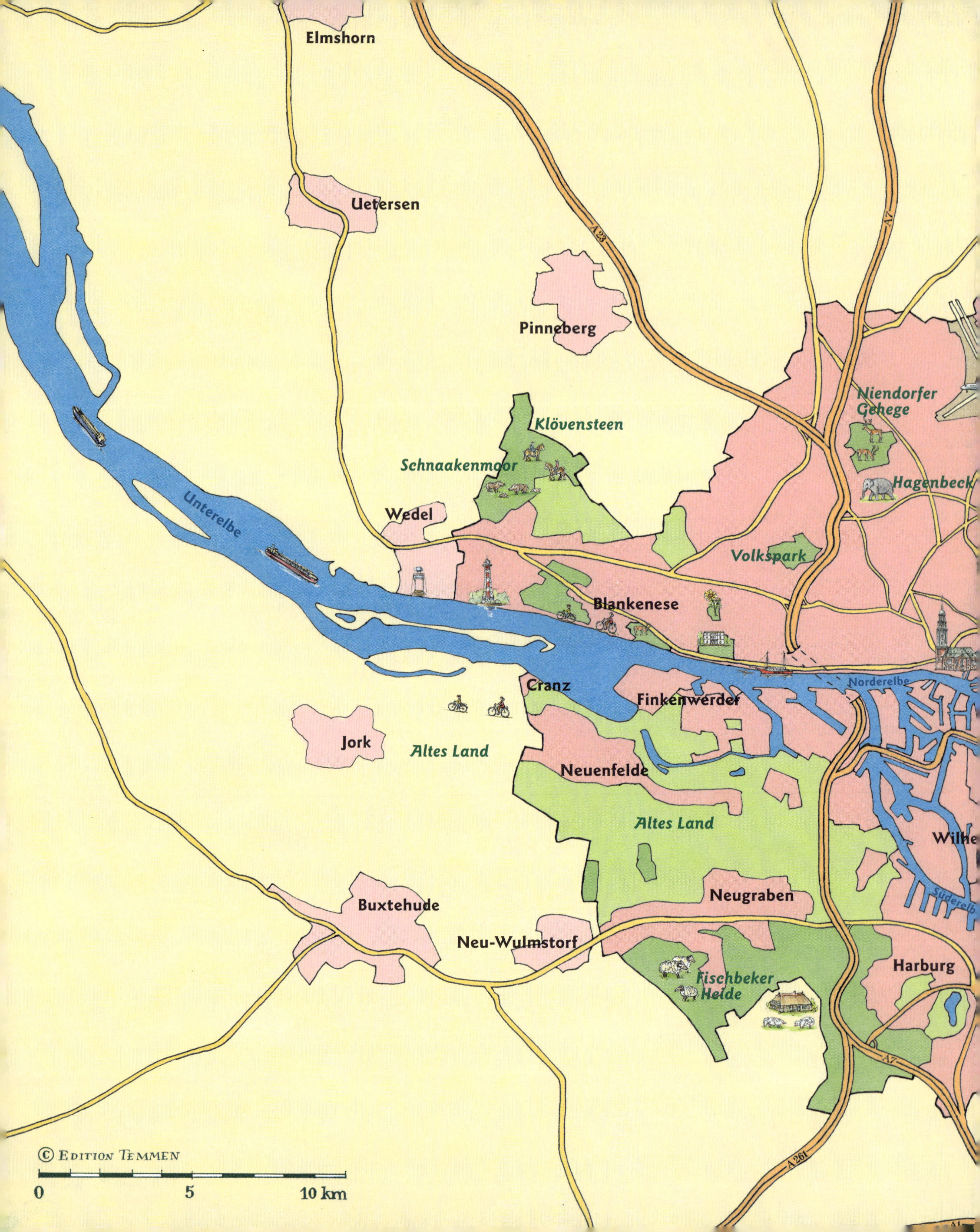
Elmshorn
Uetersen
A23
A7
Pinneberg
Niendorfer Gehege
Klövensteen
Schnaakenmoor
Hagenbeck
Unterelbe
Wedel
Volkspark
Blankenese
Norderelbe
Cranz
Finkenwerder
Jork
Altes Land
Neuenfelde
Altes Land
Wilhe
Neugraben
Süderelb
Buxtehude
Neu-Wulmstorf
Harburg
Fischbeker Heide
A7
A261
© Edition Temmen
0
5
10 km